독일의 힘,
독일의 총리들1

KI신서 10027

독일의 힘, 독일의 총리들 1

1판 1쇄 발행 2022년 1월 5일
1판 2쇄 발행 2022년 3월 5일

지은이 김황식
펴낸이 김영곤
펴낸곳 (주)북이십일 21세기북스

출판사업부문 이사 정지은
인문기획팀 양으녕 이지연 최유진 **디자인** 제이알컴
출판마케팅영업본부장 민안기
마케팅2팀 나은경 정유진 이다솔 김경은 박보미
출판영업팀 김수현 이광호 최명열 **제작팀** 이영민 권경민

출판등록 2000년 5월 6일 제406-2003-061호
주소 (10881) 경기도 파주시 회동길 201(문발동)
대표전화 031-955-2100 **팩스** 031-955-2151 **이메일** book21@book21.co.kr

ⓒ 김황식, 2022

ISBN 978-89-509-9859-2 04300
        978-89-509-9858-5 (세트)

(주)북이십일 경계를 허무는 콘텐츠 리더

21세기북스 채널에서 도서 정보와 다양한 영상자료, 이벤트를 만나세요!
페이스북 facebook.com/jiinpill21   **포스트** post.naver.com/21c_editors
인스타그램 instagram.com/jiinpill21   **홈페이지** www.book21.com
유튜브 youtube.com/book21pub

서울대 **가**지 않아도 들을 수 있는 **명강**의! 〈서가명강〉
유튜브, 네이버, 팟캐스트에서 '**서가명강**'을 검색해보세요!

독일의 힘,
독일의 총리들 1

독일의 통일과 번영을 이끈 정치 리더십

김황식 지음

21세기북스

서문

독일의 통일과 번영은 어떻게 이루어졌을까?

수십 개의 군소국으로 분할되어 있었던 독일이 통일국가로 형성된 것은 프로이센이 독일을 통일한 1871년입니다. 뒤늦게 통일국가를 이루고 산업화에 앞선 영국 등 이웃 나라를 허겁지겁 뒤따라가며 국력을 키워가는 과정에서 독일은 제1, 2차 세계대전을 일으키고 나치 정권의 600만 명 유대인 학살 등 만행으로 인류 역사에 씻을 수 없는 잘못을 저질렀습니다. 그로 인하여 국가는 패망하고 국토는 분단되고 국민은 도탄에 빠지는 등 참혹한 역사적 비극을 겪었습니다.

이토록 철저히 패망한 독일이 다시 경제적으로 부흥하고 통일을 이루어 지금은 평화와 번영을 구가하고 있습니다. 아울러 전범 국가로서의 오명을 떨쳐버리고 국제적 신뢰를 얻고 유럽연합(EU)의 중심 국가로서 국제정치에서 중요한 역할을 하고 있습니다. 놀라운 반전입니다. 독일은 통절히 반성하며 다시는 그런 잘못을 되풀이하지 않기를 다짐하였고 온 국민이 단합하여 국가를 일으켜 세웠습니다. 독일은 '돌아온 탕자'와 같았습니다. 여기에서 우리는 불행한 과거를 극복하고 미래로 나아가는 인류의 희망을 보았습니다.

'이 모든 것이 어떻게 이루어졌을까?'가 저의 의문이었습니다. 여러 가지 원인이 있겠지만 그래도 가장 중요한 것은 독일 정치의 역할 때문이라고 생각합니다. 즉 정치제도와 이를 운영하는 정치인, 특히 독일 총리들의 리더십이 결정적이었습니다. 이는 저만의 생각이 아닙니다.

2003년 11월 독일 공영 TV ZDF는 '가장 위대한 독일인 100인'을 여론조사를 통해 선정하여 발표하였습니다. 1위가 콘라트 아데나워 총리, 3위가 빌리 브란트 총리, 13위가 헬무트 콜 총리, 21위가 헬무트 슈미트 총리, 27위가 루트비히 에르하르트 총리, 82위가 게르하르트 슈뢰더 총리였습니다(1871년 독일 통일 당시의 비스마르크 총리가 9위, 참고로 덧붙이면 2위는 마르틴 루터, 5위는 카를 마르크스, 6위는 요한 제바스티안 바흐, 7위는 요한 볼프강 폰 괴테, 8위는 요하네스 구텐베르크, 10위는 알베르트 아인슈타인, 12위는 루트비히 판 베토벤, 20위는 볼프강 아마데우스 모차르트임).

종전 후 독일 총리가 6명이 포함되어 있습니다. 조사 시점이

2003년이었기에 그 후에 총리가 된 앙겔라 메르켈 총리가 포함될 수 없었지만 지금 조사한다면 비권위적이고 섬세한 '무티 리더십'으로 독일은 물론 EU의 난제들을 잘 극복하였기 때문에 당연히 상위권에 포함되었을 것이고, 통일 후유증 때문에 '유럽의 병자'로 조롱받던 독일을 하르츠 개혁을 통하여 '유럽의 성장엔진'으로 만들었던 슈뢰더 총리는 그 정책 효과가 뒤늦게 메르켈 정부에서 나타났기 때문에 더 높은 순위를 차지했을 것입니다. 이렇게 보면 종전 후 독일 총리 8명 가운데 7명이 독일인들이 존경하는 위대한 독일인에 포함된 셈입니다. 이는 무엇을 의미할까요? 그들은 그만큼 총리직을 성공적으로 수행했음을 국민이 평가하고 존경했다는 의미일 것입니다.

역대 대통령에 대한 평가가 끝없는 이념 갈등 등의 사정으로 객관적으로 이루어지지 않거나, 실제로 실패한 대통령이 존재했던 우리나라의 형편에서는 부럽기만 합니다. 현재 진행 중인 우리 정치 현실에서 형편이 더 나아질 것으로 보이지 않아 더욱 그러합니다. 국민의 걱정은 태산 같고 뜻있는 이들의 충언은 넘쳐나지만 '쇠귀에 경 읽기(牛耳讀經)'에 다름 아닙니다. 국민은 지쳐 있습니다. "우리 정치는 4류"라고 했던 고 이건희 회장의 지적에 공감하지 않을 수 없는 현실에서 우리 정치를 어떻게 개선해나갈 것인가는 실로 중

차대한 과제가 아닐 수 없습니다. 국가의 명운이 걸린 문제이기 때문입니다.

저는 2013년 총리직에서 퇴임한 뒤 독일 베를린자유대학에 가서 6개월 동안 독일의 정치, 통일 등 문제를 피상적으로나마 공부하였고 그 후에도 틈틈이 공부를 계속하고 있습니다. 젊은 시절 잠시 독일에서 법률 공부를 하였지만, 총리로서 국정 운영에 관여하다 보니 우리가 참고할 국가 발전 모델로서 독일의 가치를 새삼스럽게 인식하게 되었기 때문입니다. 그동안 공부한 것 중 하나가 독일의 권력 구조 등 정치 시스템과 그 가운데서 독일 총리들의 역할입니다.

전후 독일의 정치제도는 과거에 대한 반성으로 재설계되었고 역대 총리들은 제 역할을 다하였습니다. 그들의 계승되고 결집된 노력의 결과 전쟁의 참화와 분단을 극복하고 평화와 번영을 이룩하였습니다. 다시 말하면 독일의 오늘이 있는 것은 1949년 서독 정부 수립 후 지금까지의 8인의 총리의 역할 때문입니다.

그들은 총리직을 맡기 전 다양한 경험과 훈련을 통하여 국가를 이끌 충분한 준비를 한 분들이었습니다. 오랜 정치·행정 경험을 쌓았음은 물론 질곡의 시대를 지내며 인간적 고뇌와 성찰을 통해 평화·번영·애국에 대한 확고한 정치적 신념을 확보한 분들이었습니다. 독일 정치에 신데렐라는 없었습니다. '전략과 실용의 원칙주의자', '철학자이자 선견자', '걸어 다니는 중재위원회', '시대의 양심', '독일의 현자(賢者)' 등 정치인과는 얼핏 어울리지 않는 수사(修辭)를 지닌 분들이었습니다.

그들은 연정 형태로 집권하여 그 지위가 불안정할 듯하지만 대체로 안정적으로 장기간 집권하였습니다. 대립과 갈등이 아닌 대화와 타협으로 철저한 협력의 정치(협치)를 하였습니다. 예를 들면 전후 독일의 가장 대립되는 정책은 아데나워의 서방 정책과 브란트의 동방 정책일 것입니다. 그 출발에서 시간 차이는 있었지만 가장 오랫동안 독일 정치를 지배했던 이슈였습니다. 시작은 대립이었으나 치열한 논의와 성찰을 통해 정반합의 아름다운 결말을 이루어내었습니다. 사민당과 브란트는 동방 정책을 주장하고 시행함에 있어서, 서방 정책의 핵심 내용과 같이 서방 세력과의 결속을 강화하고 서독 정부가 유일한 합법 정부임을 내세우고 동독 정부의 공식적 승인을 거부하였습니다. 기민당도 동방 정책의 핵심 성과인 모스크바조약 등의 비준에 반대가 아닌 기권을 함으로써 사실상 협조하였습니다. 그 후 동방 정책은 우파인 헬무트 콜 총리에 계승되어 드디어 독일 통일이 이루어졌습니다. 정권 교체에도 불구하고 새 정부는 전 정부의 정책을 시대 상황에 맞게 조정하며 계승하였지, 쓸어버리고 다시 시작하는 우를 범하지 않았습니다. 그러기에 후임 총리들은 곧잘 전임 총리들에게 진정을 담은 감사 인사를 전하였습니다.

역대 총리들은 대부분 장기간 재직하며 장기적 비전을 갖고 안정적으로 일하며 성과를 도출하였습니다. 정치권과 국민이 묵직하게 이를 뒷받침하였습니다. 헬무트 콜 총리와 앙겔라 메르켈 총리는 각 16년, 콘라트 아데나워 총리는 14년, 헬무트 슈미트 총리와 게르하르트 슈뢰더 총리도 각각 7년, 8년 재임하였습니다.

독일 총리들은 역사의 중요한 고비마다 시류에 휩쓸리지 않고 자기 정파나 자신의 정치적 이해에 얽매이지 않고 시대정신에 맞는 소신과 비전을 갖고 국민을 선도하여 국가 발전에 기여하였습니다. 아데나워 총리는 소련의 스탈린 노트에 의한 중립화를 전제로 한 독일 통일에의 회유를 물리쳤고, 브란트 총리는 독일의 장래와 유럽의 미래를 위해 폴란드에 편입된 자국 영토 회복을 포기하였고, 슈미트 총리는 국가 안보를 위하여 자기 정파 지지자들의 의견에 반하는 핵무기 관련 이중 결정을 하였고, 슈뢰더 총리는 통일 후유증에 시달리는 독일의 경제 회복을 위하여 자파 지지자들의 반대를 무릅쓰고 하르츠 개혁을 단행하였습니다. 독일의 이익과 미래를 위하여 인기영합주의와는 반대되는 길을 달려갔습니다.

　모두 성공적이었고 실패한 총리는 없다고 해도 과언이 아닙니다. '어떻게 이것이 가능했을까?' 이 점이 바로 저의 최대 관심사였습니다. 이를 탐구·소개하는 것이 이 책의 목적입니다. 여기에서 우리가 교훈을 얻을 수 있다면 좋겠습니다. 그런 의미에서 이 책 가운데 가장 중요한 대목을 소개하라면 바로 우리가 교훈을 얻어야 할 다음 구절입니다.

　"브란트의 일생, 그의 정치 활동에는 지배하는 한 원리가 있었다. '이것이냐 저것이냐(Entweder oder)'가 아니라 '이것과 마찬가지로, 저것도 또한(Sowohl als auch)'을 적용하는 것이었다. 브란트는 역사적 숙명을 믿는 것에 항상 반대했다. 브란트는 양자택일식 결정을 대안이 없음을 선언하는 것으로, 정치적 무능의 증거로 간주했다. 이성과 상상력을 갖춘 인간은 성공적인 해결책을 끊임없이 찾는다. 타협이란 민주주의에서 양심의 문제에 저촉되지 않는 한 규범을 제시하는 것이다. 이런 사고의 바탕 위에서 긴장 완화 정책의 전제는 유럽에서의 안전을 합의한다는 원칙에 토대를 두면서, 동시에 서로 이념적인 전향은 시도하지 않는다는 것이다. 즉 이데올로기적 차이는 부차적인 문제에 불과하다. 폭력으로부터의 해방이 최상의 원칙이 되는 한, 공산주의와 민주주의의 경계에 대해서는 역사가 결정할 수 있다는 것이다. 그렇기에 브란트와 브레즈네프 사이의 신뢰와 우정이 가능했던 것이다. 또한 이념적 차이를 보이는 다른 당, 심지어 기민당과의 연정도 가능했고 실제로 이를 통해 성취를 이루기도 하였다."

저는 이 분야를 전공한 학자가 아닙니다. 국내에서도 이미 많은 관련 서적이 출간되었습니다. 그럼에도 제가 이 책을 쓰는 것은 제가 공부한 내용을 제 나름의 시각에서 정리하여 우리 정치인과 국민에게 메시지를 전달하고 싶었기 때문입니다. 제가 공부한 독일 현대사는 희망의 등대를 향하여 나아가는 감동의 역사입니다. 비극으로 시작하여 해피 엔딩으로 막을 내리는 드라마와도 같습니다. 제가 책을 쓰면서 느낀 감회는 '아! 독일 총리들은 이렇게 정치하며, 애국을 하는구나!' 하는 부러움이었습니다. 지난여름 무더위 속에서 쉽지만은 않은 독일 원문 자료들을 즐거운 마음으로 읽어 나간 것은 그 때문이었습니다.

이 책을 읽고 저처럼 공감하고 부러워하는 정치인과 국민이 많아졌으면 좋겠습니다. 그리하여 무한한 잠재력을 안고 있는 대한민국을 제대로 도약시킬 수 있는 기틀이 마련되었으면 좋겠습니다.

앞서 언급한 대로 이 책은 새로운 연구 결과를 담고 있는 것이 아닙니다. 다만 국내외 기존 자료들을 정리하고 저의 소감을 덧붙인 것에 불과합니다. 각주에 표시된 책 외에 콘라트 아데나워 재단, 빌리 브란트 재단, 에르하르트 재단의 각 홈페이지 자료들을 참고하였습니다. 특히 아르놀프 바링과 그레고르 쇨겐(Arnulf Baring/Gregor Schöellgen)이 저술한 『Kanzler, Krisen, Koalitionen von Konrad Adenauer bis Angela Merkel(총리, 위기 그리고 연정, 콘라트 아데나워부터 앙겔라 메르켈까지)』은 매우 흥미 있는 책으로서 많이 참고하였습니다.

책의 분량을 조절하기 위하여 본 1권에서는 콘라트 아데나워부터 빌리 브란트까지 4명의 총리를 우선 다루고, 헬무트 슈미트부터 앙겔라 메르켈까지 4명의 총리는 2권에서 다루고자 합니다. 2권에서는 독일의 현자로 추앙받는 헬무트 슈미트 총리의 실력과 품격의 리더십, 독일 통일과 EU 통합을 이루어낸 헬무트 콜 총리의 섬세하면서도 뚝심 있는 리더십, 통일 후유증을 극복하기 위하여 자신의 정치적 실패를 감수한 게르하르트 슈뢰더 총리의 헌신의 리더십, 부드러움과 원칙의 조화 속에서 독일과 유럽의 안정을 지켜 낸 앙겔라 메르켈 총리의 '무티 리더십'에 관한 이야기가 이어질 것입니다. 이 책 뒷부분에는 제가 활용한 강연 원고인 '독일 정치의 특색', '독일 통일의 교훈'과 그동안 신문에 게재했던 칼럼 중 독일과 관련된 것을 덧붙였습니다.

책 출간을 주저할 때 우리 사회에 꼭 필요한 책이라며 출간을 강력히 권하신 경제사회연구원의 이상민 이사장님, 신범철 박사님, 그리고 책 출간을 기꺼이 맡아주신 북이십일 김영곤 사장님께 감사드립니다.

2021년 12월
김황식

차례

2장 루트비히 에르하르트(1963~1966)
- 모두를 위한 번영의 길을 개척하다

5장 독일에서 배운다

1장

콘라트 아데나워 (1949~1963)

부강하고 당당한 국가, 독일을 설계하다

2차 세계대전 후 서독 정부 수립까지(1945~1949)

독일의 항복과 포츠담협정

1939년 9월 1일 독일의 폴란드 침공으로 시작한 제2차 세계대전은 독일군이 1945년 5월 7일 프랑스 랭스(Reims)에서 미군과 영국군에게, 다음 날인 5월 8일 베를린(Berlin-Karlshorst)에서 소련군에게 각각 항복함으로써 종료되었다. 5년 8개월의 길고 참혹한 전쟁의 끝이었다. 히틀러는 그 며칠 전인 4월 30일 베를린 지하 벙커에서 그 전날 결혼한 애인 에바 브라운과 함께 자살하였다. 1985년 5월 8일 리하르트 폰 바이츠제커(Richard von Weizsäcker) 대통령은 종전 40주년을 기념하는 의회 연설에서 이 날을 독일이 잘못 들어선 역사의 길에서, 즉 히틀러 나치 시대의 파괴적 망령과 불의에서 해방된 날이라고 평가하였다(바이츠제커는 기민당 출신 정치가로 베를린 시장과 대통령을 역임하였다. 한국에 대한 관심과 애정이 많았고 7차례나 한국을 방문하였다. 그의 이 연설은 독일의 전후사를 정리하고 나치 만행을 사죄하는 명연설로 남아 있다. 연설은 나치의 불법 통치와 전쟁 수행으로 인하여 입은 자국민과 유럽인들의 고통과 피해를 상세하게 들춰내어 사죄하고 그 바탕 위에서 앞으로 독일인이 취하여야 할 태도를 제시하고 다짐하였다).[1] 조국 독일의 과오에 대한 통절한 반성의 표현이었다

전쟁 중 사망하거나 행방불명된 독일군이 325만 명, 포로가 된 독일군이 1,120만 명, 동유럽 거주 독일인들이 이주하는 도중 사망한 사람이 250만 명이었다. 독일 내에서도 공중폭격으로 50만 명 이상의 민간인이 희생되었고, 130개 이상의 도시에서 주택·건물·공장이나 교통망 등 대부분이 파괴되었다. 당시 황폐해진 도시의 모습을 빌리 브란트(Willy Brandt)는 "분화구같이 움푹 파인 구덩이, 무너진 잔해들, 흙더미, 자갈 더미들. 어디에 집이 있었는지 알 수 없고, 전선과 수도관이 노아 시대 이전에 살았던 괴물의 내장이 잘려 노출된 것같이 널려 있었고, 그 위로 썩은 냄새가 움직이지 않는 구름처럼 자리하고 있을 뿐"이라고 묘사하였다.[2]

---

1 바이츠제커 지음, 탁재택 옮김, 『우리는 이렇게 통일했다』, 창비, 2012, 18쪽.
2 Arnulf Baring·Gregor Schöellgen, 『Kanzler, Krisen, Koalitionen

1945년 6월 5일 미국·영국·프랑스·소련 등 전승 4개국의 연합국통제위원회(der Alliierte Kontrollrat)는 베를린에서 '독일 패배와 독일의 최고 권한 인수에 관한 선언(베를린선언)'에 합의함으로써 독일에는 국가 운영을 담당하는 정부는 없어지고 4개국이 독일의 모든 권력을 행사하게 되었다. 군정의 시작이었다.

미국·영국·소련 3국은 7월 17일부터 8월 2일 사이에 베를린 교외 포츠담에서 전후 독일 문제 등을 처리하기 위한 회담을 열고, 포츠담협정(베를린 3자 회담에 관한 보고서)을 체결하여 독일(베를린을 포함)을 4개 지역으로 나누어 점령하고(분할 점령 결정은 이미 1944년 9월 런던의정서에서 합의되었고, 1945년 2월 얄타회담에서 다시 한번 확인되었다)[3] 통치하기로 하였다("나는 독일을 너무 좋아한다. 그래서 하나의 독일보다는 2개의 독일이 있어 기쁘다"라는 강대한 독일을 경계하는 우스개가 있다. 이 말을 누가 먼저 했는가에 대하여는 프랑스 작가 프랑수아 모리아크라는 설, 프랑스 대통령 프랑수아 미테랑이라는 설, 이탈리아 총리 안드레오티라는 설이 있다. 필자는 독일 지인으로부터 전 영국 총리 마거릿 대처라고 듣기도 하였다. 누가 최초로 말했든 이 말은 강대국 독일을 경계하는 것으로서 많은 사람이 인용하였음이 틀림없다).

---

von Konrad Adenauer bis Angela Merkel』, Amazon E-Book, Location 96 of 4442.

3 김영희, 『베를린장벽의 서사』, 창비, 2016, 17쪽.

이 협정의 목적은 기본적으로 독일이 다시는 이웃 나라를 침략하거나 세계 평화에 위협이 되지 않도록 독일의 힘을 빼는 것이었다. 이를 위해 독일을 무장해제시키고 군수품 생산에 이용될 수 있는 모든 산업 시설을 철거하거나 통제하기로 하였다.

또한 나치는 물론 나치와 관련된 모든 조직이나 제도를 해체하거나 철폐하기로 하였다. 그에 따라 나치에 부역한 자들을 국가나 지방자치단체 및 공공기관에서 축출하기로 하였다. 전쟁 범죄자들을 처벌하기 위한 뉘른베르크 군사 법정을 열기로 하였다(이 재판에서 12명은 사형에, 7명은 유기징역형에 처해졌고 3명은 무죄 선고를 받았다).

배상 문제와 관련해서는 독일이 전쟁 중에 연합국에 끼친 손해와 고통을 배상토록 하면서 내용상 피해가 컸던 소련에 대하여 더 많은 배상이 이루어지도록 하였다. 그러나 곧이어 시작된 동서 간의 냉전에 따라 미국은 서유럽 국가와 함께 독일을 결코 소련의 영향권에 두지 않겠다는 단호한 입장 속에서 제1차 세계대전 후 베르사유조약과는 달리 독일의 조속한 서방 세계 경제에의 편입을 위해 지원하는 방향으로 선회하였다(처칠은 제1차 세계대전 후 맺어진 베르사유조약의 끔찍한 부작용을 기억하고, 승전국들 사이의 혼란과 패전국 내의 절망적 상황을 극복하는 것이 중요함을 역설하였다. 그는 1946년 원로 국가 지도자 자격으로 취리히를 방문하여 유럽합중국 건설의 당위성을 강조하면서 "우리 다시 새롭게 유럽 가족을 이룹시다"라고 외쳤다. 그러면서 역사적인 관대함과 '망각이라는 축복받은 행위'가 도움을 줄 것이며, 프랑스와 독일의 양대 국가가 동반자로서 이 길에 앞장서야 한다고 주장하였다. 처칠은 얄타회담에서 소련 측의 독일에 대한 가혹한 징벌적 배상 제안에 대하여 "1차 대전의 부채 문제를 상기하는 것이 현명한 일이다. 파산과 굶주림에 내몰리는 독일을 도대체 누가 돌볼 수 있단 말인가. 말이 마차를 끌게 하려면 말에게 먹이를 주어야 하지 않는가"라고 반박하였다).[4]

영토와 관련해서는 전쟁 전 독일 영토였던 동프로이센의 쾨니히스베르크시와 그 주변 지역을 소련에, 오데르강과 나이세강의 동부 지역을 폴란드에 일단 편입시키기로 하였다(폴란드의 동남부 지역 상당 부분을 소련에 편입시킨 것에 대한 보상의 의미도 있었다. 소련이 미국과 영국보다 큰 배상을 받은 것은 소련이 전쟁 중 2,000만 명 이상의 인명 손실 등 막대한 피해를 입었기 때문이다). 이 면적이 독일 전체 면적의 24%에 이르렀다.

독일로서는 엄청난 영토 손실이었다. 한편 그 지역에 살던 독일인들은 추방되거나 피난민으로서 좁아진 독일 땅으로 이주하게 되었다. 이 같은 국경 확정 문제는 이후 독일이 통일될 때까지 계속하여 독일의 국내외 문제로 남게 되었다. 히틀러가 그의 저서『나의 투쟁』에서 내세워 전쟁 명분으로 삼았던 '독일인의 생활 공간(Lebensraum, 생활권)의 확장'은 거꾸로 독일인의 생활 공간을 축소시키는 결과를 가져왔다. 어리석은 한 정치가의 망상이 독일과

---

4 바이츠제커, 앞의 책, 16쪽.

나아가 유럽에 끼친 폐해가 어떤 것인지를 보여주는 대표적인 사례일 것이다. 그러나 협정에 따른 독일 문제 처리 과정에서 4개국의 정치적 이해관계, 특히 영국과 프랑스의 은근한 경쟁 관계와 냉전으로 이어진 미국 등 서방 자유주의 세력과 소련 공산주의 세력 간의 이해관계에 따른 의견 대립으로 독일은 문제 해결에 어려움을 겪을 수밖에 없었다.

동서 냉전의 시작, 마셜 플랜과 베를린 봉쇄

소련은 공산 진영을 확장하거나 자본주의 국가를 약화시키기 위해 온갖 전략을 적극적으로 구사했다(소련이 동유럽으로 세력을 급속히 확대해나가자 처칠 수상은 트루먼 미국 대통령에게 보낸 1945년 5월 12일자 전문에서 "소련 군대 앞은 철의 장막으로 가려져 있으며, 그 뒤에서 어떤 일이 일어나고 있는지 우리는 모른다"라며 소련의 세력 확대를 우려했다. '철의 장막'이라는 말은 이때 처음 사용되었다).[5]

이에 맞서 미국은 전쟁으로 폐허가 된 유럽의 경제 재건을 통해 공산 세력의 확대를 저지하기 위하여 '유럽 재건 계획'을 세웠는데, 이 계획은 1947년 6월 5일 조지 마셜(George C. Marshall) 국무장관 이름을 딴 '마셜 플랜(Marshall Plan)'으로 구체화되었다(제2차 세계대전 후 미국 워싱턴에서는 제1차 세계대전 후 유럽에서 벌어진 위기가

---

5 손선홍, 『분단과 통일의 독일 현대사』, 소나무, 2005, 27쪽.

재발해서는 안 된다는 의견이 지배적이었다. 미국 번즈(James F. Byrnes) 국무장관은 1946년 슈투트가르트에서 파괴된 서유럽과 독일인들의 생활고를 지원하기 위한 정책적 노력 의지를 피력하였다. 이런 상황 속에서 마셜 플랜이 나왔다. 이는 승전국들이 패전국에 베푼 역사상 전례 없는 특혜 정책으로서, 국무장관 조지 마셜이 1947년 6월 하버드대학에서 명예박사학위를 받고 한 연설에서 '유럽 재건 계획'을 발표함으로써 그 내용을 밝혔다. 마셜 플랜은 서독의 경제 성장과 번영의 기틀이 되었고 후일 유럽연합의 단초가 되었다. 물론 소련의 공산주의 확장에 대비한 측면도 있었지만, 소련과 동유럽권 국가들에게도 문호를 개방하였으나 스탈린이 반대하여 이 국가들의 참여는 무산되었다. 마셜 플랜을 수행하기 위해 결성된 '유럽경제협력기구(OEEC)'는 1961년 9월 30일 파리에서 '경제협력개발기구(OECD)'로 확대 발전되었다).

마셜 플랜에 의하여 1952년까지 16개국이 162억 달러의 지원을 받았다. 서독도 당연히 이 계획에 따라 상당한 지원을 받았다. 소련은 마셜 플랜은 궁극적으로 소련을 겨냥한 것이라면서 비난하였다.

미국·영국·프랑스 3개 서방연합국(이하 서방연합국이라 함)과 소련의 대립은 점점 격화되어 냉전으로 돌입하였다. 독일의 통일이나 4개국 원만한 합의에 의한 통치는 불가능해졌다. 서방연합국과 베네룩스 3국은 1948년 3월 20일부터 6월 2일까지 런던에서 회담을 열고 우선 서방연합국 점령 독일 지역에 민주주의 형태의 정부를 수립한 후 장차 통일을 도모하기로 하였다. 이어서 서방연합국은 1948년 6월 20일 서부 독일 지역에서만 화폐개혁을 단행하여 도이치 마르크(DM)를 도입하였다.

이에 맞서 소련은 6월 24일 자체적인 화폐개혁(동독 마르크 도입)과 베를린 봉쇄를 단행하였다. 베를린 봉쇄는 서베를린에 모든 생활 물자가 공급되지 못하도록 하여 서방연합국이 서베를린을 포기하도록 하기 위한 조치였다. 미국의 해리 트루먼(Harry S. Truman) 대통령은 원자폭탄을 장착한 B-29 폭격기를 독일로 배치할 것과 동시에 서베를린 주민들에게 필요한 모든 물자를 공군기를 이용하여 공급할 것을 명령하였다.[6] 1, 2분 간격으로 항공기가 물자를 수송하며 마치 하늘에 다리를 놓은 것 같다고 하여 공중 다리(Luftbrücke)라고 불리었다.

소련은 그 목적을 달성하지 못하고 1949년 5월 12일 서베를린에 대한 봉쇄를 해제하였다. 더 이상의 전쟁 상태로 악화되지 않은 것은 제3차 세계대전의 발발로 이어질 수 있음을 쌍방이 우려했기 때문이라고 한다.[7] 봉쇄가 진행 중이던 1948년 8월 26일 에른스트 로이터(Ernst Reuter, 1889~1953, 독일 사민당 정치가로서 나치 폭정 시 터키로 망명하였다가 종전 후 귀국하여 1948년 베를린 시장이 되었다. 빌

---

6 이은정, 『베를린, 베를린』, 창비, 2019, 27쪽.
7 이은정, 앞의 책, 32쪽.

리 브란트가 존경하고 따랐던 인물이다. 사민당 지도부 안에서 브란트와 함께 친미파로 분류되었다)는 서방 측에 베를린을 포기하지 말 것을 촉구하는 "세계 시민이 베를린을 주시하고 있다"라는 유명한 연설을 하여 그는 베를린 봉쇄에 저항하는 상징적 인물이 되었다. 그는 서베를린의 문제가 서베를린에 국한한 문제가 아니며, 서유럽 전체에 영향을 줄 수 있다며 서방의 단합된 지원과 관심을 촉구하였다.

서독 정부 수립, 헌법 제정과 최초의 총선

화폐개혁 이후 필요한 다음 단계는 헌법 제정이었다. 서방 측 군정사령관들은 런던 6개국 회담에서 결정된 대로 1948년 7월 1일 9명의 서독 주 총리들과 2명의 시장(함부르크, 브레멘)에게 프랑크푸르트 다큐멘트(Frankfurter Dokumente)를 교부하면서 제헌의회 소집을 위임하고 아울러 민주 헌법 제정을 요청하였다(1949년 서독 중앙정부가 수립되기 전에 서방연합국 점령지에는 주(Land) 단위의 지방 행정기구가 발족되어 있었다). 그러면서도 헌법이 제정되고 새로운 국가가 수립되더라도 외교 관계, 대외무역 관계, 루르 지역에 대한 국제기구의 권한, 배상 문제, 점령군의 보호와 안전 등에 대하여는 독일 정부의 주권 행사가 제한되는 것으로 유보하였다.

주 총리들은 단일국가가 아닌 분단국가의 헌법을 제정하는 것에 부담을 느꼈으나, 이것이 통일 목표를 훼손해서는 안 되며 분단을 고착하는 것이 되어서는 안 된다는 것을 전제로 하면서 우선 미·영·불 3개 연합국 점령 지역에서라도 국가(서독) 설립이 불가피하다고 보고 작업을 진행하였다. 그래서 헌법(Verfassung)이 아닌 기본법(das Grundgesetz)이라는 형식으로 제정하고 이 기본법은 통일이 될 때까지의 과도기에만 효력이 있으며, 향후 통일이 되면 전 독일 국민의 자유로운 의사에 의해 제정된 헌법으로 대체하기로 하였다(통일을 대비해서 두 가지 조항을 두었다. 제23조에 "다른 독일 주가 독일연방공화국에 가입하면 가입한 주에도 기본법이 그 효력을 발효한다"라고 규정하고, 제146조에 "이 기본법은 독일민족의 자유로운 결정으로 제정된 헌법이 발효하는 날에 그 효력을 잃는다"라고 규정하였다. 제146조는 당연한 규정이지만 제23조는 '신의 한 수'에 해당하는 규정이다. 1990년 독일 통일 과정에서 제23조에 의해 동독 5개 주를 독일연방공화국에 편입하는 방식으로 통일을 이루었다. 동독 정부 수립으로 종전 5개 주는 폐지되었으므로 다시 이를 부활시켜 독일연방공화국에 가입하는 방식을 취함). 만약 제146조에 의하여 제헌의회를 구성하여 헌법을 제정하는, 즉 리모델링이 아니라 재건축하는 것과 같은 절차를 취했더라면 절차의 복잡 등으로 시간이 오래 걸려 통일에 지장을 주었을지도 모른다. 독일인의 용의주도한 지혜가 돋보이는 대목이다. 특히 독일 통일에 협조적이었던 고르바초프가 1991년 실각하였음을 생각하면 통일 작업이 지연되었더라면 다른 결과가 생겼을지도 모른다.

당시 기본법 서문은 이 법이 '함께 참여하지 못한 이'(동독인을 가리킴)를 위해서도 대신 행동하는 것임을 명시하였다. 그리고 기본법은 제헌의회가 아닌 주 의회 대표들로 구성된 '의회 위원회(der Parlamentarische Rat)'에서 제정하고, 확정은 국민투표가 아니라 주 의회(der Landtag)를 통해 하기로 하였다. 의회 위원회는 1948년 9월 1일 본(Bonn)에서 발족하였다. 의장에는 노르트라인 베스트팔렌(Nordrhein-Westfalen)주 대표로 파견된 콘라트 아데나워(Konrad Adenauer)가 선출되었다. 기본법안은 1949년 5월 8일 의회 위원회 전체회의에서 채택되었고, 5월 12일 점령국 군사령관들은 '점령규약(Besatzungsstatut)'에 따라 연합국의 일부 권한을 유보하고 기본법안을 승인하였다.

점령규약은 군비 축소, 비군사화, 루르 지역에 대한 관할권, 공장 시설 해체, 외교 관계 및 대외무역 관계 등에서 서독의 주권 행사를 제한하는 내용 및 연합국 군대의 계속 주둔과 필요에 따라 점령지에 대한 완전한 권리를 행사할 수 있으며 의회에서 통과된 모든 법은 연합국의 고등판무관의 승인을 받도록 하는 내용을 담고 있었다. 기본법안은 주 의회의 비준을 거쳐 1949년 5월 23일 공포되었다. 이로써 독일연방공화국(Die Bundesrepublik Deutschland, BRD)이 수립되었다.

1949년 5월 10일 의회 위원회에서 수도를 본으로 결정, 11월 3일 하원에서 최종 확정되었다. 경쟁지 프랑크푸르트가 사민당의 영향력이 큰 도시인 것 외에 아데나워의 거주지가 본 근처 뢴도르프(Rhöndorf)인 것도 수도 결정에 영향을 미쳤다.

한편 1949년 4월 4일 서방 측 방위 공동체로서 북대서양조약기구(NATO)가 결성되었고, 5월 5일 서유럽 10개국은 유럽위원회(Europarat)를 결성하여 서방 측 결속 작업이 본격적으로 시작되었다. 물론 주권이 제한된 서독은 그 회원국이 될 수는 없는 것은 당연하였다.

연방 하원의원 선출을 위한 총선일이 1949년 8월 14일로 결정되었다. 아데나워가 이끄는 범기독교계 보수 정당인 신생 기독교민주당(CDU, 이하 기민당이라 함)과 쿠르트 슈마허(Kurt Schumacher)가 이끄는 오랜 전통의 사회민주당(SPD, 이하 사민당이라 함)이 제1당이 되기 위해 경합하였다. 난형난제의 선거전이었다.

기민당을 이끈 아데나워

아데나워는 1876년에 쾰른에서 태어나 프라이부르크·뮌헨·본대학 등에서 법학을 전공하여 1901년 변호사 자격을 취득하고, 쾰른 검찰청과 법원 및 카우센(Kausen) 변호사 사무실에서 근무하였다. 1904년 엠마 바이어(Emma Weyer)와 결혼하였다(엠마는 자녀 셋을 낳고 1906년 일찍 세상을 떠났다). 명망 있는 정치인이기도 한 카우센(Kausen) 씨의 추천으로 30세 때인 1906년 쾰른 가톨릭 중앙당 소속으로 정치를 시작, 시의원이 되어 쾰른시의 선거 관리 업무, 조세 행정 업무, 재정 관리 업무 등에 관여하다가 1917년 쾰른 시장으로 선출되어 17년간 재직하였다.

선출 당시 독일의 최연소 시장이었으나 그는 이미 11년간이나 시정을 경험한 상태였다. 취임 당시는 제1차 세계대전으로 인한 사회적·경제적 피해와 혼란이 극심한 시기로, 시민들의 요구와 욕구가 분출하여 1918년 11월 8일 쾰른에서 혁명이 발발하였다. 아데나워는 노동자와 군인들로 구성된 혁명위원회에 시청의 사무 공간을 제공하는 등 잘 관리하며 투표권 확대나 생필품 공급 개선 등 그들의 요구를 합리적인 범위 안에서는 수용하였다. 그러면서도 그는 스스로 공안위원회 위원장을 맡아 중심을 잡고 모든 공적 업무를 장악하여 처리하였다. 더욱이 1918년부터 1926년까지는 쾰른이 영국군의 점령 상태였다. 그에 따른 행정적 부담이 컸고 언론 집회의 자유 등 기본권이 제약되는 사태가 빈발하였다.

아데나워는 점령군 책임자인 피고트(Piggot)와 좋은 인간적 관계를 유지하면서 어려움을 극복하였다. 1921년에는 프로이센 국가평의회 의장으로 선출되었고 여러 차례 제국 총리로 거론되기도 하였다. 그는 시장을 맡고 있는 동안 쾰른시의 현대화·산업화를 위해 다양한 노력을 다하였다. 쾰른-본 사이의 아우토반 건설, 산업 단지 조성, 공공 서민 주택 건설 공급, 휴양 단지 및 체육 시설

건국과 번영의 초석을 놓은 콘라트 아데나워

조성, 올림픽 유치 신청, 박람회 개최, 쾰른대학 및 음악예술대학 설립, 방송국 설립, 그린벨트 제도 도입 등이다.

나치가 집권하자 사정은 완전히 달라졌다. 그는 나치와는 함께 할 수 없는 세계관을 가졌다. 바이마르 민주주의와 법치주의에 대한 신념, 자유권과 인간의 존엄, 유대인과 가깝고 편견 없는 관계, 유럽 단일화에 대한 소망 등의 정치적 신념이 나치와는 정반대였으며, 그에 대한 도덕적 확신이 깊었기 때문이었다. 총리가 된 히틀러가 1933년 2월 17일 선거운동차 쾰른을 방문하였을 때 아데나워는 그를 공항에서 영접하지 않았고, 나치의 상징인 하켄크로이츠 기(旗)가 교량(Deutzer Haenger Brücke) 등에 부착된 것을 떼어내게 하였다. 방문하는 히틀러는 총리가 아니라 당수 자격으로 선거운동차 방문하는 것이고, 하켄크로이츠 기가 부착된 시설물은 시 소유라는 이유에서였다.

당초 아데나워는 나치를 DKP(독일공산당) 정도로 과소평가한 측면이 있었다. 그러나 1933년 1월 30일 나치가 실권을 잡자 아데나워는 사태의 심각성을 느끼기 시작하였다. 나치의 부당한 압박이 시작되어 마침내 3월 13일 시장직에서 축출되었다. 사유는 법적 근거가 없는 부실 시정, 부패, 족벌주의 등이었다. 그는 이에 불복하여 경제적 손실 회복과 명예 회복을 위하여 소송을 제기하여 부분적인 목표를 달성하기도 하였다. 시장직에서 축출된 이후 12년 동안 수도원 은신 등 칩거 생활을 하며 때로는 구금되거나 죽음의 위협을 당하기도 하였다.

　1934년 게슈타포에 체포되어 잠깐 구금되었다가 석방되었으며, 1944년 7월에는 히틀러 살해 음모에 가담했다는 이유로 게슈타포에 체포되었다. 조사가 진행 중에 그곳에 근무하는 지인들의 도움으로 탈출하였다. 그러자 게슈타포는 아데나워의 처 구씨(Gussie)를 체포하여 아데나워의 행방을 추궁하였다. 구씨는 아데나워의 은신처를 숨기기 위하여 자살을 시도하였다(그 후유증 때문인지 1945년 3월 3일, 52세의 젊은 나이로 세상을 뜸). 아데나워는 다시 체포되었다가 11월에 풀려났다. 그는 14명의 가족, 낙오된 프랑스 군인 4명과 함께 전쟁터가 된 뢴도르프의 지하 창고에서 미군의 공습을 피하며 살다가 종전을 맞게 되었다.

　쾰른을 점령한 미군은 5월 4일 행정 경험이 풍부하며 나치에 저항했던 그를 쾰른 시장으로 임명하였다. 3월에 이미 미군으로 요청을 받았지만, 당시 아들들이 징집된 상태라 사양하기도 하였다. 전쟁 전 쾰른시 인구는 76만 명이었으나 10만 명으로 줄어들었고 전쟁 종료 후 매일 1,000명이 돌아오고 있었으나 도시는 황폐해진 상태였다. 아데나워의 적극적 역할이 필요했다.

　그런데 얼마 후 쾰른은 미국군 관할에서 영국군 관할로 넘어가게 되었는데, 아데나워는 쾰른 시민을 위한 식량, 연료 등 생필품 공급 등 경제정책과 전쟁 중 쾰른 폭격 문제 등을 놓고 영국군과 충돌하였다. 특히 그는 쾰른 도심을 전통을 지닌 구역으로 개발·보존하고자 하였다. 이에 더해 영국 군정청 몰래 프랑스 군정청과 추후 점령 구역에 세워질 새로운 국가 체제와 관련하여 의견을 주고받은 것이 문제가 되어 결국 1945년 10월 무능을 이유로 쾰른 시장직에서 해임되었다. 정치 활동과 쾰른 시내 출입이 금지되기도 하였으나 12월에 해제되었다.

그는 시민을 위한 강단 있는 정치 지도자의 모습을 보여주었다. 아무튼 그는 불굴의 절제 있고 책임감 있는 자세의 정치인으로 정계로 돌아왔다.[8]

그는 종전 후 중앙당에서 나와 기민당 창당에 관여하여 1946년 3월 1일 라인란트(Rheinland) 지역 기민당 대표로 선출되었다. 그때 작성된 기민당 강령(CDU-Programm)은 그의 작품이나 다름없었다. 그는 "국가, 사회적 생활, 경제, 문화 등 모든 것은 개개인의 자유로부터 출발하여 발전해나간다"를 기본 명제로 하고, 사회주의와 물질주의나 그 변종에도 대항하는 정신적 진지를 구축하고자 하였다.

또한 기민당의 경제적·사회적 정책 지도 원리를 개발하는 데도 주도적 역할을 하였다. 재산권을 민주국가 확립의 기본 요소로 보았고 재산이 가능한 한 널리 분산되는 것이 정치적·사회적 관점에서 바람직하다고 하였다. 1947년 3월 1일 기민당에서 '새로운 경

---

8 www.konrad-adenauer.de/biographie

제 질서(Ahlener-Programm)'를 선언할 때도 주도적 역할을 하였다. 이는 사회·경제적 신질서의 내용과 목표를 자본주의적 이익과 권력 추구가 아닌 국민의 행복과 번영임을 선언한 것이다. 중요한 '사회적 시장경제'의 원칙은 1947년 7월 24일 미국·영국의 점령지역을 통합한 구역의 경제위원회에서 채택되었다. 그 멤버의 한 사람이 에르하르트였다. 그 위원회는 경제정책을 비롯해 생필품과 식량 공급, 화폐개혁 등을 관장하였다.

17년간 쾰른 시장으로서 제1차 세계대전 전후 처리를 포함한 다양한 행정 경험과 12년간의 나치 치하의 고난은 그의 총리직 수행을 위한 귀중한 자산이었다. 그는 고난의 시간조차도 잠시 지나가는 슬픈 에피소드일 뿐 영원한 트라우마가 될 수는 없다고 생각하였다.

긍정적이고 자신만만한 근성 있는 정치가였다. 그는 라인 지방 특유의, 그리고 가톨릭 출신으로서의 자존심이 강하고 목적 지향의 침착한 성품을 갖고 있었다. 그런 성품은 깨지기 쉬운 예술품 같은 독일을 강하고 지속적 발전이 가능한 국가로 만드는 데, 즉 경제 부흥, 서방과의 연합, 군사 재무장, 안정적이고 강한 민주주의 등을 이루는 데 필요한 요소였다.

과거에 대한 쓰라린 경험을 가진 사람들은 흔히 인간이나 세상을 냉소적으로 바라보는 소위 염세가가 되기도 한다. 그러나 아데나워는 그렇지 않았다. 아데나워는 유머를 잃지 않으며 긍정적 마인드로 극복하였다.[9] 그의 경험과 성품은 패망한 독일을 다시 일으켜 세워야 하는 그 시기에 가장 적합했다.

아데나워에 맞선 사민당의 쿠르트 슈마허

아데나워의 기민당에 맞서 사민당을 이끈 지도자는 슈마허였다. 사회주의자이지만 철저한 반공산주의자였던 슈마허는 1895년 지금은 폴란드 영토가 된 단치히의 남부 쿨름(Kulm)에서 태어났다. 바이마르 공화국 시절 의원을 지냈으며 특히 1930년부터 1933년 사이 의회에서 나치를 비난하는 발언을 하며 나치에 저항하였다. 슈마허는 제1차 세계대전 때 입대하여 오른팔을 잃었고 이어서 나치 시절에는 수용소에서 다리 하나를 절단하였다. 얼굴은 신경성 경련으로 고통을 받았다. 그의 연설 상당 부분은 냉소와 조롱이 뒤섞여 있었다. 아데나워와 달리 희망을 말하는 경우가 드물었다. 그의 불행한 과거가 끼친 영향일지도 모른다. 그의 불행은 독일이 겪은 불행을 상기시키기도 하였다. 사회주의자 카를로 슈미트(Carlo Schmid)는 슈마허에게서는 제3제국의 '고통스러운 얼굴'이 보인

---

9 Arnulf Baring, 앞의 책(E-Book), Location 206.

다고 말하기도 하였다.[10]

　정치인에게 요구되는 덕목 중의 하나가 여유와 유머이다. 국민을 편안하게 하는 요소이기 때문이다. 너무 진지하고 딱딱한 것은 국민을 불안하게 할 수 있다. 혹 존경은 받을 수 있어도 사랑은 받을 수 없다. 슈마허가 그런 타입의 정치인이었다. 슈마허는 독일인으로서의 자부심이 강했다. 주권국으로서 독일이 다른 나라들과 동등함을 천명하는 당당한 언어를 구사했다. 외국인들의 귀에는 민족주의적으로 들렸고, 슈마허가 '순응하는 말투'라고 경멸하던 아데나워의 언어와 비교해도 귀에 거슬리는 어조였다.[11] 그 때문에 점령국은 그를 싫어했다. 소련은 반공주의자라는 이유로, 프랑스는 너무 오만하고 독일적이라는 이유로, 미국은 사회주의자라는 이유로 꺼렸다. 다만 영국의 노동당 정권은 그를 다소 옹호했다.[12] 그의 원칙적이고 타협 없는 불굴의 정신 때문에 관록 있는 정치인으로서 국민의 존경을 받기도 했다. 그렇기에 사민당의 근소한 승리가 예상되기도 하였다. 그러나 신생 기민당에는 아데나워라는 인물이 있었기 때문에 전통의 사민당과 주도권을 다툴 수 있었다.

10 Arnulf Baring, 앞의 책(E-Book), Location 212.
11 에곤 바 지음, 박경서·오영옥 옮김, 『독일 통일의 주역, 빌리 브란트를 기억하다』, 북로그컴퍼니, 2014, 17쪽.
12 손선홍, 앞의 책, 62쪽.

아데나워와 슈마허의 차이

슈마허는 철저한 반공주의자였지만 선거 유세에서 유럽 재건을 위한 미국의 마셜 계획을 미 제국주의의 위장이라고 비난하고 가톨릭 단체를 점령 4국에 이은 '제5의 점령 단체'라고 비난하였다. 경제정책으로는 중공업의 국유화와 계획경제를 주장하였다. 이에 반해 아데나워는 마셜 계획을 적극적으로 활용하고 점령국과 적절히 타협하는 정책을 통해 국민의 삶을 실질적으로 향상시키는 정책을 주장하였다.

외교 및 통일 문제에 대하여 아데나워나 슈마허의 정책은 모두 자석 원리(Magnettheorie)에 기반을 두고 있었다. 자석 원리는 경제적으로 풍요한 서방이 조만간 동독에 대해 거역할 수 없는 흡인력을 발휘할 것이고, 그리되면 소련은 동독을 포기할 것이라는 뜻이다. 다만 슈마허는 서방을 서독으로 이해했고 아데나워는 단합된 서유럽으로 이해하였다. 아데나워는 독일 자체만으로는 너무 허약하다고 보았다.

전쟁 전 독일 땅이었다가 포츠담협정으로 소련과 폴란드 영토로 편입된 국경 문제에 관하여도 두 사람이나 독일인의 생각은 다시 독일 영토로 회복되어야 함에 일치되었다. "3개의 독일, 결코 용납할 수 없다!"는 입장이었다. 3개의 독일이란 동·서독과 전쟁 후 잃은 종전 독일 땅을 말한다. 1970년대까지 그와 같은 구호가 적힌

광고판이 독일 곳곳에서 볼 수 있었다.

그러나 아데나워는 외교 및 국방 분야에서 서방과의 결속과 '힘 우위의 정책(die Politik der Stärke)'을 최우선으로 함에 반해, 슈마허는 이를 기본법의 정신에 배치되는 위험한 발상이라고 반대하였다. 아데나워의 발상은 통일과 자유에 대한 독일의 자기 결정권을 강조하는 기본법의 정신에 배치되는 것으로 분단의 극복이 아니라 분단을 고착시킨다는 것이었다. 이런 차이 때문에 1949년 선거 과정에서 기민당과 사민당은 크게 대립하였다. 경제 및 사회 문제에서의 대립도 마찬가지였다. 특히 에르하르트에 의해 입안된 '사회적 시장경제'는 사회민주당이 내세우는 '계획경제'와는 큰 차이를 보였다. 이와 같은 정치 지도자의 현실 인식의 차이는 국가의 명운을 가르는 요소이다. 민족, 정의 운운하며 추상적인 말로 국민을 현혹하는 것이 아니라 실사구시로 국민에 실질적인 도움을 주는 정치가 참된 정치인 것이다.

오랜 세월이 지난 1965년 자신과 슈마허와의 차이점을 질문받은 아데나워는 주저 없이 민족주의(Nationalismus)라고 대답하였다. 슈마허도 그의 경쟁자인 아데나워와 마찬가지로 분명 도덕적 책임감을 가진 인간 존중의 서구적 가치의 신봉자였다. 그러나 슈마허에게는 서방 의존보다는 민족적 일체성이 더 중요하였다. 그는 독일이 중유럽 국가들과 함께 동서 간의 제3세력을 구축하기를 희망하였다. 이에 반해 아데나워는 합리적이고 책임감 있는 정치적

노선을 추구하였고 그것이 바로 친서방이라고 생각하였다.[13]

아데나워 총리 취임

선거 결과는 예상과 달리 기민당 측의 근소한 승리였다. 기민·기사당 연합(기민당과 기사당은 자매 정당으로, 기사당은 바이에른주에서만 후보를 내고 기민당은 바이에른주를 제외한 전국에서만 후보를 냄으로써 사실상 한 개 정당처럼 활동한다. 기민·기사연합 또는 유니언으로 통칭한다)이 31%의 득표로 139석, 사민당이 29.2% 득표로 131석을 얻었고 자유민주당(FDP, 이하 자민당이라 함)은 11.9%를 득표하였다. 나머지 30%는 군소 정당에 돌아갔고 그중 6개 정당만 의회에 진출하였다.

군소 정당 난립으로 정치적 불안정을 경험했던 바이마르 시대를 교훈 삼아 일정한 득표율(5%) 또는 지역구 의석수(3석)를 확보한 정당에만 비례대표 의석을 배분한 결과였다. 모두 과반수에 미달하여 연립정부를 구성할 수밖에 없었다. 당연히 자민당이 잠재적 연정 파트너로 등장하였다.

기민당 내에서 총리 후보 및 연정 파트너를 두고 다양한 논의가

---

13 Arnulf Baring, 앞의 책(E-Book), Location 220.

시작되었다. 아데나워 외에도 노르트라인 베스트팔렌주 총리 카를 아르놀트(Karl Arnold), 소련군 점령 지역(SBZ)의 전 기민당 대표 야코프 카이저(Jakob Kaiser) 등 많은 지도자가 부상하였고 다양한 정치적 의견이 개진되었다. 서방 측과 함께하는 독일, 어느 블록에도 속하지 않는 독일, 동서 가교 역할을 하는 독일, 심지어 기민당과 사회당의 대연정을 희망하는 주장 등 실로 다양하였다.

기민당 원로로서 아데나워가 생각을 드러내었다. 아데나워는 선거가 끝난 1주일 후인 8월 21일 일요일에 영향력 있는 기민·기사당 동지들을 뢴도르프에 있는 자기 집으로 초대하였다. 겉으로는 사적 모임이었으나 아데나워가 주도하는 향후 정치 향방을 모색하는 중요한 모임이었다. 그는 초대자로서의 이점을 살려 모임을 노련하게 이끌다가 마침내 자신에게 유리한 주사위를 던졌다. 기민·기사당, 자민당, 니더작센 보수독일당으로 연정을 구성하고, 자민당 대표 테오도어 호이스(Theodor Heuss)를 대통령, 자신을 총리로 하는 안을 제안하였다.

그러면서 조심스럽고 한껏 낮은 자세로 그는 1~2년 정도는 총리로서의 업무 수행에 지장이 없다는 자기 주치의 의견을 소개하였다. 73세 고령에서 연유한 총리직 부적합 의견들을 누그러뜨리기 위한 은근한 작전이었다. 그 말을 들은 참석자들은 아데나워가 길어야 한 임기인 4년 정도 재직하리라 생각했을 것이기에 이에 동의하였다. 그러나 아데나워는 1~2년이 아니라 14년간이나 재직하였다(이승만 대통령도 73세에 대통령에 취임하였고 12년간 재임하였다). 아데나워의 별명이 여우이기도 하다. 교활하다기보다는 영리하다는 뜻으로 붙여진 별명이다. 어쨌든 14년을 재직하면서 독일을 탄탄한 국가로 만들어놓았고 독일인이 가장 존경하는 독일인으로 평가되고 있으니 누가 그를 교활하다고 비판할 수 있을 것인가?

논의된 대로 1949년 9월 12일 연방 하원의원 전원과 주 의회에서 선출된 동수의 지역 대표들로 구성된 연방회의(die Bundesversammlung)에서 자민당(FDP) 대표 테오도어 호이스가 기민·기사당연합의 지지로 연방 대통령으로 선출되었다. 그 사흘 후 연방 하원(정원 402명)에서 아데나워가 202표를 얻어 총리로 선출되었다. 선출에 필요한 최소한의 득표였다. 한 표 차의 승리였다. 결국 자신이 찍은 표로 총리가 된 셈이다.

국가에도 운이 있다. 아데나워의 총리 당선은 독일의 행운이었다. 아데나워의 '전략'과 '실용'을 바탕으로 한 친서방 경제, 외교, 군사 정책으로 이룩한 성과를 생각해보면 그렇다. 독일의 오늘이 있는 것은 아데나워가 총리가 되었기에 가능하였다 할 것이다. 슈마허가 내세우는 이념적·관념적 접근 방식의 정책으로는 오늘의 독일을 만들 수 없었을 것이다. 화려한 수사만을 구사하며 현실성 없는 원리주의나 민족주의를 앞세우는 감성적 접근으로는 국가를 온전히 발전시킬 수 없는 것이다.

에르하르트 경제장관과 사회적 시장경제

아데나워의 성공 뒤에는 초대 내각에서 경제장관으로 임명되어 14년 동안 재직한 루트비히 에르하르트(Ludwig Erhard)가 있었다. 함께 일하다 보면 때로는 갈등이 생기거나 싫증도 나련만 아데나워와 손발을 맞춰 14년을 함께 일하였다. 놀라운 일이다. 능력 있는 사람들이 장기간에 걸쳐 함께 협력하며 일하는 결과가 어떠할지는 자명하다. 독일의 경제 재건도 두 사람의 협력과 헌신이 있었기 때문에 가능하였다 할 것이다.

에르하르트는 1897년 바이에른 지역 퓌르트(Fürth)에서 태어나 제1차 세계대전에 참전하여 부상을 입기도 했다. 경제학을 전공하고 나치 시절 종전 후의 독일이 나아갈 방향의 경제정책을 연구하였다. 종전 후 미·영국군의 점령 지역에서 경제 고문으로 임명되었고, 그 후 양국의 점령 지역이 하나의 구역으로 통합됨에 따라 이 지역의 경제 책임자로 선출되었다.

1948년에는 라이히 마르크(Reich Mark)에서 도이치 마르크(DM)로의 화폐개혁을 성공적으로 시행하였다. 확고한 시장경제 신봉자였던 자신의 신념에 따라 연합군에 의해 실시되고 있던 고정가격제와 생산통제 정책도 폐지시켰다. 이로써 물가 상승과 실업자 증가에 시달리던 경제가 1949년 여름부터 호전되기 시작하였다. 이로써 그의 명성이 높아졌다. 아데나워 시기의 성공은 그의 경제

정책에 힘입은 바가 컸다. 그가 내세운 경제정책의 토대는 독일의 번영과 안정을 가져온 사회적 시장경제이다.

사회적 시장경제(soziale Marktwirtschaft)는 수요와 공급을 기반으로 하는 자유주의적 시장경제를 기반으로 하되, 여기에 사회보장 조치와 사회적 연대를 위한 제도적 장치나 정책 등의 사회적 요소를 가미한 개념이다. 즉 시장에서 완전한 자유경쟁이 이루어지도록 국가가 기본 질서를 세우고 관리하지만, 그에 따른 빈부격차 증대 등 부작용을 줄이기 위하여 최소한의 국가 개입과 조정을 허용하는 것이다.

한편 뮐러 아르마크 교수도 1946년 저서 『경제 조종과 시장경제(Wirtschaftlenkung und Marktwirtschaft)』를 통하여 '자유'와 '조종'이라는 상반된 개념을 적절한 형태로 결합해 이를 사회적 시장경제로 표현하였다. 에르하르트는 자신의 생각과 위 이론을 엮어 '모두를 위한 번영(Wohlstand für Alle)'으로 정책화하고 시행하여 독일 번영의 초석을 놓았다. 아무튼 사회적 시장경제는 나치의 전시 계획경제를 탈피하여 시장경제로 넘어가야 하는 과정에서, 1930년대 세계 경제 위기를 경험하였던 자유적 시장경제에 대한 반성적 고려를 바탕으로 하여 나타난 것이다.

위와 같이 사회적 시장경제를 주창한 정치 세력이 '사회'를 수식어로 달고 있는 좌파 정당인 사민당이 아니라 신생 우파 정당인 기민·기사연합이었던 것이 놀랍고 신기하다. 즉 기민당은 1947년 알

콘라트 아데나워와 루트비히 에르하르트

렌 프로그램과 1949년 뒤셀도르프 강령을 통하여 사회·경제적 신질서의 내용과 목표를 자본주의적 이익과 권력 추구가 아닌 국민의 행복과 번영임을 선언하고 그 구체적 내용을 차분히 제시하였다. 즉 계획경제도 자유경제도 모두 거부하고 경제적 약자를 포함한 모든 국민의 욕구를 충족시키는 사회적 정의를 앞세우고, 완전한 자유경쟁을 보장하되 경제 주체들의 자기 책임을 강조하였다. 이러한 원리는 70년이 지난 오늘날에도 여전히 유효하고 우리나라도 사회적 시장경제체제를 지향하고 있다 할 것이다. 성장과 분배, 자유와 평등을 잘 조화·실현시킬 수 있는 유일한 길이 이것이기 때문이다.

이에 반해 오랜 전통을 가진 사민당은 1925년 제정된 추상적이고 이데올로기적인 강령을 답습하며 기민당의 사회적 시장경제를 짐짓 무시하고 '사회적'을 시장경제에 대한 장식물 정도로 생각하였다. 그러나 연이은 선거 패배를 거쳐 1959년 고데스베르크 강령을 통하여 계급정당 탈피와 사회적 시장경제를 수용함으로써 두 개 거대 정당 모두 사회적 시장경제에 입각한 시장경제 질서를 지지하게 되었다.

사회적 시장경제는 그 후 독일뿐 아니라 대부분 유럽 국가에서 수용되었다. 독일에서 사회적 시장경제는 함께 잘사는 나라에 대한 국민적 공감대를 형성하여 사회통합에 기여하였다. 집권이 어려워 보이던 사민당이 집권할 수 있는 길을 열었고 나아가 양대 거대 정당인 기민·기사당과 사민당이 연정까지 할 수 있는 토대를 제 공하였다. 또한 사회적 시장경제는 통일 당시 동독인들의 자유경쟁 시장경제에 대한 두려움을 줄여 통일 과정에서 경제체제의 차이로 인한 혼란을 줄이는 역할도 하였다. 아데나워와 에르하르트의 선 각자적 역할의 결과였다.

아데나워의 '양탄자 올라타기'와 페터스베르크협정

독일이 분단되고 점령 통치가 지속되는 현실적 상황에서 아데나워 의 최우선 목표는 하루빨리 경멸받는 전범 국가의 족쇄를 풀고 정 상적 주권국가로 국제적 인정을 받는 것과 자유, 법치주의, 기본권 보장 등 서구적 가치에 기반한 민주주의 국가를 건설하는 것이었 다. 또한 독일이 독자적으로 통일을 당장 이루어낼 수 없는 상황에 서 우선 서방 측과 결속을 이루어 평화와 자유의 유럽으로 통합되 는 과정에서 통일의 기회를 찾는 것이 유일한 길이라고 생각하였 다. 이를 위한 활동은 미·영·불 점령 3국과의 원만한 관계를 떠나 서는 실현될 수 없는 것이었다.

　본(Bonn) 시내가 내려다보이는 해발 331m 페터스베르크 (Petersberg)산 정상에는 점령 3국의 고등판무관실(hohe Kommissare)이 자리 잡고 있었다. 그들은 1949년 4월 공포되고

9월 21일 발효된 점령법에 따라 직무를 수행하고 있었다. 그들은 그곳에서 독일의 민주주의 진행 과정을 지켜보면서 자신들이 설정해놓은 궤도를 이탈하면 즉각 개입하여 바로잡을 준비를 하고 있었다. 그들은 법령을 취소시킬 수 있었고 대외관계에서도 독일을 대표하였다. 외국 대사의 신임장도 그들이 접수하였다. 그런 의미에서 독일은 아직도 주권국가가 아니었다. 외교·국방 관련 부서는 아직 설치되지 못했다. 외교부는 점령 해제가 이루어진 1951년 3월 15일 설치되었으나 완전한 주권이 회복된 1955년 5월까지 아데나워가 외교장관직을 겸임하였다. 자신보다 나은 적임자가 없다는 이유였다. 엄청난 자신감이었다. 국방장관은 독일이 유럽 군사공동체에 가입한 1955년 6월에야 비로소 임명되었다.

아데나워가 1949년 9월 21일 총리 취임 인사차 미국의 존 매클로이(John Mccloy), 영국의 브라이언 로버트슨(Brian Robertson), 프랑스의 앙드레 프랑수아 퐁세(André François-Poncet)가 근무하는 페터스베르크를 방문하였을 때였다. 프랑스 대표가 아데나워를 맞으려 다가오자 아데나워는 총리로서의 체면과 자신의 자존심을 지키는 전략적 기질을 센스 있는 스타일로 보여주었다. 마치 프랑스 대표가 다가오는 수고를 덜어주고자 하는 정중한 모양새로 그에게 재빨리 다가갔다. 우연인 듯하면서도 전략적으로 넌지시 양탄자 위로 올라선 것이다. 양탄자는 고문단을 위한 것이었고 아데나워는 양탄자 밖에서 기다려야 했던 것이다. 새 독일이 서방과 동등한 위치에 서고자 하는 희망의 표현으로 우선은 상징적 제스처일 뿐이었지만 이 장면은 독일인의 자존심을 세워주었다.

권한은 연합국에 있었고 독일은 참을성 있게 기다리며 조금씩 얻어갈 수 있을 뿐인 상황이었다. 우선 자식이나 조카뻘 나이의 고등판무관들과 접촉하며 원만한 관계를 유지하였다. 그 결과로서 1949년 11월 22일 페터스베르크협정을 체결하였다. 그것은 독일이 외국과 영사 관계를 맺고 유럽평의회(Europarat) 등 국제기구에도 가입할 수 있도록 하고, 포츠담회담 결과에 따라 진행하던 기업의 해체(Demontage)를 공식적으로 중단시켰다. 선박 건조 제한이 철회되고 다른 분야에서도 점령 조건이 대폭 완화되었다. 기업 해체의 중단이야말로 독일이 산업적으로 다시 발전할 수 있는 계기를 만든 중요한 조치였다.

마셜 플랜에 의한 지원은 계속하기로 하였다. 그러나 그 대가는 작지 않았다. 독일이 라인 루르 지역의 석탄·철강 산업을 국제적 감시하에 두는 결과가 되는 국제적 루르기구(Ruhr Behörde)에 가입한 것이다. 이는 라인 루르 지역의 석탄·철강 산업에 대한 외부의 컨트롤을 관장하는 기구로서 1949년 4월 28일 미국, 영국, 프랑스, 베네룩스 3국 합의하에 창설되었다. 얼마 전까지 아데나워를 포함한 지역민들이 반대했던 것이었다. 이 문제가 의회에서 격렬하게 논의된 것은 당연하였다. '선 서방 측과의 결속 후 재통일 정책'은 많은 국민에게 통일 포기나 반대로 평가될 소지가 다분했고 그

틈새를 파고드는 세력이 존재했기 때문이다. 1949년 11월 25일 새벽 3시경 슈마허는 아데나워를 독일이 아닌 연합국의 총리라고 야유하였고 여당 측은 이에 야유로 맞섰다. 회의는 중단되는 소동을 겪었다. 슈마허나 사민당의 입장은 서방 지향의 정책은 독일 분단에 기여할 뿐이라고 생각하고 그 때문에 독일이 유럽평의회의 회원이 되는 것에 반대하였고 나아가 석탄철강공동체(Montanunion) 가입에도 반대하였다.

프랑스 외무장관 로베르 쉬망(Robert Schuman)은 경제기획청 장관 장 모네(Jean Monnet)의 아이디어에 따라 1950년 5월 9일 독일과 프랑스의 석탄과 철강의 생산을 공동 감시기구에서 관장토록 하자고 제안하였다. 이는 해묵은 대립적 독불 관계를 극복하고 나아가 하나의 유럽으로 나아가는 길이 될 것으로 보았다. 1952년 7월 23일 독일, 프랑스, 이탈리아. 베네룩스 3국을 회원으로 한 유럽석탄철강공동체(EGKS)협정이 발효되었다. 이와 함께 루르규약은 폐지되고 루르기구는 해체되었다. 이는 유럽 통합의 첫 시도이기도 하였다. 아데나워는 이를 통하여 전승 연합국 지배하에서 산업 시설 해체가 진행되고 있는 루르 지방을 보존할 기회로 활용하였다. 1952년 5월 1일 유럽평의회에, 이어서 7월 11일 유네스코에도 가입하였다. 1957년에는 로마조약으로 유럽경제공동체(EWG)와 원자력공동체(EURATOM)가 발족하였다. 이번에는 사민당도 찬동하였다. 오늘날까지 위 3개 공동체는 유럽연합(EU)의 주축 기둥을 이루고 있다.

한국전쟁과 스탈린 노트

아데나워는 서방과의 통합을 위해 더욱 노력하였다. 그 계기는 다름 아닌 이오제프 스탈린(Josef Stalin)의 도발이었다. 1950년 6월 25일 북한이 남한을 침공하여 서방 세계를 충격에 빠뜨렸으며 사람들은 그 배후엔 스탈린이 있다고 추측하였다. 수개월 내 중국군이 북한을 도와 참전하여 두 번이나 서울을 점령하였다. 한반도에 생긴 일은 독일에서도, 유럽에서도 생길 수 있어 이를 대비할 필요가 있었다. 그러나 독일인 없이 어찌 독일을 방어할 수 있겠는가? 군대의 필요성을 절감한 것이다. 아데나워는 동맹국이나 독일인들을 적극적으로 설득하기에 나섰다. 그러나 참혹한 전쟁이 끝난 5년 만에 독일의 재무장을 허용하겠는가? 그렇지만 문제가 조국을 방위하고 생존을 위한 것이라면 독일인은 당연히 책임감 있게 나서야 하며 동독에 이미 준군사동맹이 존재한다면 더욱 그러하지 아니한가? 이런 상황이라면 서방은 서독과 서방 세계를 방어하기 위해 새로운 방향 전환을 생각해야 하는 것이 아닌가? 변화된 상황에서 독일이 인접 국가들과 동등한 자격으로 서방 방위를 위한 역할을 수행해야 하는 것이 아닌가?

아데나워는 이런 생각에 터 잡은 제안을 비공개로 하였다. 자기 당, 연정 파트너, 심지어 담당 부처까지 우회하며 직접 서방국 고문관들과 접촉하였다. 피점령국 총리인 그에게 취임 초기 전승국 정부에 대한 직접적 접촉은 허용되지 않았기 때문이었다. 마침 당시 영국의 야당 지도자였던 윈스턴 처칠이 유럽방위군 (Europaarmee)을 제안하였기 때문에 영국에는 비교적 부담이 적게 접근할 수 있었다. 그러나 프랑스는 달랐다. 프랑스는 근세에 1870·1871년, 1914~1918년, 1940~1944년 세 번이나 독일의 침략을 받고 고초를 경험하였기 때문이다. 그래서 프랑스는 독일군의 재건을 피할 수 없다면 이는 프랑스 감시하에 이루어져야 한다고 생각하였다. 프랑스도 미래 지향적으로 생각하고 이를 실천해 나갔다.

유럽석탄철강공동체(Montanunion) 설립도 그 한 예였다. 독일의 급속한 중공업 재건이 프랑스의 중공업 발전에 장애가 되지 않고 상호 균형을 이룰 수 있도록 하기 위함이었다. 독일이 군사적으로 재무장하면 프랑스의 안전 문제도 고려되어야 했다. 그래서 프랑스 르네 플레벤(René Pleven) 총리는 1950년 가을 유럽방위군(Europäische Verteidigungsarmee) 설치를 제안하였다. 처음에는 독일을 차별하는 조건을 붙였으나 미국의 중재로 그 조건은 곧 제거되었다. 독일 재무장과 견원지간인 독불 간의 화해를 건설적으로 연결시킬 수 있다면 그것보다 더 좋은 것은 없을 것이다. 뿐만 아니라 독일이 유럽방위공동체(Europäische Verteidigungsgemeinschaft, EVG)에 가입한다면 독일은 독자적인 군대를 갖게 되어 아데나워의 총리 취임 이후의 염원인 주권 회복을 도모할 수 있게 된다. 그러나 프랑스뿐 아니라 소련에게도 제2차 세계대전의 경험 때문에 독일로부터의 안전이 절실한 과제이기도 하였다.

그런 점에 비추어 1952년 3월 서방 3국에 전달된 소위 스탈린 노트(Stalin-Note)가 단순히 교란 작전에 불과했는지에 관해 논란이 있다. 1952년 3월 10일 스탈린은 서방 3국에 독일의 통일과 통일된 독일의 중립화를 제안하였다. 서방연합국은 소련에 보낸 공한에서 하나의 독일 정부 수립은 유엔의 관리 아래 자유로운 총선이 실시되어야 가능하고 독일의 중립화 요구도 받아들일 수 없다고 거절하였다. 아데나워도 이는 한창 논의 중인 '유럽방위공동체' 설립과 '독일조약'이 체결되지 않도록 함으로써 독일의 서방에의 편입을 방해하기 위한 의도에서 나온 것으로 독일인과 서방 세력에 대한 교란 작전이라며 반대하였다. 이것이 오늘날까지 역사학에서의 주류적 견해이다.

그러나 소수 의견으로 스탈린의 진정성 있는 제안이었다는 견해도 있다. 역사학자 롤프 슈타이닝거(Rolf Steininger)가 그 대표적 인물이다. 그 후 공개된 미국 문서에 의하면 서방 측에서 이를 수용할 것인지 진지하게 검토했던 것으로 보인다. 그러나 당시 독일 내에서도 의견이 갈렸다. 야당 및 일부 국민 심지어 기민당 내에서도 스탈린 노트의 수용을 진지하게 제안을 검토하기를 희망하는 목소리가 높았다. 물론 스탈린의 접촉 상대방은 전승 3개국이었지 독일은 아니었다. 그러나 아데나워는 스탈린의 제안은 진지한 것도 아니고 위험한 것이며 단지 휴지 조각에 불과하다고 폄하하였다.[14] 독일이 통일되고 중립국으로 되면 독일은 지정학적으로 소련의 영향권에 속하게 될 것이고 그리되면 독일의 장래는 없다는 생각이었다. 독일은 친서방 국가로서 경제적·군사적으로 서방과 함께할 때만 밝은 미래가 있다고 확신하였기 때문이다. 서방 측은 아데나워의 의견과 함께하며 스탈린의 제안을 거부하였다. 국민의 감성적 대응에 흔들리지 않고 소신을 갖고 국민을 설득해나간 결과로, 대정치가 아데나워의 진면목을 보여준 사건이었다. 민심은 천심이라고도 하지만 때로는 어리석은 것일 수 있는 것이기에.

파리조약에 따른 주권 회복과 나토 가입, 진정한 주권국가로

독일의 방위에 관한 협상은 계속되어 유럽방위공동체 결성 조약은 1952년 5월 체결되었다. 소련의 방해 공작을 성공적으로 방어한

---

14 Arnulf Baring, 앞의 책(E-Book), Location 426.

셈이다. 그러나 독일 내에서 같은 정파, 유명한 지도자들 사이에서도 아데나워 의견에 반대하는 움직임이 거셌다. 아데나워의 당 동료이자 내무장관인 구스타프 하이네만(Gustav Heinemann)은 독일 재무장 계획에 대한 항의로 이미 1950년 10월 사퇴하였다. 그는 전독일국민당(Gesamtdeutsche Volkspartei)을 창당하였으나 2년 후 당이 힘을 잃자 사민당에 입당하였다. 개신교연합회장 마르틴 니묄러(Martin Niemöller)와 함께 아데나워에 대한 반대자로서 독일 재무장 반대 운동을 주도하였다. 하이네만은 "신이 우리 손에서 두 번이나 칼을 거두어 갔는데 세 번 쥘 수는 없다"라고 하였고, 재무장이 필수적이라고 생각한 아데나워는 이에 지지 않고 "신은 우리에게 생각하라고 머리를 주고 행동하라고 손을 주었다"라고 응수하였다.[15] 독일 정치인들의 품격 있는 공방이었다. 유치한 막말이 횡행하는 일부 우리 정치권과는 사뭇 다른 모습이다.

그러나 유럽방위공동체는 다른 쪽에서 벽에 부닥쳤다. 하필 그 계획이 추진된 나라 프랑스에서였다. 1954년 8월 30일 프랑스 의회에서 모든 정당이 연합하여 협정을 불승인하였다. 이로써 독일의 주권 회복을 인정하기로 한 독일과 3개국 간의 독일조약도 함께 불승인되어 독일의 주권 회복도 미루어질 수밖에 없었다. 군대 보유로 정상국가 회귀를 소망했던 아데나워는 이것이 그의 집권 중

---

15 김영희, 앞의 책, 19쪽.

가장 쓰라리고 실망스러운 경험이자 충격이었다고 술회하였다.

그러나 독일 재무장은 유럽방위공동체의 실패로 불가능해진 것이 아니라 미국의 도움으로 다시 추진되었다. 그 결과 1954년 10월 23일 체결되어 1955년 5월 5일 발효한 파리조약(Pariser Verträge)에 따라 독일은 주권국가로서 나토와 서유럽연합(Westeuropäische Union, WEU)의 일원이 되었다. 파리조약은 1954년 9월 28일부터 10월 3일 사이에 런던에서 서방 3개 연합국, 캐나다, 베네룩스 3국, 서독, 이탈리아가 서독의 주권 회복과 나토(1949년 4월 4일 설립) 가입 문제를 협의하고, 이를 토대로 10월 23일 파리에서 연합국의 점령 통치를 종료하고 서독의 주권 회복과 나토 가입을 허용하는 내용의 조약이다.

그러나 사민당과 독일노동자동맹(DGB) 등은 이러한 친서방 정책이 통일을 더 어렵게 만든다고 비판하였다. 하지만 아데나워는 '힘 우위의 정책'만이 통일을 가능케 한다고 설득하여 파리조약을 비준받았다. 당연히 점령규약은 폐지되고 고등판무관은 해체되었다. 서방연합국 군대는 점령군이 아닌 동맹군으로 계속 주둔하게 되었다. 독일연방방위군(Bundeswehr)이 정식 발족하고 징병제가 도입되었다. 아데나워의 구상은 성공적으로 실현되었다. 본 정부의 자유세계 방어에 참여하는 노력에 상응하여 다른 서방국들은 독일의 대외 주권을 인정하였다.

베를린과 전체 독일에 대한 연합국의 권한을 제외하고는 본 정부는 이제 다른 나라와 마찬가지로 외교 및 국방장관을 두고, 대사를 파견하거나 접수할 수 있게 되었다. 항공사 보유도 가능해졌다. 1955년이 지나면서 루프트한자(Lufthansa)는 오랫동안의 강제 휴항을 멈추고 단계적으로 취항하기 시작하였다. 독일의 무조건 항복 10년 후 본 공화국 대표는 다시금 다른 나라들과 같은 책상에 앉게 되었다. 아데나워가 뚝심 있게 점령국과 자국민을 설득한 결과였다. 특히 독일인에게도 매력적으로 보이는 통일 독일의 중립화 방안인 스탈린 노트에 대하여 여론에 휩쓸리거나 굴하지 않고 자신의 소신과 비전을 갖고 밀고 나갔다. 여론에 휩쓸리지 않고 설득하고 이끌어나가는 것, 그것은 정치인의 참으로 중요한 덕목이다.

그동안 독일의 재무장을 반대하는 정치 세력을 포함한 광범한 사회 각 계층의 반전 평화 운동인 'ohne mich(나는 싫어!) Bewegung'도 점차 힘을 잃고 독일인 다수가 아데나워의 정책을 지지하고 특히 소련에 대해 강경 정책 노선에 찬동하기에 이르렀다.

아데나워 초기 성공의 배경, '전략'·'실용'·'원칙'

아데나워 정부가 산적한 대내외 문제들을 차근차근 헤쳐나갈 수 있었던 것은 그의 탁월한 리더십이 큰 몫을 하였지만 기본법이 설정한 합리적 제도 덕분이기도 했다. 우선 아데나워는 총리로서 업무를 시작하면서 1949년 9월 20일 연방 하원에서 정부가 추진할 정책을 확실히 하여 발표하였다. 대내적으로는 사회적 시장경제정책 실시, 실업자 축소, 주택 건설 촉진, 연합국의 산업 시설 철거 정책의 완화 등을 추진하겠다고 하였다. 대외적으로는 서독이 전 독일 국민의 유일한 합법 국가임을 선언하면서 오데르-나이세강을 기준으로 한 국경의 불인정, 친서방 정책의 추진, 프랑스와의 관계 개선, 자르 지역 문제의 해결 등을 내세웠다(서독이 자신을 유일한 합법적인 정부로 본 것은 동독은 건국 과정에서 주 정부나 의회의 참여 없이 즉 국민의 의사나 일반 여론이 반영됨이 없이 기만적·형식적 투표 방식으로 정부나 의회를 구성하였기 때문이다. 또한 동독 정치 지도부는 자신들은 안티파시스트로서 전쟁을 일으키지 않았으며 홀로코스트에 대한 책임도 없다며 제3제국 시대의 독일과의 단절을 주장하였다. 이승만 대통령이 남한만의 정부 수립을 불가피하다고 보고 우선 대한민국 정부를 수립하고 대한민국이 한반도 유일의 합법 정부임을 주장한 것은 아데나워와 유사하다). 그러나 앞서 본 바와 같은 '점령규약'으로 인한 제약 때문에 위 정책들의 추진이 결코 만만치 않았다.

아데나워는 실제로 주권 회복과 관련한 대외 정책에 전념하고 경제 등 국내 문제는 에르하르트 등 다른 장관에 위임하여 역할 분담을 통해 성과를 극대화하였다. 이 또한 쾰른 시장 등 30여 년에 이르는 공직 경험에서 체득한 지혜의 발현이었다. 특히 아데나워와 에르하르트 두 사람의 장기간에 걸친 신뢰와 역할 분담은 정책의 안정성과 지속성을 담보하여 라인강의 기적을 가져온 원동력이 되었다.

우리나라에서도 이런 모델이 필요하다. 우리나라에서도 과거에 이와 유사한 사례들이 없지는 않았지만 지금은 찾기 어렵다. 기본적으로 장기 집권을 불허하는 대통령 단임제와 전문성을 경시한 인사 운영에 그 원인이 있다고 하겠지만, 국가의 지속적 안정적 발전의 관점에서 유감스러운 대목이다.

아데나워에게 패배한 야당 사민당 대표 슈마허도 1949년 9월 21일 야당은 정부 정책에 대하여 무조건적 반대를 아니할 것이고, 국익을 위한 구체적이고 건설적인 제안을 할 것이라고 다짐하였다. 이는 바이마르 시대와는 다른 모습이었다. 슈마허는 독일에 지금까지 없었던 야당 지도자의 모습을 보여주었다. 그럼에도 의석수에서 거의 차이가 없는 야당은 아데나워에게 부담스러운 존재였다. 그러나 아데나워는 원로다운 인품과 부드러우면서도 강한 리더십으로 자기 당은 물론 연정 파트너까지 장악하여 헤쳐나갔다. 그는 기본법 조항을 잘 해석하여 활용하였다. 기본법 제65조는 총리의 각료에 대한 가이드라인 제시 권한(Richtlinienkompetenz)을 규정하고 있는데 이를 잘 활용하고 정책을 결정하고 그에 대한 책임을 지는 방식이었다.

그 밖에 기본법 제67조가 규정한 건설적 불신임제도가 도움이 되었다. 이 제도는 후임 총리를 선출해야만 현 총리를 불신임할 수 있는 제도이다. 일단 총리를 불신임해놓고서 후임을 선출하지 못하여 정치적 공백과 혼란이 많았던 바이마르 공화국 시대의 교훈으로 도입된 제도이다. 그동안 독일에서 두 번의 불신임 시도가 있었으나 한 번만 성공하였다. 헬무트 슈미트 총리의 경우였다. 아데나워 재임 중에는 누구도 감히 아데나워에 대한 불신임을 시도하지 못하였다. 당이 아데나워 중심으로 잘 결속되어 있었기 때문이다.

야당은 불신임 전략을 사실상 포기하면서, 기민당은 정책 중심이 아닌 인물 중심의 정당으로 총리 선출 단체에 불과하다는 조롱을 하기도 하였다. 그러나 당의 정책보다는 인물을 내세우는 미국식 선거 홍보 전략이 주효했음을 사민당은 모르고 있었다. 실제로 기민당은 야당이 된 뒤 10년이 지난 1978년에야 기본강령을 작성하였다. 창당이나 독일 정부 수립 시에는 이를 생각하지 않았다. 오랫동안 강령·당·총리는 하나로 묶여 있었던 셈이다. 게다가 수년간 총리는 외교 및 국방에 관한 권한까지 차지하고 있었다. 그는 초대 총리로서의 이점을 한껏 활용하였다. 그는 주저함이나 자기 의심이 없고, 독일을 성공시킬 길을 알고 있다고 확신한 노련한 정치가였다. 패전 후 새롭게 국가를 건설해야 할 비상한 시기에 경험을 바탕으로 노련하고 결단력 있게 난제들을 처리해나갈 총리로서는 더할 나위 없이 시대정신에 적합했다.

그는 죽기 2년 전 귄터 가우스 기자의 "큰 결정을 함에 부담을 느끼지 않았는지" 하는 질문에 단호하게 "nein(아니다)"라고 답하였다. 또 "결정을 할 때 외로움을 느끼지 않았는지" 하는 질문에 "가우스 씨 책을 쓸 때 외로움을 느낍니까? 사전에 동료에게 어떻게 쓸지 묻습니까?"라고 되물었다.

그는 목적 지향의 끈질긴 인물이었지만 기본 원칙에 충실한 한도 내에서는 융통성을 발휘하는 유연함을 가졌다. 실용적이었고 고지식하지는 않았다. 노예처럼 꽉 짜인 틀에 얽매여 일을 처리하지 않았다. 그는 늘 주어진 여건하에서 어떻게 대처할 것이지 고민하였다.[16] 정치를 '가능성의 예술'로 보고 이를 신봉하였다. 그의 실용적 특징과 뛰어난 전략적 재능이 결합하여 거의 4번의 임기 동안 영향력 있는 정치인으로 남을 수 있었다. 전략과 실용을 중시하면서도 원칙에 충실하였다. 개인의 자유, 의회주의적 책임 정치, 독일을 포함한 유럽과 미국의 연대 등이 최우선의 원칙이었다. 바이마르 시대부터 그는 민주주의 신봉자일 뿐 아니라 서방 지향 독일의 서포터였으며 이미 서독과 프랑스의 석탄·철강 산업의 결합을 통한 관계 개선 및 공동 번영의 아이디어를 가졌다.

그는 또한 철저한 반공주의자였다. 그는 무신론자인 볼셰비키를 혐오하는 가톨릭 신자로서 거대한 경제적·군사적 국력을 바탕으로 끝없이 영토 확장을 추구하는 러시아 제국과 소련에 대해 걱정이 많았다. 인류의 진보를 가로막고 인간 경시의 전체주의를 추구

---

16 Arnulf Baring, 앞의 책(E-Book), Location 328.

하는 소련이나 그 아류인 동독 사회통일당(SED) 등에 대한 경계를 강조하였다. 그의 타협 없는 이러한 태도는 '냉전주의자'라는 평가도 받았지만, 실은 그의 도덕성과 평화와 자유의 수호자로서의 모습을 보여주는 것이기도 하였다. 또한 그는 소련은 멀지 않아 큰 위기에 빠질 것이라고 확신하기도 하였다.

아데나워는 라인 지역 가톨릭계 시민 계급 출신으로 고향 쾰른을 기독교 중심지로 사랑하였다. 다만 나폴레옹 전쟁의 결과를 수습하기 위해 열린 빈 회의(1814~1815)의 일방적 결정으로 쾰른을 포함한 대부분의 라인란트 지방이 프로이센 왕국에 편입되었고, 독일 제2제국 건설 후에는 비스마르크의 가톨릭 탄압 정책으로 그 지방에는 반프로이센, 반베를린, 반개신교 정서가 지배하였다. 가톨릭 신자였던 아데나워는 프로이센 왕국과 제2제국의 국가주의, 군국주의를 비판적으로 보며 성장하였다. 제1차 세계대전이 끝날 무렵 라인 지역의 분리를 주장하는 국제적 움직임(Rheinland Bewegung)이 등장하였다. 아데나워도 독일과 프랑스 사이의 완충 국가나 프로이센에서 분리된 서부 독일 국가를 생각하기도 하였다. 그 때문에 사람들은 그를 분리주의자로 의심하기도 하였다. 1919년 6월 1일, 분리주의자들이 실제로 라인 공화국 설립을 외쳤을 때 그는 이에 거리를 두었다. 그런 독립국가는 독일 국민, 독일제국과 프로이센의 동의하에서만 가능하다고 하였다.

그러나 그가 제국 시대 주도권을 가진 프로이센을 싫어한 것은 사실이었다. 제2차 세계대전 종전 후에 베를린에서 황량함을 느낀다고도 했다. 그래서 독일 통일이 그에게 절실한 문제가 아니었다는 의심을 받기도 하였다. 그의 이런 시각은 연합국이 전후 독일에 대하여 취했던 조치와 맞아떨어지는 것이기도 하였다. 소련을 포함한 연합국은 프로이센을 악의 축으로 보았다. 그래서 1947년 2월 프로이센을 해체하였다. 아데나워는 이러한 새로운 상황이 서독, 라인란트, 그리고 자신에게 어떤 가능성을 부여할 것인가를 알아차렸다. 다른 사람들의 책임으로 빚어진 모국의 불행이 무언가 새로운 것을 만들어낼 수 있다고 생각하게 되었다. 즉 새로운 상황이 자신의 평소 생각인 독일의 서방에의 결합을 실현할 기회로 인식하였다. 동독이 소련 세력권에, 서독이 서유럽과 아틀란틱권에 넘겨진 상황은 그에겐 오랜 목표를 실현시킬 찬스였다. 바이마르 시대에 이미 인접 서방 국가와의 지속적 파트너십을 희망했던 그의 계획의 방해물이 제거된 셈이었다. 즉 프로이센은 사라졌다. 베를린은 이 상황에서 수도로서 문제가 될 수 없었다. 경제적·정치적 힘의 중심이 다른 곳으로 옮겨갈 것으로 보았다. 그의 고향인 라인 루르 지역이 바로 그 중심지라고 생각하며 사명감을 갖고 의욕적으로 독일 패망의 시간(Stunde Null)의 잿더미 속에서 날아오르는 불사조처럼 정치를 펼쳐나간 결과였다.[17]

---

17 Arnulf Baring, 앞의 책(E-Book), Location 340~360.

1953년 총선, 승리 요인들

1953년 가을 총선에서 기민·기사연합은 45.2% 득표로 4년 전보다 14.2% 증가하였고 그 증가분은 사민당이 아니라 군소 정당에서 왔다. 사민당은 0.4% 감소한 28.8%를 득표하였다. 서방 접근과 반공 정책이 아데나워 정부의 득표 요인이었다. 거기에다 경제장관 에르하르트의 인기와 업적이 큰 역할을 하였다. 당당한 풍채에 여유 있게 담배를 피우는 모습은 풍요의 상징으로 보여 국민을 안심시켰다.

기민당은 4년 전 선거에서 이미 에르하르트 이름으로 많은 득표를 할 수 있었다. 4년 전 선거 때 예고한 것처럼 모든 사람이 경제 기적을 느낄 수 있게 되었다. 전쟁에 패배하여 파괴되고 점령된 나라에서 경제 기적이라니, 당시 사람들은 그렇게 생각하였었다. 나치의 국가사회주의는 경제, 특히 중공업의 근대화를 막아놓고 심지어 뒷걸음치게 했다. 독일은 많은 부분에서 뒤쫓아가야 할 개발도상국처럼 보이기도 했다.

그러나 경제가 다시 활기를 띠게 된 것은 더 이상 기적이 아니었다. 석유를 에너지원으로 활용하고 경제 재건과 현대화를 촉진하여 일찌감치 큰 성장을 이루었다. 독일은 시대적 이점을 잘 이용하였다. 1960년대까지 임금은 정책적으로 근로자의 생산성이 담보되는 한도 내에서 결정되도록 하여 실제 임금이 생산성에 상응하여 책정되었다. 경제는 경제 원칙에 따라 운용하였고 정치적 고려는 배제하였다. 1950년에서 1973년 사이에 1인당 실질 생산력이 3배 증진된 것은 자력에 의해 이루어진 훌륭한 업적이었다.

그러나 초기에 미국의 도움이 없었으면 불가능했을 것이다. 마셜 플랜에 의하여 미국은 독일의 안정적 성장을 뒷받침하였고 이에 힘입어 독일 내에서는 그들의 노력이 헛되지 않으리라는 낙관주의적 사회 분위기가 지배하였다. 미국은 유럽과 함께할 것이며 독일을 결코 소련에 넘기지 않으리라는 단호한 입장을 보여주었고 아울러 독일의 조속한 세계 경제에의 편입을 서둘렀다. 이는 독일이 독자적인 길을 가고자 하는 유혹을 막는 효과적인 수단이기도 하였다. 미국이 제1차 세계대전 후의 잘못된 독일 정책으로 인한 결과에서 교훈을 얻은 것이다. 1919년 베르사유조약에 의해 독일에 부과된 배상금은 독일은 물론 유럽과 세계 경제에 마이너스 효과를 가져왔다. 배상금 지급으로 독일은 늘 혼자서 제1차 세계대전의 재앙에 대하여 책임 있는 채무자로서 낙인이 찍혔다는 생각을 하고 그러한 억압의 굴레에서 벗어나고자 시도하였다. 이런 피해의식은 국내 정치로 연결되어 나치 정권을 출범시키는 계기를 만들었다는 것에서 얻은 교훈이었다.

또한 세계 정치의 저기압 상황이 본 정부에 도움이 되었다. 한국전쟁은 정치적으로 충격이었지만 경제적으로는 기회를 주었다. 다시금 서독을 경제적으로 성장시키는 데 큰 역할을 하였다. 다른 서방 국가들이 민간 부분을 희생하며 무기 생산에 나서야 했기 때문에 서독 기업들은 다른 나라들의 소비재 수요를 충당하는 역할을 하게 되었다. 그리하여 1952년 초 처음으로 다시금 플러스 성장을 이루었다. 그 후 계속하여 연평균 7.6%의 성장률을 기록하고, 국민 총생산 지수가 10년이 안 되어 2배 이상이 되었다. 1952년 수출이 수입을 초과하고, 1950년 10%의 실업률이 1960년 1%로 낮아졌다.

국가의 융성은 경제 분야에만 국한되지 않았다. 그러한 업적은 건국의 아버지 아데나워와 에르하르트의 공적이었다. 그 핵심은 경제 발전을 철저히 사회적 안정 조치와 조화시키는 데에 있었다(이승만 대통령이 1949년 실시한 농지 개혁도 사회적 취약 계층에 대한 배려나 지원이 없이는 사회안정과 통합을 기할 수 없다는 취지에서 행해진 것으로 아데나워의 정책과 궤를 같이한다). 1956년까지 난민과 폭격으로 집을 잃은 사람들을 위해 매년 50만 호 주택을 건설하고, 군인과 전쟁으로 직접 피해를 입은 민간인들에게 연금을 지급하기 위해 1950년 연방원호법(Bundesversorgungsgesetz), 1952년 부담조정법(Lastenausgleichsgesetz)을 제정하여 전쟁과 추방으로 인한 피해 손실을 가능한 한 국민 사이에 분담하고 난민과 추방자를 물질적으로 뒷받침하여 사회 통합을 이루고자 하였다. 그리고 당시 에르하르트 경제장관은 실질적인 경제 성과가 이루어진 부분에 대해서만 사회적으로 분배해야 한다는 입장을 견지하여 경제구조를

튼튼히 하였다.[18]

완전 패망 후 어려운 재건 시기에 수백만의 난민을 그토록 짧은 시기에 포용한 것, 그것은 놀라운 성과였다. 그러나 일방적인 것만은 아니었다. 난민과 추방자들은 빈손으로 왔지만 국가적 위급 상황에서 필요한 노동력을 제공할 수 있는 의욕적이고 훌륭한 자원이었다. 그들의 지식과 열정이 경제 번영에 기여하였다. 이들을 대변하는 정당인 추방난민연맹(Bund der Heimatvertriebenen und Entrechteten)은 1957년 선거에서 5%를 득표하지 못해 사실상 소멸되었다. 그들이 소외되었다는 생각을 하지 않은 결과이다.[19] 결론적으로 말하면, 정부의 조치들이 성공할수록 그들은 독일 생활에 만족하였기 때문이다.

자르 지역 문제 해결 등 거듭되는 성공 사례들

아데나워는 총리 취임 후 이웃 국가인 프랑스와의 관계 개선에 노력하였다. 아데나워는 전후 대 프랑스 외교는 독일에 대한 프랑스인들의 공포와 불안과 불신을 해소하는 데서 시작해야 한다고 생

---

18 바이츠제커, 앞의 책, 34쪽.

19 Arnulf Baring, 앞의 책(E-Book), Location 522.

각했다. 구체적 내용은 서독이 유럽의 여러 다자 기구에 들어가 스스로 구속을 받고, 프랑스와의 관계에서도 전통적인 방식인 하나 주고 하나 받는 상호주의가 아니라 양보할 것은 과감히 양보하는 것이었다.

그럼에도 양국 사이의 관계 발전에 걸림돌이 되는 요인이 하나 있었다. 자를란트(Saarland) 지역에 대한 독불 간의 분쟁이었다. 그 지역은 1946년 프랑스 점령 지역에서 분리되었으나 경제적으로는 프랑스에 편입되어 있었다. 그 이듬해 자를란트 정부에 자치권을 부여하여 독일로부터 분리 독립시킬 계획을 세웠다. 독일은 이를 참고 견디다가 1954년 프랑스와 자를란트를 위한 자르규약(Saarstatut)을 체결했다. 1955년 10월 23일 그 규약에 따라 실시된 주민투표에서 67.7%의 주민이 독일 편입을 희망하는 투표를 함으로써 자를란트는 1957년 1월 1일 서독의 11번째 주가 되었다. 많은 사람은 이를 작은 통일이라 평가하였다. 심지어 자석 원리(Magnettheorie)를 확인한 것이라고도 하였다. 서독의 경제 호황과 매력이 의심의 여지 없이 입증되어 끌어당기는 힘을 발휘한 것이다.

서독은 여러 부분에서 성공을 보여주었다. 1954년 여름 스위스에서 열린 월드컵 대회에서 헝가리를 물리치고 우승하였다. 3 대 2 역전승이었다. 독일인에게는 자존심의 회복이었다. 전후 독일의 최초 히트 상품인 자동차 폭스바겐 케퍼(Käfer, 풍뎅이차)가 100만 번째로 출시되었다. 이는 경제 부흥과 경제 기적의 증거이자 독일의 능력과 강한 의지를 보여주는 경쟁력의 상징이었다. 신생 공화국이 국제사회에서 당당한 위치에 올라섰음을 보여주었다. 다시 일어선 것이다.

과거 청산 문제

신생 독일은 앞을 향하여 달려가야 했지만, 나치와 관련된 과거 문제를 떨쳐버리거나 미루어둘 수만은 없었다. 그것은 다른 나라 사람들이 잊지 않고 있으며 독일을 불신하게 만드는 오늘의 문제이기 때문이다.

그러나 과거 나치에 대한 공개적 논의는 부족하였다. 물론 문학적이나 학문적 차원에서의 노력은 있었지만, 더 넓은 차원에서는 없었다. 신생 공화국의 국민 차원에서의 논의가 이루어지기까지 20여 년을 기다려야 했다. 1960년대 중·후반에 새 세대가 문제를 제기한 것이다. 전쟁, 학살, 추방, 도덕적 혼란 등을 경험하지 않은 세대가 들고일어난 것이다. 1940년대 후반 1950년대 초반 독일이 첫걸음을 시작했을 때는 그런 논의를 할 여유가 없었다. 날마다 눈앞에 보이는 성과에 급급하고 우선 다시 일어서는 것이 급하였지 과거를 회상하고 반성하는 것은 어려운 일이었다.

그런 가운데 우선적으로 기억해야 할 문제가 독일이 제2차 세계대전 중 자행했던 인종 말살 정책이었고 그 연장선상에서 1948년 살아남은 생존자들에 의해 건설된 나라인 이스라엘이었다. 양 독일의 이스라엘에 대한 생각은 질적 차이가 있었다. 냉전 시대 초기는 물론 1990년 4월 동독 인민의회가 전향적 결정을 하기 전까지 동독은 그와 관련된 역사적 책임을 거부하였다. 동독 자신은 독일 제국의 후계자가 아니라고 생각했기 때문이었다.

그러나 단독 대표권을 갖는다고 주장한 독일(서독)과 아데나워 총리는 달랐다. 1952년 3월 이후 헤이그에서 양국 간 배상협상(Wiedergutmachungsabkommen mit Israel)이 진행되어 9월 10일 룩셈부르크에서 협정이 체결되었다. 본 정부는 12년 내 30억 마르크를 이스라엘에 지불하여 수십만 유대 난민의 정착을 지원하기로 하였다. 이 협정이 의회를 통과하기 위해서는 야당인 사민당의 협력이 필요하였다. 여당 내에 상당수의 반대자가 있었기 때문이다. 아데나워는 눈앞의 이익에만 급급하지 않았다. 독일이라는 국가의 도덕적 책무 그 이상의 것을 생각하였다. 이것이 독일이 국제적 신뢰를 회복하고 정상 국가로 돌아올 수 있는 길임을 인식하였기 때문이다.

이스라엘이나 나치 희생자에 대한 배상은 당시 정부의 다른 조치와 상반된 측면도 있었다. 1940년대 말 탈(脫) 나치화 조치가 독일의 손에 맡겨지자 본 정부는 일부 책임이 중한 자를 제외한 단순

가담자에 대해서는 관용 정책을 시행하였다. 1951년 의회는 기본법 제131조로써 나치(NSDAP) 당원의 공직 부임을 허용하도록 하였다.

예를 들면 아데나워는 1949년 이래 법률가 한스 글롭케(Hans Globke)를 중용하여 함께 일하였다. 그는 1935년 뉘른베르크에서 공포된 인종법의 주석서를 쓴 사람으로서 그 내용이 반유대주의적인 것이었다. 그러나 1953년 아데나워는 그를 총리실 실장(Staatssekretär)으로 임명하여 아데나워 임기 말까지 근무토록 하였다. 그는 조용히 일하는 능력 있는 인물이었다. 반대 진영조차 그의 임명을 긍정적으로 평가하였다.

아무튼 나치주의자 복권이나 공직 재임용은 늘 논란거리였다. 이 점은 사회 통합 작업과 관련된 문제이기도 하였다. 빌리 브란트도 이 문제에 관심을 갖고 견해를 표명하였다. 그는 아데나워 탄생 100주년 기념행사에서, 처음에는 아데나워의 과거에 대한 취급 방식에 비판적이었으나 시간이 지나면서 달리 생각하게 되었다고 말하였다. 제3제국 시대의 일들을 하나의 잣대로만 잴 수 없는 것이며 아데나워가 취한 조치는 민족을 분열시키지 않고 동시에 12년 폭정을 극복할 수 있는 것이라고 생각하게 되었다는 것이다(우리나라에서도 친일 부역자에 대하여 유사한 문제가 있었다. 이승만 정부도 부분적으로 친일 행적이 있지만 국가 발전에 필요한 능력 있는 인사를 기용하였다. 이 문제를 바라봄에 아데나워와 빌리 브란트가 보여준 열린 시각이 우리에게 교훈을 준다). 아데나워의 균형 잡힌 역할로 스스로 성장하며 안정감 있는 국가가 될 수 있도록 하는 새로운 시대를 열었다는 것이다. 빌리 브란트는 아데나워가 타이밍을 조절하면서, 때로는 기회주의적 임기응변으로 독일이 경험한 도덕적 추락을 극복하는 싸움에서 치유될 수 없을 정도로 파괴되는 것을 막았다고 생각하였다.

과거 문제를 다룸에 있어 아데나워는 나치 시대의 행적 때문에 대통령 호이스보다는 훨씬 여유 있는 입장을 취할 수 있었다. 1884년생인 호이스 대통령은 1933년 3월 좌파 자유주의자 제국의회 의원으로 히틀러의 수권법에 찬성한 경력이 있었다. 그는 아데나워와 마찬가지로 독일민족의 집단 책임(Kollektivschuld)은 아니더라도 집단 수치(Kollektivscham)는 인정하여야 한다고 생각하였다.

이런 생각 때문에 그는 "독일, 모든 것 위의 독일, 이 세상 모든 것의 위의 독일(Deutschland, über alles, über alles in der Welt)"로 시작되는 국가(國歌)「독일인의 노래」를 폐지하고 새 국가를 만들자고 주장하였다.

원래「독일인의 노래」는 1841년 8월 26일 독일의 시인 하인리히 호프만 폰 팔러슬레벤(Heinrich Hoffmann von Fallersleben)이 자신이 쓴 시를 요제프 하이든의 「황제 찬가」 선율에 맞추어 만든 것이었는데, 1922년 8월 11일 바이마르 공화국의 초대 대통령 프리드리히 에베르트에 의해 독일의 국가로 공식 채택되었으며, 나치 독일 시기를 포함해 1945년 5월 8일 제2차 세계대전에서 독일이 연합국에 항복할 때까지 사용되었다.

그러나 아데나워는 위 가사 1절 부분은 나치에 의해 악용되었을 뿐 원뜻은 그런 것이 아니므로 계속 사용하도록 관철하였다. 특히 3절 "통일과 정의와 자유를 조국 독일을 위하여! 이를 위하여 우리 모두 형제처럼 마음과 손을 모아 노력하자! 통일과 정의와 자유는 행복의 증거가 될지니, 이 환희의 광채 속에서 피어라 피어나라, 조국 독일이여!"는 독일 국가로서 손색이 없는 내용을 담고 있었고 그 자신이 반나치 입장이었던 때문이었을 것이다. 아무튼 3절이 국가로서 지금까지 주로 사용되고 있다(헬무트 콜 총리가 베를린 장벽이 무너진 후인 1989년 12월 19일 동독 드레스덴 방문을 하였을 때 주민들의 과도한 환호, 특히 군중이 "독일, 모든 것 위에 있는 독일"이라는 가사의 「도이칠란트」를 부르면 대외적으로 과잉 민족주의로 평가되고 독일 문제 해결에 도움이 되지 않을 것으로 생각하고, 군중이 이 노래를 부르면 「이제 모두 하느님께 감사드립시다」라는 성가로 유도하자는 계획을 세울 정도로 민감한 문제이기도 하였다).[20]

---

20 헬무트 콜 지음, 김주일 옮김, 『헬무트 콜 총리 회고록, 나는 조국의 통일을 원했다』, 해냄출판사, 1998, 162쪽.

1955년 아데나워의 모스크바 방문과 할슈타인 독트린

아데나워는 1955년 9월 소련의 초청을 받고 모스크바를 방문하였다. 그가 그토록 싫어하는 공산주의의 본산이며 장차 쇠망하기를 소망하는 소련을 방문하여 협상하는 것은 의지와 용기가 필요한 일이었을 것이다. 그러나 국제정치에서 소련이 차지하는 위치에 비추어 소련과의 관계 개선을 미루어둘 수만은 없었다. 더욱이 당시 소련에는 만여 명의 독일군 포로가 있었다. 종전 후 10년이 지났으니 그들은 사실상 잊힌 존재였다. 아데나워는 그들을 귀환시키는 것, 그것은 인도적 도리일 뿐 아니라 국가의 책무라고 생각하였다. 그는 끈질기게 그들의 귀환을 위해 노력하였다.

소련은 마침내 포로 송환을 허용하였다. 포로들의 귀향 열차가 도착했을 때 가족들만 감동한 것이 아니었다. 아데나워가 모스크바에서 돌아와 처음 군중 앞에 섰을 때 사람들은 이 업적의 의미를 깊이 깨닫고 있었다. 한 귀환 포로의 어머니가 감격에 겨워 주저하면서도 고마움과 존경의 마음을 주체할 수 없어 총리의 손에 모든 이를 대표하며 키스를 하였다. 이 장면을 담은 사진을 보노라면 숙연하면서도 아름다운 감동을 느끼게 된다. 아데나워 정치 역정의 최고의 순간 중 하나라는 생각이 든다.

그러나 포로 석방의 대가는 컸다. 협상 과정에서 주변의 반대 목소리도 있었다. 소련과의 외교 관계 수립은 1953년 스탈린 사망 후

싹튼 긴장 완화에 희망적인 발걸음으로 이해되어 다른 나라들에는 바람직한 것이지만 독일에 부담이 되는 것이기도 하였다. 소련과의 대사 교환은 국제법적으로 동독 지위의 격상을 의미하는 것이었다. 모스크바에 2개의 대표자가 존재하게 되고. 이것이 선례가 되어 조심스레 형성된 서독 단독 대표권에 논란을 가져올 여지가 생긴 것이다. 즉 동독 정부는 합법적이지 않고 서독만이 유일한 합법적 정부라는 주장에 터 잡아 동독과 외교 관계를 맺은 나라와는 서독은 외교 관계를 맺지 않는다는 이른바 할슈타인 독트린은 결과적으로 명분을 잃게 할 우려가 생겼다.

이런 진퇴양난의 상황에서 빠져나오기 위해 외교부 관리 빌헬름 그레베(Wilhelm Grewe)는 모스크바로부터 귀환 길에 법적 명분을 구상하였다. 서독이 장차 내세우고 따라야 할 명분이었다. 소련이 연합 전승국 하나로 독일 전체에 대하여 공동 책임을 지므로 부득이 동독과 외교 관계를 맺은 소련과 외교 관계를 맺은 것이라고 입장을 정리하고서, 소련에 서독 정부가 단독으로 모든 독일인의 자유를 대변하며 국경은 추후 강화조약에서 결정한다는 내용의 공한을 접수시켰다. 따라서 동독을 인정하는 다른 나라는 서독 관점에서는 비우호적으로 보아 용납하지 않겠다는 것이다. 그런 경우를 대비하여 협박 수단으로 경제 원조 중단이나 제재 등을 동원하였다.

이는 소위 제3세계 국가들에 효과적으로 작동하였다. 극단적으로 외교 관계 단절까지 고려하였으며 실제로 1957년 유고슬라비아, 1963년 쿠바와 외교 관계를 단절하였다.

그러나 독일 분단이 계속될수록 그 정책은 점차 다른 나라들에는 비우호적 정책이 될 수밖에 없었다. 언제까지 동독의 존재를 무시하고 갈 수는 없었다. 외교 차관 발터 할슈타인(Walter Hallstein) 이름을 딴 이 독트린은 압박 수단으로도 한계를 보이기 시작했다. 제3세계 국가나 중동 국가들은 이를 통해 이득을 얻을 수 있을 것이라고 생각하게 되었다. 동독을 인정하겠다며 협박하며 재정 지원을 요구하는 수단으로 활용하기도 하였다. 분명 큰 틀에서 보면 할슈타인 독트린은 냉전 과정에서 소기의 목적을 달성하였다. 그러나 미·소 양 대국의 대립이 점차 현상 유지로 넘어가자 독트린은 방해 요소로 바뀌었다. 장기적으로 서독을 고립시킬 위험까지 생겼다.

독트린의 운명은 독일의 동맹국, 특히 미국에 의해 영향을 받을 수밖에 없었다. 군사적 대립을 포함한 소련 등과의 관계가 험악해질 우려가 있으면 본은 단호한 의지를 보여주어야 했다. 그러나 긴장 완화의 바람이 불면 본 정부도 톤을 부드럽게 조정해야 했다. 독일인, 특히 초대 총리는 그 시기에 독일의 이해가 걸린 문제에도 영향력을 발휘할 수 없는 고통스러운 경험을 반복하였다. 미국이 주도권을 쥐고 서독의 생존과 미래를 보장하고 있었기 때문이다.

독일의 안보와 핵무기 논쟁

미국이 가진 핵 능력이 독일의 안전을 보장할 수 있는 수단이었다. 그러나 미·소 간 핵무기 해체 협상이 진행되고 핵무기의 파괴력이 증대될수록 양 대국은 이를 사용하지 않고 지상에 묶어두는 메커니즘을 발전시키는 데 초점을 맞추었다. 이를 '상호 확증 파괴(Mutual Assured Destruction)'라고 불렀다. 쿠바 위기 이후 1962년 10월 양국은 전력을 비상 경계 체제로 바꾸었고 핵무기 분야에서의 대등한 균형도 이루어졌다. 그러나 이미 1950년대부터 재래식 군사력 증강은 시작되었다.

이러한 세계 정치 환경 속에서 독일의 비중이 커진 중부 유럽에서 독일 군대의 재건이 이루어지고 곧 50만 명의 군대를 갖게 되었다. 원로들은 이런 작업이 불명예스러운 나치 군대와 연결되는 것을 피하고자 노력하였다. 많은 장교가 옛 군대에서 복무했었다. 그러나 옛 군대와는 다른 새 독일군의 일원으로 '유니폼을 입은 국민(Staatsbürger in Uniform)'으로 자리매김하고 군사 지휘부는 엄격히 정치적으로 통제 관리되었다. 그 때문에 새 군대는 당연한 것으로 받아들여졌다.

그러나 때로는 정치적·군사적 문제를 야기하기도 하였다. 1957, 1958년도의 사건이 그 예이다. 독일군의 재건에 맞물린 미국의 전략 계획의 전환과 관련하여 아데나워 총리나 프란츠 요제프 슈트라우스(Franz Josef Strauß) 국방장관 등 유명 인사가 전술 핵무기 운반 전력의 배치를 요구하였다. 아데나워가 1957년 4월 기자 회견에서 전술 핵무기를 그저 중화기의 발전된 형태 정도의 것, 거의 보통 수준의 무기로 치부하자 학자들이 격렬히 항의하고 나섰다. 저명한 원자물리학자 오토 한(Otto Hahn), 베르너 하이젠베르크(Werner Heisenberg), 카를 프리드리히 폰 바이츠제커(Carl Friedrich Freiherr von Weizsäcker) 등은 전술 핵무기는 보통의 원자폭탄과 같은 파괴력을 갖는다고 설명하였다. 그 하나가 히로시마 원폭 정도 위력을 가진다는 것이다. 괴팅겐에 모인 학자들은 모든 종류의 원자 무기 소지를 포기할 것을 촉구하였다. 그러나 '핵무기 반대'의 모토하의 반대 운동은 효과가 없었다. 1958년 3월 25일 연방하원은 전술 핵무기 운반 시스템 도입을 의결하였다. 아데나워와 슈트라우스는 자신만만하였다. 기민·기사연합이 독일 역사상 처음이자 유일하게 절대다수를 확보했기 때문이다.

서독 총선(1957) 대승,
그러나 흔들리기 시작한 아데나워 리더십

1957년 9월 15일 총선에서 기민·기사연합은 투표율 88%에 50.2%의 과반 득표를 달성하였다. 사민당은 31.8% 득표로 헌법 개정(3분의 2)을 저지할 정도의 의석을 얻은 데 만족하였다. 선거 승리의 원천은 말할 것도 없이 주권 회복, 경제 기적, 자를란트 지역의 회복, 포로 귀환, 무엇보다도 수개월 전에 도입된 세대 간의 연대의 상징인 연금제도 도입 등이고 독일인 대부분은 이들을 아데나워의 이름과 연결시켰다. 독일 국민 다수가 기민당의 선거 슬로건 "실험은 안 돼(Keine Experimente)!"에 끌렸고 아데나워의 지도력에 신뢰를 보냈다. 한편 사민당은 기간산업의 국유화 등 국민의 공감을 얻을 수 없는 공약으로 재앙에 가까운 패배를 자초하였다. 아데나워는 힘의 정점에 서게 되었다.

그러나 정상 정복 후 하강이 있기 마련인데, 그는 이를 받아들이려 하지 않았다. 사람들이 그가 1955년 파리조약과 주권 회복 과정에 일생 최고의 순간에 이르렀음을 인정할 것을 기대할 수는 없었을 것이다. 사람들은 그가 정치적 창의성을 다 소진했다고 생각하였다. 뒤따르는 것은 성취한 것의 유지와 관리뿐일 것이다. 새로운 이니셔티브는 더 이상 나오지 않았다. 그 무렵 새로운 이니셔티브가 필요한 사건이 발생하였다. 이른바 스푸트니크 쇼크였다.

소련은 1957년 처음으로 위성을 지구 궤도 위에 올려 우주비행 시대를 열었다. 오랫동안의 미국의 군사적 우위에 범접할 수 없었던 시대가 지났음을 의미했다. 워싱턴은 이제는 유연한 방어책(Flexible Vergeltung)으로 전환하고, 소련의 서유럽 공격 시 대량 반격 작전은 어려워졌다. 이로써 아데나워는 새로운 문제를 안게 되었다. 그는 미국의 작전 변경을 '약함의 정책'이라며 불신하였다. 그도 군비 축소 정책을 기본적으로 반대한 것은 아니었다. 다만 서방의 대비 태세를 소련의 조치에 연동시키고자 하였다. 아무튼 아데나워의 별은 지기 시작하였다. 집권 초반의 좋은 시절은 지나갔다. 양 블록 대립 시절에 본 정부는 힘을 갖고 독자적 역할을 주장할 수 있었다. 그러나 적대 세력 간 상호 멸절 위험에 처하자 어쩔 수 없이 서로 접근하고 변하기 시작하였다. 물러날 때까지의 시간이 아직 남았지만, 그는 힘이 들었다.

많은 성공한 사람들, 그 후의 모든 총리처럼 그도 물러남이 어려웠다. 명예로운 퇴진을 하지 못하고 실수를 하게 되었다. 그의 가장 큰 실수는 적기에 적합한 후계자를 만들지 못한 것이다. 자신이 물러나야 할 시간을 가장 잘 알고 있었기에 그 실수가 더욱 안타까웠다.[21] 비스마르크나 후임 총리 빌리 브란트나 헬무트 콜도 마찬가지로 실수하였다. 그는 1956년 80세 때 그의 위치가 더 이상 불가침은 아니라는 것을 알았다. 그는 가까운 친구와 후계자 문제를 상의하였으나 나름 신뢰할 만한 사람을 찾지 못했다. 행정력과 지도력을 갖춘 에르하르트조차도 아데나워에겐 미흡하였다.

1959년 기회가 찾아왔다. 문제를 한꺼번에 해결할 일석이조의 기회였다. 새 대통령을 선출하게 되어 이 기회를 이용하고자 하였

---

[21] Arnulf Baring, 앞의 책(E-Book), Location 664.

다. 호이스 대통령이 2기 임기 만료로 퇴진하게 되었다. 그는 3선 개헌을 스스로 반대하였다. 사민당은 카를로 슈미트를 후보로 추천하였다. 당파를 넘어 두루 존경을 받는 인물이었다. 그러나 아데나워는 다른 생각이었다. 슈미트는 사민주의자로서 정치적으로 지금의 정부와 다른 길을 선호할 위험이 있다는 이유였다. 게다가 그는 대연정을 선호하는 사람이라 못마땅하게 생각하였다. 같은 이유로 그는 기민·기사연합의 오이겐 게르스텐마이어(Eugen Gerstenmaier) 등 많은 동지를 거부하였다. 대신 그는 새로이 적과 친구들을 놀라게 하며 에르하르트를 후원하여 1959년 2월 공식적으로 추천하였다.

그러나 이는 그의 잘못된 판단이었다. 이 제안은 국민에게 '황태자 살인'의 느낌을 주었다. 많은 사람은 경제 기적의 아버지인 에르하르트를 대통령이 아니라 총리감으로 평가하였다. 아데나워는 에르하르트를 유능한 경제학자로 보았지만, 외교적 능력에 대하여는 달리 보았다. 국제적 문제에 관해서도 그는 직감이나 경험이 부족해서 총리 후계자로 부적합하다고 생각하였다. 에르하르트의 총리로서 자질 부족에 대한 의구심이 확인될지라도 아데나워의 의도적인 비하의 평가는 공감을 얻을 수 없었다. 에르하르트의 대통령 후보직은 당 내외의 반대에 부닥쳐 무산되었다.

그러면 다음은 누구일까? 설왕설래 중 아데나워는 4월 8일 라디오와 텔레비전 중계 연설로 그 자신이 후보로 나서겠다는 놀라운 제안을 하였다. 성공한 총리가 명예롭고 모양 좋게 정치무대에서 내려올 시간이 왔음을 인정하는 연출을 한 것일까? 《뮌헨석간신문(Münchner Abendzeitung)》은 "대전환, 아데나워 떠나가다"라고 보도하였다. 아데나워는 그런 의도는 아니었다. 그는 독일 대통령의 직위의 중요성은 국내나 국외에서 너무 과소평가되고 있으나 실제는 그렇지 않으며 권한을 내려놓지는 않을 것이라고 밝혔다. 그 자신은 대통령과 당 대표를 겸임하면서 내각 회의까지 참여하겠다는 계획을 갖고 있었다. 이는 총리직에 계속 머무는 것이나 마찬가지였다. 그는 1959년 6월 5일 다시금 당료들에게 "내가 대통령직을 맡을 생각을 밝힌 후에 국제적 상황이 나빠졌다. 이런 상황에서 총리직을 물러나는 것은 책임 있는 자세가 아니다"라고 말하였다. 결국 기민당 출신으로 식량·농업·산림장관인 하인리히 뤼프케(Heinrich Lübke, 1966년 한국을 방문하여 열렬한 환영을 받았다. 당시 독일이 우리나라에 차관을 제공하고 광부와 간호사를 독일에 취업시킴으로써 한국과의 관계가 돈독해지는 시점이었다)가 대통령이 되었다. 에르하르트는 총리가 되기를 계속 희망하였으나 아데나워는 이를 방해하였다. 그러나 아데나워의 부적절한 방해 공작은 에르하르트의 인기를 높이고 아데나워의 명성을 손상하였다. 명백히 아데나워의 실수였다. 물론 아데나워가 총리직에 계속 머물고자 하는 것에 전혀 근거가 없지는 않았다.

다시 찾아온 베를린 위기

이처럼 아데나워의 리더십이 흔들리는 과정에서 그를 곤궁으로 몰아넣은 것은 다시 찾아온 베를린 위기와 에르하르트와의 유럽 정책에 대한 의견 대립이었다.

1958년 11월 이후 독일은 심각한 국제적 위기에 직면하였다. 베를린과 관련한 문제였다. 동독(DDR)은 건국 이래 자기 영토 내에 있는 베를린 때문에 어려움을 겪고 있었다. 서베를린은 '목의 가시' 같은 존재였다. 소련이 아무리 때로는 선전술로 때로는 강압적으로 동독인들의 지지를 얻어내려 하고, 서독을 제국주의적 불량 국가라고 폄하하여도 동독 사람들은 달리 생각하였다. 당시 허용되었던 서독 방문을 통해서 그들은 자유로운 언론과 정당 시스템을 보았다. 경제 재건이 눈에 띄게 이루어지고 상점 진열장에는 물건이 가득하였다.

그러나 엘베강 동쪽은 달랐다. 동독의 경제적 형편은 1950년대 초반에 비하여 나아지긴 했지만 서독과는 비교할 것이 못 되었다. 서독이 누리는 정치적 자유에 대해선 침묵할 뿐이었다. 동독 주민들의 서독행이 점점 늘어났다. 1949년 9월부터 1961년 가을까지 동독 주민 전체의 20%인 273만 명이 동독을 떠나 서독으로 넘어왔으며 그 가운데 절반 이상이 전문 직업인이거나 젊은이들이어서 경제에 미치는 피해가 심대하였다. 서베를린이라는 탈출구가 있어서 탈출은 비교적 용이하였다. 동독은 국가 빈혈 상태로 빠져들었다. 당시 서베를린 시장인 빌리 브란트는 "자유 베를린에서의 우리의 과제는 우리의 평범한 일상생활을 통하여 우리를 둘러싸고 있는 지역이 전체주의 체제로 고착되는 것을 가능한 한 어렵게 하고 지연시키는 것이다"라고 주장하였다.

크렘린은 당연히 용납할 수 없었다. 소련은 1958년 11월 27일 서방국에 노트를 전달하였다. 소련 서기장 니키타 흐루쇼프(Nikita Sergeevich Khrushchyov)는 서베를린에서 서방 3국의 군대를 철수하여 비무장 자유 도시로 만들 것을 요구하였다. 6개월 내에 협상이 이루어지지 않으면 소련이 갖고 있던 베를린 접근 통제권을 동독에 이양하겠다고 하였다. 흐루쇼프는 2개의 독일 국가가 존재한다는 사실을 그대로 수용하고 제2차 세계대전의 잔재를 제거할 것을 서독에 요구하면서, 베를린에 대한 4대 승전 연합국의 권한은 세계대전의 잔재로서 더 이상 존재할 수 없는 것이라고 주장하였다. 그러므로 서방연합국이 베를린에 주둔하는 것은 불법이고 따라서 서베를린 주둔 병력을 철수시키라는 최후통첩을 보낸 것이다.[22]

소련이 그다음에 어떻게 나올지 서방 측은 걱정하였다. 소련은 1956년 수에즈운하 위기 때도 로켓을 동원하여 런던과 파리를 협

---

22 이은정, 앞의 책, 45쪽.

박하는 등 강경한 태도를 보였다. 상호 간 위험을 피하고자 하는 가운데 2차 베를린 위기는 1962년 매듭지어질 때까지 4년을 끌었다. 사태의 악화도 해결도 아니었다. 1961년이 사태의 최고점이었다. 그해 1월부터 8월까지 16만 명의 동독인이 머지않아 국경이 폐쇄될 것이라는 걱정 때문에 서독으로 탈출하였다. 동독이 이 상태로는 더는 감당할 수 없으리라는 것을 알고 흐루쇼프는 1961년 6월 다시금 서베를린 관련 중대 조치를 취할 것을 위협하였다. 그사이 미국에서 새로운 리더가 나타났다. 젊고 경험이 적은 존 F. 케네디(John F. Kennedy) 대통령이었다. 그는 정치적으로나 군사적으로 적극적으로 대응하지 않았다. 1961년 7월 25일 조심스럽게 방어적인 3가지 원칙을 내놓았다. 원칙은 미국군의 베를린 주둔, 동독을 통한 베를린 통행권, 200만 베를린 시민의 미래에 대한 자기 결정권과 그들 삶의 형태를 결정하기 위한 선거권 보장이었다. 이로써 미국의 독일 및 베를린에 대한 소극적 방위 정책은 구성되었다. 메시지는 단순 명백하였다. 크렘린이 위 3원칙을 존중하면 서방 측은 상대방 지역에서의 일은 관여하지 않겠다는 것이었다.

1961년 8월 12일 밤부터 13일 사이에 동독군은 동서 베를린 사이의 경계를 봉쇄하기 시작하였다. 며칠 뒤에는 장벽을 축조하였다. 서베를린과 서독은 경악 분노하였지만 무기력하였다. 《빌트 차이퉁(Bild Zeitung)》신문은 8월 16일자 1면에 독일인의 분노의 감정을 실었다. "동쪽은 도발, 서쪽은 무엇하고 있나?" 그리고 스스로 답을 실었다. "서쪽은 아무것도 안 해, 케네디 대통령은 침묵, 아데나워는 브란트에 불평." 소련 측의 처분만을 바라보는 형국이었다. 자유를 위한 투쟁에 늘 앞장섰던 미국이 아무 대응도 않은 것은 베를린에 큰 타격이었을 뿐 아니라 아데나워 총리를 위험에 빠뜨렸다.

많은 베를린 시민은 아데나워가 빨리 베를린으로 오지 않고 상당 시간을 보내버린 것에 분개하였다. 아데나워는 1953년 6월 17일 동베를린 민중 봉기와 같은 사건이 발생하고 이것이 바람직하지 않은 위기 국면으로 치닫는 것을 우려한 탓이었다고 한다. 그러나 아데나워가 베를린으로 달려가 베를린 시민과 함께하는 연대감을 보여주지 못한 것은 국민 눈높이에 맞지 않는 실책으로 지적되었다.

내무장관 게르하르트 슈뢰더(Gerhard Schröder) 등은 아데나워의 주저함 때문에 1961년 9월 17일 총선에서 1957년과 같은 승리를 거둘 수 없으리라 예견하였다. 미국과 서독이 동독의 기습적인 장벽 설치에 대처하지 못하여 불안한 상황 속에서 서베를린 시민들이 위로를 받은 것은 근 2년이 지난 후였다. 미국 케네디 대통령이 1963년 6월 26일 서베를린을 방문하여 자유대학과 시청 앞 광장에서의 연설을 통하여 독일인의 통일을 향한 노력을 지지하면서 서베를린의 방위를 다짐한 것이었다. 특히 시청 앞에서의 「나는 베를린 시민입니다」라는 5분여 짧은 연설은 서베를린 시민들에게 용기와 희망을 주기에 충분하였다. 그 연설의 일부는 다음과 같다.

"2,000년 전 사람들이 가장 자랑스러워한 말은 '나는 로마 시민이다'입니다. 지금 자유세계 사람들이 가장 자랑스러워하는 말은 '나는 베를린 시민이다'입니다. … 자유는 나눌 수 없습니다. 한 사람이 노예 상태에 있으면 우리 모두는 자유롭지 못합니다. 모든 사람이 자유로워지고, 여러분이 사는 이 도시가 그리고 이 나라가 하나가 되고, 또한 위대한 대륙 유럽이 평화와 희망의 세상이 되는 그러한 날은 올 것입니다. 그날이 오면 베를린 시민 여러분은 20여 년간 자유를 지키는 최전선에 있었던 사실에 큰 자부심을 느낄 것입니다. 그들이 어디에 살건 모든 자유인은 베를린 시민입니다. 그러므로 제 자신도 자유인으로서 자랑스럽게 이렇게 말합니다. 나는 베를린 시민입니다."

고데스베르크강령과 떠오르는 별, 빌리 브란트

별이 하나 지면 또 다른 하나가 떠오른다. 총리가 베를린 장벽 건설 때 보여준 행동 때문에 국민의 신망을 잃게 된 것에 반해 베를린 시장인 빌리 브란트(Willy Brandt)는 적절한 대처로 신망을 얻게 되었다. 브란트는 사민당의 총리 후보자로서 서독에서 선거운동을 하고 있던 중 이를 즉각 중단하고 베를린으로 돌아와 브란덴부르크문으로 달려가 분노하는 시민과 함께하였다. 외교 의전도 무시한 채 브란트는 당당히 케네디 대통령에게 미군 수비 병력을 보강해 달라고 편지를 보냈다. 주둔군은 사흘 안에 보강되었다. 또 케네디 대통령은 수비대를 맞이하기 위하여 존슨 부통령과 베를린 봉쇄(1948~1949) 기간에 공수 영웅으로 활약한 루시우스 클레이 장군을 파견하였다. 베를린 시민들은 이들을 열렬히 환영하였다.

베를린 위기가 지속되는 가운데 브란트는 점점 아데나워의 위험한 경쟁자로 떠올랐다. 아데나워의 나이도 문제였다. 1960년 브란트는 47세였고 아데나워는 84세였다. 브란트는 당시 젊은이들에게 희망을 주는 지도자로 떠올랐다. 그의 참신하고 낙관적인 분위기와 북독일 출신다운 강하고 권위 있는 분위기가 잘 결합되었던 때문이었다. 그에게는 카리스마가 있었다. 리차드 닉슨을 상대로 승리한 케네디에 비교되기도 하였다. 케네디는 아데나워와 이야기를 나눈 후, 마치 다른 시대 다른 세계 사람을 만난 느낌이 들었다고 비밀리에 말하기도 했다. 이런 느낌은 독일인 사이에도 퍼지기 시작했다. 변화의 시간이 다가온 것이 아닐까?

워싱턴은 장벽 건설 몇 주 후 '공포의 균형'을 고려하여 긴장 완화를 추구하고자 하는 대소련 신 정책을 구상하였고, 이는 지금까지의 정책과는 다른 방향이었다. 1960년 5월 외무장관 하인리히 폰 브렌타노(Heinrich von Brentano)는 아데나워에게 브란트가 아데나워의 강력한 라이벌이 될지 여부를 다룬 사설을 실은 뉴욕의 유명 신문을 참고하도록 보내기도 하였다. 베를린 위기는 1958년 이후 브란트 시장이 서베를린의 대변인 역할을 하여 그가 자연스레 외국에도 널리 알려지게 되었다. 장벽 건설이라는 극적인 상황 변화, 뒤이은 미군 파병 등 미국의 일련의 조치들은 세계의 이목을 끌었고 그 과정에서 사회민주주의자로서 총리 후보인 그를 세계에 각인시켰다.

1960년 브란트 시장이 사민당 총리 후보자로 선출된 것은 사민당이 집권 여당을 대체할 수 있는 새로운 변화를 이끌어낼 수 있다는 희망에 터 잡은 것이었다. 1957년 가을의 기민·기사연합의 절대적 승리는 아데나워 정책에 대한 국민의 절대 신임을 의미했다. 사민당이 집권하기 위하여는 기민당의 정책에 무조건 반대만 할 수는 없었다. 사민당 내에서도 19세기의 정치적 모토는 수명을 다한 것이고 당의 새로운 변화가 필요하다는 강력한 주장이 나오기 시작했다. 사민당은 1959년 11월 15일 고데스베르크(Godesberg) 전당대회에서 계급 투쟁에 기반을 둔 노동자 정당에서 비교조적인 현대적 국민 정당으로 전환하는 강령을 절대다수로 의결하였다.

그해 3월만 해도 사민당 유명 정치인들은 독일 중립화에 찬동하고 서방 편입에 반대하는 소위 독일 계획을 밝혔었다. 헤르베르트 베너(Herbert Wehner)도 그들 가운데 한 사람이었다. 1906년생인 그는 참으로 파란만장한 삶을 살았다. 원래 사민당 당원이었으나 1920년대에 공산당원이 되어 빠르게 상부 지도부까지 올랐다.

모스크바와 스톡홀름에서의 망명 생활을 마친 뒤 1946년 독일로 돌아와 다시 사민당에 가담하였다. 쿠르트 슈마허의 신임을 얻어 당 지도부에 올랐고 1958년 사민당 대표 대행으로 선출되었다. 빌리 브란트, 헬무트 슈미트 등 젊은 사민당 개혁 그룹 인사들과 뜻을 함께하였다. 베너는 1960년 6월 하원에서 놀랍게도 사회민주당이 독일의 서방 편입을 제한 없이 인정하는 것을 장차 외교정책 등 독일 정책의 기본으로 할 것을 명백히 하였다. 그러면서 지금까지 대립해온 기독민주주의자들과 사회민주주의자들이 함께 독일 문제를 잘 풀어갈 것을 강조하였다. 이런 방향 전환을 통해 베너는 사민당을 빠르게 정권을 담당할 능력과 가능성이 있는 정당으로 바꿔놓았다.

그러나 박수는 제한적이었다. 1961년 선거 결과는 기대했던 정권 교체의 실패였다. 그럼에도 사민당은 베를린 장벽 건설 시 빌리 브란트의 신중하면서도 열정적인 태도 등에 힘입어 많은 득표를 하였다. 지금까지의 네 번의 선거 결과 가운데 최고의 성적이었다. 기민·기사연합은 5%p 감소한 45.3% 득표로 절대 과반 붕괴를 겪었고, 사민당은 4.4%p 증가한 36.2%를 득표하였으나 선거 전의 기대에 못 미친 쓰라린 패배였다. 브란트는 선거가 끝난 다음 날 새벽 4시경 충혈된 눈으로 담배를 연신 피우면서 기자들 앞에 나타났다. 기민·기사연합과 자민당이 다시금 연정을 꾸릴 것이 명백해졌기 때문이다.

흔들리는 기민·기사, 자민당 연정

자민당은 지금까지 가장 좋은 성적인 12.8% 득표를 하였다. 그러나 자민당은 변화를 시도하며 조건을 내세웠다. 자민당은 우선 기민당 출신 외교장관 하인리히 폰 브렌타노의 교체를 요구하였다. 그의 자질, 특히 유연성이 부족한 동방 정책을 문제 삼았다. 내무장관 게르하르트 슈뢰더가 후임 외교장관이 되었다. 그는 바르샤바 조약기구 회원국과의 관계 개선에 노력하였다.

자민당은 이 정도의 장관 교체로 만족하지 않았다. 당 대표인 에리히 멘데(Erich Mende)는 선거 승리 후 자신 있게 말하기를 아데나워가 임기를 다 채우지 않고 물러나는 것을 조건으로 연정에 참여하겠다는 것이었다. 퇴임이 빠르면 빠를수록 좋다면서. 이번 선거처럼 아데나워의 나이가 논쟁거리가 된 적은 없었다. 아데나워의 업적에 대한 평가와 존경은 변함이 없었지만 퇴임 요구가 커짐은 피할 수 없었다. 국민도 야당도 심지어 자당 내에서도 마찬가지였다. 자당 내에서의 후진 그룹들이 아데나워에게 싫증을 느끼고 자기 목소리를 내기 시작한 것이다. 아데나워에겐 배은망덕이고 부당한 짓이었다. 이런 사태는 아데나워를 외롭고 우울하게 만들었다.

아데나워에게 치명타를 입힌 《슈피겔》 사건

1962년 가을 아데나워에게 국내 문제로 인한 위기가 찾아왔다. 그 것은 힘 빠진 총리의 퇴진을 촉진시키는 것이었다. 1962년 10월 10일 《슈피겔》은 나토의 'Fallex 62' 작전 계획에 관한 기사를 실었다. 「제한된 방어 능력」이라는 제하의 기사에서 바르샤바군 공격 시 독일의 방위 능력은 미흡하다고 평가하였다. 이 기사는 오랫동안 계속된 국방장관 프란츠 요제프 슈트라우스(Franz Josef Strauß)에 대한 비판의 정점을 찍은 것이었다. 《슈피겔》은 수년 동안 슈트라우스의 핵 정책과 총리가 되기 위하여 행한다고 의심하는 재정 정책을 비판해오고 있었다. 그에 대한 개인적 비판과 비방도 계속되었다. 그 결과 나타난 '《슈피겔》 사건'은 '슈트라우스 사건'에 다름 아니었다.

이 사건은 슈트라우스의 정치적 장래에도 계속 타격을 주었다. 문제는 기사의 내용이 아니라 슈트라우스의 과도한 대응이었다. 10월 26일 밤부터 27일에 걸쳐 《슈피겔》 편집실과 일부 사적 공간까지 압수수색 되었고 기자들이 체포되었다. 발행인 루돌프 아우그슈타인(Rudolf Augstein)도 체포되었고, 기사를 쓴 콘라트 알러스(Conrad Ahlers)는 11월 7일 스페인 휴양지에서 체포되었다. 아데나워는 11월 7일 하원에서 이런 일련의 행위를 국가 모반 행위에 대한 조치로 평가하면서 정당화하려고 하였다. 그러나 여론은 이를 용납하지 않았다. 비판적 언론에 재갈을 물리는 것이라는 생각이었다. 1961년 정부는 그 영향과 감시하에 한 텔레비전 프로그램을 시도하였는데 이것이 언론 자유를 제약하는 것이 아닌지 하는 의문을 불러일으켰기 때문에 더욱 그러하였다. 헌법재판소가 이 프로그램을 불허하기도 하였다.《슈피겔》사건으로 다시금 정부에 대한 비판이 고조되었다.

젊은 작가들의 모임인 '47 그룹(die Gruppe 47)'은 정부의 언론의 자유 및 양심의 자유에 대한 침해에 대해 항의하고 나섰다. 이어서 수많은 예술가, 작가, 언론인, 교회 지도자들이 항의에 가담하였다. 학생들과 노동조합원들이 반정부 시위에 나서기 시작하였다.

슈트라우스 국방장관이 알러스 기자 체포에 관여되었다는 사실이 밝혀지자 슈피겔 사건은 정권의 위기로 번졌다. 1962년 11월 19일 자민당 출신 각료 5인이 사임하였다. 자민당의 연정 참여 조건은 국방장관의 퇴임만이 아니라 총리의 날짜를 못 박은 퇴임이었다. 당초 국방장관을 지키려고 하였던 아데나워는 궁지에서 빠져나올 수 없게 되었다. 12월 내각 재구성 시 슈트라우스는 배제되었고 아데나워도 1963년 가을 퇴진하기로 하였다. 아데나워는 시한부 총리가 되고 말았다. 그 후 몇 달 동안 아데나워는 논의에서 멀어졌고 후임 총리가 논의의 중심에 떠올랐다. 후보자 명부 위쪽에 여전히 아데나워가 마지막까지 탐탁치 않게 생각했던 에르하르트가 자리 잡고 있었다. 아데나워의 의도는 실패하였다. 뢴도르프

에서 떠오른 별은 그사이 자기 당 안에서도 속절없이 가라앉고 있었다.[23]

아데나워의 마지막 역작 엘리제조약, 그리고 퇴진

아데나워와 에르하르트 사이의 벌어진 틈새가 얼마나 컸던가 하는 것은 아데나워가 집권 말기 힘을 쏟았던 독불조약에 대한 에르하르트의 무관심에서도 드러난다. 독일과 프랑스의 접근은 독일과 미국의 엇박자의 다른 면이기도 하였다. 거기에는 개인적인 또한 내면적인 이유가 있었다. 1959년 오랫동안 미국 국무장관을 지낸 존 덜레스(John F. Dulles)가 사망하였다. 그는 아데나워의 가까운 친구였다. 2년 후 민주당이 미국 정권을 잡았고 아데나워는 이를 미심쩍게 지켜보았다. 아데나워로서는 케네디 대통령이 미국 역사상 최초의 가톨릭 교인인 점에 기대하기도 하였지만 더 이상의 의미는 없었다. 젊은 대통령은 자유세계를 위협하는 베를린 문제를 베트남이나 쿠바 수준 정도의 문제로 보았다. 케네디는 베를린 문제를 소련과 잘 타협하여 빨리 처리하고자 하였다.

　프랑스에 다른 방향으로 생각하는 드골(Charles de Gaulle)이라

23　Arnulf Baring, 앞의 책(E-Book), Location 838.

프랑스의 샤를 드골과 콘라트 아데나워

는 정치가가 있다는 것이 아데나워에겐 위안이었다. 1958년 9월 14일 드골의 별장에서 아데나워와 드골이 처음 만났을 때 두 사람은 공통 유대감을 느꼈다. 1959년 초 드골이 제5공화국 대통령으로 등장했을 때 아데나워는 드골과 함께 독불 간의 화해·협력을 이루어갈 수 있다고 생각하게 되었다.

아데나워는 드골에게 세 가지 협조를 요청하였다. 첫째, 서독이 다른 나라들의 존경과 신뢰를 회복하여 국제적인 지위를 높일 수 있도록 도와달라. 둘째, 소련의 위협으로부터 서독과 서베를린의 안전 보장을 도와달라. 셋째, 독일 통일의 권리를 인정하라.[24] 드골은 대체로 이를 수긍하였다. 유럽의 통합과 평화를 소망하는 드골의 뜻에 부합하였기 때문이다. 또한 어차피 독일의 재통일 시도는 소련 측의 반대로 가까운 장래에 실현될 가능성이 없는 것을 알고 있는 프랑스로서는 맘 편히 독일 입장을 지지해도 무방한 셈이었다. 그리고 실제로 권위와 자존감이 충만한 드골 대통령은 베를린 위기 시 본 정부를 전폭적으로 지지한 유일한 서방 지도자였다.

다만 그는 독일과 폴란드 사이의 국경선으로 오데르-나이세강을 인정하는 것, 독일이 핵무기를 보유하지 않을 것, 동유럽 국가들을 우호적으로 대할 것과 통일에 끈질긴 인내심을 가질 것을 요구하였다. 아데나워는 짐짓 모른 체하고 넘어갔다. 아데나워의 친프

---

24 김영희, 앞의 책, 38쪽.

랑스 정책 전환은 독일 국내 정치에 큰 영향을 미쳤고 여당 내에서 대서양파와 드골파로의 균열을 가져왔다(드골주의는 초강대국인 미국과 소련의 영향력을 배제하고 독일과 프랑스가 협력하여 서유럽의 자주적 단합과 동유럽의 탈소련화를 도모하자는 입장이다. 이에 반해 대서양주의는 독일 등 유럽의 안전과 경제적 번영은 편협한 유럽이 아닌 영국과 대서양을 넘어선 미국 등과의 협력하에 가능하다는 입장이다. 전자에 아데나워 총리, 슈트라우스 등이, 후자에 에르하르트 총리, 게르하르트 슈뢰더 외교장관 등이 속한다). 물론 모두 프랑스와 친밀하고 우호적인 관계 형성을 원하는 것에는 차이가 없었다. 그러나 드골파는 경우에 따라 미국, 영국과의 불화를 감내하려고 하였다. 이에 반해 외교장관 슈뢰더, 경제장관 에르하르트 등 대서양파는 결코 미국과의 불화를 용납하려 하지 않고 프랑스에도 냉담하게 대하였다.

　드골은 독불의 결합을 서유럽의 핵심으로 생각하고 영국을 배제시키고자 하였으며 미국에 대해서도 까칠함을 피하지 않았다. 1963년 1월 14일 드골은 기자회견에서 미국의 패권 추구나 영국의 특별 취급 요구를 용납하지 않으리라는 폭탄선언을 하였다. 아울러 영국의 유럽경제공동체(EWG) 가입을 명백히 반대하였다. 이런 소란을 거친 일주일 후 파리에서 독불우호협력조약인 이른바 엘리제조약이 양국 수뇌 사이에 체결되었다(1958년부터 1962년 중반까지 드골과 아데나워는 40통의 서신을 교환하고, 열다섯 번을 만나고, 100시간 이상 대화를 하였다). 양국 수뇌, 외교·국방장관, 청소년가족

장관 간의 정기적 회담과 모든 분야에서의 필요한 협력 관계가 일상적으로 이루어지도록 하는 내용이었다.

그럼에도 양국 관계와 관련한 우려가 제거된 것은 아니었다. 아데나워는 내각 중 외교장관 게르하르트 슈뢰더, 국방장관 카이 우베 폰 하셀(Kai-Uwe von Hassel), 에르하르트 등 대서양파를 제압하고 자기 뜻대로 이끌어갈 힘을 잃고 있었다. 아데나워는 타협책을 강구하였다. 하원의 조약 비준 과정에서 서문을 추가하기로 하였다. 서문에 "유럽과 미국과의 긴밀한 파트너십", "북대서양 국가 간의 공동 방위", "영국과 가입 희망 국가를 모두 받아들이는 유럽연합의 창설" 등을 명백히 표현하여 포함시켰다. 이로써 엘리제조약은 배타적 독자성을 잃게 되었다.

독불 간의 혼인은 이루어졌지만 완전한 것은 아닌 것이 되었다고 드골은 평가했고 그로 인한 드골의 실망은 아데나워 후계자에게 영향을 미쳤다. 독불 간의 화해는 아데나워 총리의 전 임기 동안 중요한 과제였고 그 결과는 최대 업적이었다. 엘리제조약이 비준된 후 아데나워 퇴진은 더욱 가까워졌다. 변화된 시대정신에 맞는 새로운 지도자가 요구되던 참이었다. 드디어 10월 15일 하원은 "아데나워는 조국을 위해 엄청난 업적을 이루었다"라고 평가하면서 작별을 고했다. 결론은 그에 대한 모두의 존경이었다.

그는 한 표 차로 총리에 선출되어 패망한 독일을 참담한 혼란 속에서 구해내는 뛰어난 능력과 자질을 보여주었다. 독일에게 큰 행운이었다. 독일이 오늘과 같은 부강한 민주국가로 일어선 것은 아데나워의 원칙적이면서도 실용적인 사고와 전략적 접근의 리더십의 결과였다. 아데나워의 친서방 군사·외교·경제 정책의 성공으로 인한 국력 신장이 있었기에 빌리 브란트의 동방 정책도 나올 수 있었고 또 성공할 수 있었다. 즉 아데나워의 서방 정책이 성공함으로써 서독은 프랑스를 포함한 서유럽 국가들로부터 '유럽의 가족'으로 받아들여졌다. '서부전선 이상 없음'은 브란트 정부에게 시선을 동쪽에 집중할 활동의 공간을 허용했다.[25] 그리고 이 동방 정책은 기민당 헬무트 콜 총리가 계승하여 마침내 독일 통일을 이루었다. 역사는 이처럼 단절이 아닌 연결의 고리 속에서 발전해나가는 것이다(흑백·이분법적 논리로 역사를 평가하고 단절하려는 시도가 부적절함을 알려주는 대목이다).

그러나 아데나워는 자신감이 넘친 나머지 개인 중심의 통치체제를 구축하여 국가의 정치적 안정을 위해서는 국내외 정책에 대한 결정권을 자신이 계속 움켜쥐어야 한다는 믿음으로 인하여[26] 서독은 가부장적 통치하의 '총리 민주주의' 체제가 되어 새로운 사고에 개방적이지 못하다는 지적을 피할 수 없었다. 그러나 그의 위대함

---

25 김영희, 앞의 책, 19쪽.

26 클레이 클레멘스 지음, 권영세 옮김, 『서독 기민/기사당의 동방정책』, 나남, 2010, 49쪽.

을 부정할 수 없다. 아데나워에 대한 존경심과 반발심을 함께 가졌던 자민당 출신 정치인 토마스 델러(Thomas Dehler)는 아데나워가 탁월한 리더십을 소유하고 있음을 부정할 수 없다고 말하였다. 아데나워가 탁월한 인물인가 하는 질문에 그는 "아데나워의 냉정함, 의연함과 매사 분명함은 대단하다. 이와 같은 덕목으로 아데나워는 독일 재건을 실현하고자 하였고 이 모든 것을 잘 알고 있었다"라고 답하였다. 이처럼 말기의 일부 흠에도 불구하고 그의 업적을 기리며 국민은 그를 가장 위대한 독일인으로 평가하는 독일의 정치, 사회 풍토가 오늘의 독일과 연결되어 있다고 할 것이다.

아데나워는 죽기 얼마 전 '단순한 사람(Vereinfacher)'이라는 그에 대한 평가를 칭찬으로 생각하는지 아니면 비하하는 것으로 생각하는지에 대한 질문을 받고, 그는 "나는 큰 칭찬으로 생각한다. 우리는 사건, 사물을 깊이 있게 관찰해야 한다. 그러면 그것들은 단순해진다. 만약 표면적으로만 관찰하면 그것들은 결코 단순하지 않게 된다. 또 깊이 있게 관찰하면 본질에 접근하게 되어 그것들이 더욱 단순해진다"라고 대답하였다.

독일 초대 총리로서 주어진 문제에 대한 핵심에 집중할 수 있는 그의 자질과 재능은 큰 선물이었다. 그는 덧붙여 "총리로서 사건을 어떻게 처리할지 알아야 한다. 사건을 더 분명히 단순하게 파악하면 할수록 성공의 길은 더 가까워진다"라고 말하였다. 국가를 재앙으로부터 구해내는 데 꼭 필요한 이러한 극도로 단순화된 세계관

콘라트 아데나워의 장례식

을 가진 총리는 달리 없었다.[27]

총리 퇴진 후 아데나워의 여생

아데나워는 총리 퇴진 후에도 1966년까지 기민당 대표직을 갖고
여전히 일상 정치에 영향력을 행사하였다. 인터뷰에서도 과거 일
들을 회상하는 것보다 현안을 언급하는 것이 훨씬 많았다. 특히 독
일·프랑스 관계의 계속적 발전에 관심을 가졌다. 이와 관련 친대서
양파인 에르하르트 총리와 게르하르트 슈뢰더 외교장관에 대하여
걱정을 많이 하였다.

1966년 5월에는 이스라엘을 방문하여 당시 경색 관계에 있던
양국 관계 개선을 위한 노력을 하였다. 1967년 2월에는 스페인을
방문하여 프랑코 장군을 만나 예술을 주제 삼아 이야기를 나누면
서도 유럽 단일화 노력을 소홀히 해서는 안 된다고 강조하기도 하
였다. 마지막까지 드골 대통령과 통신을 통한 접촉을 계속하였다.
귀국 후 심근경색이 재발하고 폐렴이 진행되어 4월 19일 세상을 떴
다. 90세였다. 자식들과 작별하며 남긴 말은 "울 것 없다(Da gibt es
nichts zu weinen)"였다.

---

27 Arnulf Baring, 앞의 책(E-Book), Location 887.

4월 25일 본 국회의사당에서의 국장(國葬), 쾰른 성당에서의 장례 미사를 거쳐 뢴도르프 가족 묘지에 안장되었다. 독일은 최대한 예우를 갖추어 그를 환송하였다.

2장

루트비히 에르하르트(1963~1966)
모두를 위한 번영의 길을 개척하다

에르하르트 총리 취임, 정직하고 성실한 정치인

에르하르트는 1897년 퓌르트(Fürth)에서 의류 전문점을 하는 평범한 가정에서 태어났다. 제1차 세계대전에 참전하였으며, 뉘른베르크 및 프랑크푸르트대학에서 경영학과 경제학을 공부하였다. 뉘른베르크상업전문대학의 '경제관측연구소'에 근무하였고 이어서 '산업연구소'를 창설하였다.

바이에른주 경제장관을 거친 후 1948년 3월 미국과 영국의 점령 지역을 통합한 지역(Bizone)의 경제국장(사실상 경제장관)으로 부임하여 화폐개혁 및 경제정책을 구상하고 실천하였다. 새 화폐인 도이치 마르크를 도입하고 강제적 계획경제를 자유시장경제로 전환하고 국가적 물가 통제도 폐지하고 사회적 시장경제정책을 수립

정직하고 성실한 정치인, 루트비히 에르하르트

하였다. 아데나워에 의하여 경제장관으로 발탁되어 14년 동안 함께 손발을 맞추어 독일의 경제 부흥을 이룩하였다.

그의 정책 목표는 '모두를 위한 복지(Wohlstand für Alle)'였고, 정책 수단은 '사회적 시장경제'였다.[1] '모두를 위한 복지'는 1957년 출간된 그의 책 타이틀이기도 하다. 아무튼 에르하르트가 아데나워 정부 경제장관으로서 이룬 업적은 성공한 총리급의 그것이라 할 만하다. 그의 성공은 아데나워와 함께한 것이었다. 아데나워의 시대가 곧 에르하르트의 시대였다. 독일 정부 초기 10여 년 동안 한 사람의 인기는 다른 사람의 재능의 뒷받침 없이는 있을 수 없었고 그 반대도 마찬가지였다.

에르하르트는 1963년 아데나워 총리에 이은 후임 총리로 선출되었다. 그러나 그의 총리 취임은 그가 주도한 총선 결과에 따른 것이 아니고 아데나워가 중도 퇴임함에 따른 승계적 취임이었기에 정치적 비중에 한계가 있었다. 특히 아데나워와의 갈등과 당시의 프랑스와의 관계 등 국제적 비우호적 환경 때문에 어려움을 겪을 수밖에 없고 재임 기간도 짧아 총리로서는 성공적이지 못했다.

---

1 www.ludwig-erhard.de

에르하르트가 겪은 어려움

아데나워와 에르하르트 두 사람은 많은 점에서 달랐다. 라인 지방 출신의 가톨릭교도인 아데나워는 날씬한 몸매에 금욕적이었음에 반해 프랑크 지방 출신의 개신교도인 에르하르트는 통통한 몸매에 향락주의적 풍모를 지녔다. 아데나워는 회의주의자였음에 반해 에르하르트는 낙천주의자였다. 아데나워는 강자로서의 공격적 날카로움을 가졌지만 에르하르트는 친절하고 사람 좋은 아저씨처럼 순진한 사람이었다. 에르하르트도 자존심과 명예욕이 강했지만 목적 추구를 위한 전략적 기질이나 강력한 열정이 부족하였다. 에르하르트는 총리가 되기 위하여 스스로 아데나워를 추락시키기 위한 일은 시도하지 아니하고 기다리기만 하였다. 에르하르트가 마침내 총리가 된 뒤에도 그는 아데나워의 집요한 방해 행위에도 불구하고 아데나워와의 좋은 관계를 유지하기 위하여 노력하였다.

아데나워의 잘못은 그가 나이 든 원로로서의 고집을 넘어서지 못하여 적절한 시기에 후계자를 챙기지 못한 것이고 또한 총리가 된 에르하르트를 끈질기게 어렵게 하였다는 점이다. 아데나워가 당 대표직을 유지하였기에 에르하르트는 당에 대한 영향력이 없었다. 그는 자파 세력을 형성하여 이에 기대지도 않았다. 그 대신 그는 친구들의 도움만을 구하고 반대자들을 가볍게 생각하여 그들을 제거하기보다는 자기편으로 만들려고만 하였다.

에르하르트는 전략적 술책을 싫어하였다. 사람을 꼬이고 말로 겁을 주고 하는 짓은 그의 성미에 맞지 않았다. 아데나워의 권위적 군림이나 계략은 에르하르트에게는 낯설었다. 오히려 싫어하였다. 그는 전략과 실용 대신에 정직과 성실을 바른 정치의 덕목이라고 생각하였다. 새 총리 주재하의 내각 회의는 종전보다 2배의 시간이 걸렸다. 에르하르트가 최종 결론을 전원 일치로 이끌어내고자 하였기 때문이다. 그는 정부 내의 하모니를 중시하였다. 그러나 아데나워는 그런 점들을 에르하르트의 약점으로 보았다. 에르하르트가 총리로 부적격함에 대한 증거로 본 것이다. 그러나 이것은 성격과 일하는 스타일의 차이이지 어느 쪽이 옳고 다른 쪽이 틀리다고 볼 문제는 아니었다.

아데나워는 에르하르트가 총리직에서 물러난 뒤 몇 달을 안도하며 살다가 생을 마감하였다. "그가 물러난 것, 참 잘된 일이야"라고까지 언급하였다. 아데나워의 포용력이 부족한 이런 태도는 이해하기 어려운 대목이다. 아데나워의 드문 결점 중 하나가 아닐까 싶다. 어쨌든 에르하르트의 퇴진은 아데나워에게 만족스러운 일이었지만 다른 한편 기민당이 야당의 길로 접어들 수도 있다는 신호이기도 하였다. 에르하르트가 아데나워에 대한 핸디캡을 증오와 질시의 감정으로 맞섰더라면 그의 총리직 수행은 훨씬 수월했을 것이고 더 오래 재직할 수 있었을 것이다.

전임자인 아데나워만이 그를 괴롭힌 것이 아니라 아데나워의 파트너였던 드골 프랑스 대통령도 에르하르트를 못마땅하게 생각하였다. 엘리제조약에 대한 독일 측의 변화된 입장 때문이었다. 미국의 정치 상황 변화도 에르하르트를 어렵게 하였다. 1963년 11월 케네디 대통령의 사망 후 린든 B. 존슨(Lyndon B. Johnson) 대통령이 취임한 것과는 직접 연관은 없었다. 다만 존슨 대통령은 다양한 외교 및 국내 문제에 직면하고 있었다. 미국 대통령은 모든 문제를 자국 중심으로 풀어가야 할 형편이었다. 베를린과 쿠바 위기 이후 미국은 미국의 안보에 의존하는 독일 등 파트너 국가들이 외교나 안보 정책에서 더욱 강화된 노력을 해줄 것을 요구하고 있었다. 에르하르트는 외교 부문에서 경험이 적어 미국의 강력한 요구 앞에 힘들어했다.

미국 존슨 대통령은 1964년 6월 독일로 하여금 이스라엘에 탱크 등 무기를 공급하도록 압력을 가했다. 미국은 당시 베트남전쟁 때문에 중동전쟁에 적극적으로 나설 수 없었다. 그러한 무기 거래가 중동 국가와의 관계 악화를 가져올 것은 명백했다. 그러나 에르하르트는 다른 선택권이 없었다. 다른 어느 독일 정치인도 마찬가지였을 것이다. 미국이 갖는 파워와 역할 때문이었다.

중동에 무기를 공급하기만 하면 족한 문제가 아니었다. 중동 국가들이나 독일 국민에게도 비밀 유지가 필요한 문제였다. 1965년 2월 에르하르트 총리조차도 상황을 정확히 알지 못했다. 외교장관에게 이스라엘로 간 60대의 탱크가 지금 어디 있는지 조사할 것을 부탁할 정도였다. 탱크는 이스라엘로 가는 도중으로 이탈리아에 있음을 확인하였다. 그런 가운데 몇 사람은 정보를 알게 되었다. 이 집트 대통령 가말 압델 나세르(Gamal Abdel Nasser)도 이를 알고 독일 정부에 압력을 가했다. 탱크를 공급하지 말 것, 아니면 동독과 외교 관계를 수립하겠다는 것이었다. '할슈타인 독트린'은 변화되어야 할 상황이었다. 독일은 체면이 손상된 채 탱크 공급을 중단하고 대신 이스라엘에는 금전적 배상을 하였다. 할슈타인 독트린의 순기능이 그 한계를 보이기 시작했다. 그리하여 에르하르트는 할슈타인 독트린의 폐지를 위한 조심스러운 발걸음을 내딛기 시작하였다.

본 정부는 1963년과 1964년에 폴란드·루마니아·헝가리·불가리아와 무역 대표 관계를 수립하였다. 그리고 1966년 3월에는 야당 사민당의 동의를 얻어 소련·폴란드·체코슬로바키아 그 밖의 동유럽 국가들과 무력 사용을 포기하는 의사를 교환하는 내용을 담은 이른바 '평화 노트(Friedensnote)' 정책을 채택하였다. 본 정부는 변화된 세계의 정치적 현실을 고려하여 작은 발걸음을 내딛던 것이다. 그 현실 중의 하나가 또 다른 독일, 동독의 존재를 인정할 수밖에 없는 사정이었다. 온갖 노력을 다해도 동독의 존재를 무시하는 데는 한계가 있었다. 맨 먼저 부닥친 것이 올림픽이었다. 이전과는 달리 1968년 멕시코 올림픽 대회에 2개의 독일 팀이 참가하게 된 것이다. 에르하르트는 미국과의 관계에서 어떤 갈등을 야기할 위험을 피하고자 하였다. 그럼에도 에르하르트가 1966년 9월 미국을 방문하여 존슨 대통령의 텍사스 농장에서 회담을 하였지만 얻어 돌아온 것은 양국 간의 이견과 갈등의 소지가 있는 것들의 보따리였다.[2]

에르하르트 스타일의 국정 운영과 총선 승리

그래도 국내 정치 상황과 관련해서는 사정이 나쁘지는 않았다. 에르하르트의 큰 시험 과제는 1965년 9월 총선이었다. 선거전이 본격적으로 전개되기 전인 3월 기민당은 뒤셀도르프에서 전당대회를 열었다. 에르하르트는 놀랍게도 국내 정치 현안에 대한 언급이 아니라 이상적인 사회에 대한 비전을 제시하였다. 사회적·집단적 성격이 강한 경직된 정형 사회(Uniformierte Gesellschaft)가 아니라 잘 다듬어진 조화 사회(Formierte Gesellschaft)를 강조하였다. 그가 말하는 사회는 계급이나 계층으로 구분되어 형성되는 것이 아니라 모든 그룹이 상호 협력을 바탕으로 조화를 이루는 사회였다. 그 사회는 권위주의가 지배하는 사회가 아니라 본질적으로 민주적인 사회이다.

---

2 Arnulf Baring, 앞의 책(E-Book), Location 895~960.

동독의 수뇌 발터 울브리히트(Walter Ulbricht)는 이에 놀라 곧 학술위원회를 만들어 자신들의 사회주의가 에르하르트의 주장에 의하여 위협받지 않게끔 대응하도록 하였다. 그러나 에르하르트의 주장은 서독 내에서, 심지어 자당 내에서도 별 공감을 얻지 못하고 다만 신문에서 논의되는 정도에 그쳤다. 그러나 지금까지 경제 전문가로서의 이미지가 강했던 에르하르트에게 과도한 물질주의를 경계하는 새로운 면모를 부각시키는 결과가 되기도 하였다.

조화 사회는 지금까지 독일이 발전해온 자기도취적 민주주의에 대한 비판이었다. 그는 사상가이자 선견자이기도 했다. 그는 첫 번째 시정 연설에서 전후 시대의 종결에 대하여 연설하며 과거에 대한 망각이나 강박을 말하지 않았다. 그 반대였다. 1964~1965년에 벌어진 시효 논쟁에서 그는 반대 입장을 분명히 하였다. 많은 정치가, 의원이나 자민당 출신 법무장관인 에발트 부허(Ewald Bucher) 등 일부 각료도 나치에 부역한 범죄자들에 대한 형사 소추를 종료하자는 입장이었으나 에르하르트는 이에 반대하였다. 만약 시효 종료를 인정하면 대량 학살 범죄자 등을 처벌할 수 없게 된다는 이유였다.

이전에도 나치 정부의 잔학상에 관한 논의는 자주 있었다. 1963년 12월 프랑크푸르트에서 아우슈비츠 수용소에서 감시자로 근무했던 21명에 대한 재판이 진행되었다. 그 2년 전에는 예루살렘에서 아돌프 아이히만에 대한 재판이 열려 국내뿐 아니라 국제적으로도 관심을 모았다. 새로운 사실이 밝혀질 때마다 문제가 되었다. 특히 젊은이들이 느끼는 충격은 컸다. 그것은 과거의 문제에 그치지 않고 독일의 오늘의 문제로 연결되어 논의되었다.

에르하르트는 나치 체제나 복지사회의 부작용으로 나타나는 객관적으로 드러난 폐해에 대한 비판에 대하여는 기꺼이 수긍하였다. 그러나 극작가 롤프 호흐후트(Rolf Hochhuth)가 1965년 선거 운동 과정에서 경제정책 분야에 끼어들어 사회적 시장경제에 대해 의문을 제기하였을 때 에르하르트는 알레르기적 반응을 보였다. "시인을 그만두고 작은 개처럼 굴기 시작하는구먼"이라고 힐난하였다. 선거 연설에서 에르하르트는 빌리 브란트를 지지하는 귄터 그라스(Günter Grass), 페터 륌코르프(Peter Rühmkorf), 지그프리트 렌츠(Siegfried Lenz) 등 작가들을 공격하였다. 에르하르트는 그들을 속물, 협잡꾼이나 미숙아 정도로 취급하였다. 그런 거친 표현은 본시 에르하르트의 스타일이 아니었다. 어느 사회에나 지식인을 자처하는 사람들이 편협한 지식을 바탕으로 자기도취적으로 분수를 넘는 역할을 하겠다고 나서는 일들이 있게 마련인데 에르하르트는 이를 참지 않았다.

그래서 에르하르트가 마치 정신이나 문화계에 대해 반감을 가진 사람으로 호도되었다. 실은 그 반대였다. 에르하르트는 예술인·출판인·언론인·학자들과 친밀하게 지내며 이들을 가끔 초대하여 대화를 나누었다. 딱딱한 정치적 과제가 아닌 다양한 관념적·문화적

과제들을 토론하였다. 그렇기에 문화계 엘리트들이 그에게 시비를 걸면 그는 맹렬하게 반박하였다.[3]

총리는 어려운 선거 국면에 처하였다. 야당을 상대해야 할 뿐 아니라 자기 당, 특히 아데나워도 상대해야 했다. 아데나워는 대연정이 성사되면 에르하르트가 총리가 될 수 없는 형편임을 알고 있으면서도 이제 공공연하게 대연정까지도 주장하였다. 당 대표가 자당 총리 후보를 낙마시키려 드는 기민당의 분열상이 선거 이슈가 되고 말았다.

그러나 에르하르트는 9월 19일 선거에 유리한 결정적인 조커 카드를 갖고 있었다. 다름 아닌 유권자들이 그를 독일 경제 발전의 기관사로 여기고 있다는 점이었다. 선거 결과는 47.6%의 득표였다. 과반 득표는 실패하였지만 선전이었다. 자민당과의 연정 지속의 토대는 마련되었다. 그는 새 출발, 성과와 풍요의 상징이었지만 국민에게 검약한 생활과 상호 협력하는 생활을 할 것을 호소하였다. 국민은 에르하르트가 1948년 경제 기적을 약속하였고 부지런한 국민과 힘을 합쳐 성과를 이루어냈음을 잊지 않았다.

---

3 Arnulf Baring, 앞의 책(E-Book), Location 960~993.

어려워지기 시작한 에르하르트

1966년 상황이 바뀌기 시작했다. 경제가 어려워지기 시작하였다. 에르하르트에겐 외교 문제를 돌파·해결해나가는 역량이 부족했다. 특히 미국과의 관계에서 그러했다. 1966년 여름 총리는 존슨 대통령과 회담하기 위하여 미국을 방문하였다. 독일군의 나토 해군 핵 부대의 참가 여부가 의제로 올랐다. 이 문제가 드골을 화나게 만들었다. 서독과 프랑스는 모든 부문에서 대립하는 상황이 되었다. 독일의 핵무기 보유 여부, 프랑스군의 나토로부터의 탈퇴나 유럽연합 등의 문제를 둘러싸고 드골과 에르하르트는 생각이 달랐다.

프랑스와의 불화는 미국에 대한 독일의 지위를 어렵게 만들었다. 미국에 중요한 외화 보상 및 무기 구매에 관한 미·독 간의 타협이 어려워졌다. 미국이 군대를 독일에 주둔시킴으로 발생한 비용은 독일의 직접 보상이나 무기 구매를 통해 외화 수지 균형을 맞추어왔다. 그런데 미국으로부터 구매한 전투기 F-104가 연거푸 추락함에 따라 일이 꼬이기 시작했다. 그러나 존슨 대통령은 미국의 외환 수지 적자와 다가올 선거를 생각하여 에르하르트에게 조금도 양보하려고 하지 않았다.

에르하르트는 아무 성과 없이 오히려 또 다른 무거운 짐을 지고 독일로 돌아왔다. 독일 경제가 침체 국면에 들어섰기 때문에 외화 보상을 줄이는 것은 독일에게 중요한 문제였다. 거기에는 심리적 문제가 포함되어 있었다. 경기 침체는 말할 것 없이 큰 문제였다. 에르하르트의 도미 시점에 독일에 10만 명의 실업자가 있었다. 그러나 일자리 60만 개가 남아 있었다. 그 정도 형편이라면 헬무트 슈미트, 헬무트 콜, 게르하르트 슈뢰더 총리는 기쁨의 눈물을 흘렸을 정도로 좋은 편이었다. 이들 총리 시절 독일인들은 수년간 경제정책과 화폐정책에 관한 생생한 위기의 경험을 하였고 또한 뜻밖에 찾아온 통일로 인하여 새로운 도전에 직면하였었다.

그러나 에르하르트 시대는 달랐다. 당시 독일인들은 안온한 성장 분위기에 익숙해 있었다. 그래서 오랜 동안의 호경기 후에 찾아온 경기 침체는 실제보다 훨씬 힘들게 느껴졌다. 양차 대전 후의 인플레이션과 1930년대 공황을 경험한 세대에겐 뼈에 사무치는 일이었다. 하필 경제 기적의 상징인 에르하르트의 집권기에 경제 침체와 재정 적자가 나타난 것이다.

에르하르트의 운명은 결정되었다. 당내에서 후임 총리 이름이 거론되기 시작하였다. 바덴뷔르템베르크주 총리인 쿠르트 게오르크 키징거(Kurt Georg Kiesinger)는 10월에 총리 교체는 반년 이상 기다려야 할 것이라고 생각하였다. 그러나 일은 더 빨리 진행되었다. 10월 26일 증세안을 논의하는 소연정 내각 회의가 열렸다. 자민당은 1961년 선거공약과는 달리 아데나워 내각에 참여하였었다. 회의 다음 날 세금 인상안에 반대한 자민당 소속 각료들이 사퇴함으로써 소연정은 깨져버렸다. 에르하르트는 소수 내각을 운영할 수 없었다. 그는 11월 2일 총리직에서 물러나겠다고 선언하였다. 11월 10일 바덴뷔르템베르크주 총리인 키징거가 총리 후보로 추천되었다. 사민당과의 대연정을 염두에 둔 지명이었다. 12월 1일 에르하르트는 정식으로 퇴임하였다.

에르하르트의 업적은 뭐니해도 1950년대의 사회적 시장경제의 실현을 통한 독일의 경제 부흥이었다. 이로써 독일은 미국에 이은 세계 두 번째의 경제 강국이 되었다. 그러나 그는 총리로서 고삐를 느슨하게 잡았다. 그것이 경제에서는 성과를 내었지만 정치에서는 그렇지 못했다. 그의 인품이자 스타일의 발로인 것을 아쉬워할 일은 아닐 것이다. 오히려 정치가로서의 다른 덕목을 보여준 총리였다. 특히 에르하르트는 1963년 12월 뤼브케 대통령의 초청으로 독일을 방문한 박정희 대통령에게 경제 발전의 노하우를 전수하며 영감을 주었고, 실제로 차관, 기술 제공 등 협력을 아끼지 않았던 우리에게 고마운 총리였다.

3장

쿠르트 키징거(1966~1969)
화해와 타협의 대연정 시대를 열다

최초의 대연정

기민·기사당과 사민당, 보수와 진보, 제1당과 제2당의 만남은 분명히 어색한 만남이었다. 그러나 결코 잘못된 만남이 아니었다. 독일의 정치 문화를 바꾸는 계기가 되었다.

에르하르트 정권이 퇴진하면서 사민당에도 집권할 기회가 왔다. 자민당은 더 이상 기민·기사연합과 연정을 할 의사가 없었다. 기민당은 사민당과라도 연정을 해야 하는 형편이었다. 그러나 이런 대연정은 어색한 만남일 수밖에 없었다. 사민당도 자민당과의 연정을 시도하였으나 실현될 수 없었다. 사민당의 헤르베르트 베너(Herbert Wehner) 등이 기민당과의 대연정에 적극 호응하여 사민당이 서독 정부 수립 후 최초로 정부에 참여하게 되었다. 그리하여

1966년 12월 1일 9명의 사민당 출신 각료와 10명의 기민·기사연합 출신 각료로 내각이 구성되었다.

　기민당이나 사민당처럼 큰 정당이 작은 제3당과 연정을 하는 이른바 소연정이 통상의 연정 형태이다. 그러나 거대 제1·제2 정당, 그것도 우파와 좌파를 대표하는 정당들이 대연정을 하는 것은 이례적인 일이다. 독일 정치의 대전환이었다. 대연정은 그 후 2005년 메르켈 정부에서도 3번이나 성립되었다. 시대 상황의 변화에 따라 이념의 색깔이 엷어지고 실용이 지배하는 시대가 도래했음을 의미한다. 서로 대화하고 타협하는 것이 국가 발전에 유익하다는 자각의 산물이다. 근본주의에 터 잡은 이분법적 사고로는 국가 발전을 도모할 수 없음을 의미한다. 현재 우리나라에서 보는 대화와 타협보다는 극한 대립과 상대방 제압에만 뜻을 두는 편협한 정치야말로 저급 정치라 아니할 수 없다.

　독일에서 이때의 대연정 경험으로 빌리 브란트는 한 단계 성숙한 정치가가 되었고, 나아가 사민당이 1969년 시니어 파트너로서 연정을 이끌 수 있는 기반을 만들었다. 브란트의 최측근인 에곤 바는 브란트가 베를린 시장에서 본의 외무장관직을 거치지 않고 곧장 총리가 되었다면 아마도 총리직을 감당해내지 못했을 것이라고 하였다.[1] 아무튼 나치 시절 장교 출신 헬무트 슈미트(사민당), 프란

1　에곤 바, 앞의 책, 64면

츠 요제프 슈트라우스(기사당)와 망명자 출신 빌리 브란트(사민당), 헤르베르트 베너(사민당)가, 나치당(NSDAP) 당원이었던 키징거(기민당)와 아웃사이더 게르하르트 슈뢰더(기민당)가 내각에 함께하게 되었다. 과거 공산주의자 베너는 전 독일부장관, 나치 시대 국방군 장교였던 슈트라우스는 재무장관이 되었다. 특히 총리와 부총리를 맡은 키징거와 브란트는 전혀 다른 경력을 가진 사람이었다. 두 사람은 나치 시절 각자의 활동 때문에 상대방으로부터 비난을 받았었다.

작가 귄터 그라스는 부총리 겸 외교장관을 맡은 빌리 브란트에게 편지를 보내 '나쁜 결혼'이라고 비난하였을 정도로 어울리지 않는 잘못된 만남으로 사람들에게 인식되기도 하였다. 브란트도 처음에는 대연정에 끌리지는 않았다. 브란트를 겨냥한 선거 유세 기간 중의 험담이 마음에 상처로 남았지만, 외무장관직을 맡은 브란트는 '화해의 연방 정부'라는 구호 아래 마음을 열 수 있었다. 그것은 키징거 총리와 브란트 외교장관의 과거가 아닌 미래 지향의 협력적 태도와 상호 배려 때문이었다. 이런 태도가 아니면 대연정은 유리그릇같이 깨지기 쉬운 연약한 틀로서 성공하지 못하였을 것이다.

한편 브란트가 외교장관으로 부임함에 따라 외교부 내에 긴장하는 분위기가 역력했다. 브란트는 외교부 전체가 협력하여 일할 수 있도록 편파적 인사 정책을 철저히 차단하였다. '과거 인물'이라도 인재라면 찾아내 활용하고 능력 없는 '우리 친구'는 배제하였다. 이것이 새로운 내각이 표명한 화해라는 성격을 뒷받침할 뿐만 아니라 경험과 예지를 모으는 것이기도 했다. 예컨대 나치 당원이었던 게오르크 페더러(Georg Federer)는 인사과 책임자로서 정확한 업무 수행을 통해 브란트를 충실히 보좌하여 브란트에게 큰 도움을 주었다.

브란트는 다른 사람들과 부딪치지 않고 좋은 관계를 유지하려고 애를 썼다. 망명지에서 더 나은 독일을 위해 애썼던 사람이 귀국 후 보복이나 복수를 호소할 수는 없었다. 그래서 브란트는 히틀러의 측근으로 군수장관을 지낸 알베르트 슈페어(Albert Speer)가 뉘른베르크 재판에서 20년 형을 선고받아 복역 후 1966년 석방된 후 다시 나치 당원으로 활약한 적이 있는지 없는지를 심사하는 특별 재판소에서 심문을 받지 않도록 배려했고 가족에게 꽃다발을 전하기도 하였다. 브란트는 과거를 묻어두거나 역사로 남기기 위해서가 아니라 사회의 미래에 초점을 맞추어 통합을 활용하는 사람이었다.[2]

---

2 에곤 바, 앞의 책, 70쪽.

쿠르트 키징거

키징거는 1904년 슈바베 지방 에빙겐의 평범한 가정에서 태어났다. 튀빙겐대학에서 철학과 역사를, 그 뒤 베를린대학에서 법학을 공부하였다. 그는 아버지 친구의 도움을 받아 공부했다. 그러나 키징거는 지혜롭고 재주가 있었기에 이런 형편을 긍정적으로 받아들였다. 그는 학생 시절 이미 달변가로 두각을 나타내었다. 나치가 시작된 1933년 28세로 나치당(NSDAP)에 가입하였다. 1934년 베를린 최고법원 소속 변호사로서 활동하고 대학에서 강의도 하였다. 1940년부터 1945년까지는 외교부 라디오 선전부 부책임자로 근무하였는데, 이 경력은 나중에 좌파 측의 공격 표적이 되었다. 심지어 활동 중 한 여인으로부터 뺨을 맞는 수모를 당하기도 하였다. 종전 후 기민당에 가입하여 1949년부터 하원의원이 되어 활동하였으나 내각에는 참여하지 않았다. 1958년 고향인 바덴뷔르템베르크주의 주 총리로 선출되었다.

그는 흔히 말하는 파워맨이 아니었다. 그는 힘을 구사하는 스타일이 아니라 신중하게 참고 기다리며 때로는 중재하는 스타일이었다. '걸어 다니는 중재 위원회'가 그의 별명이었다. 그의 이런 성품은 대연정을 이끌 총리로서 적합한 것이었다. 아데나워 정권에서 내무장관과 외무장관을 지내다 키징거 정권에서 국방장관이 된 게르하르트 슈뢰더는 나치당원이었지만 1941년 용기 있게 탈당하

화해와 타협의 대연정 시대를 연 쿠르트 키징거

였다. 키징거와는 같은 당 소속이지만 다른 경력인 셈이다.

빌리 브란트

빌리 브란트처럼 나치 시대의 행적이나 가정사가 크게 문제된 정치인은 없었다. 브란트는 1913년 12월 18일 북부 독일 뤼베크(Lübeck)에서 '헤르베르트 에른스트 카를 프람(Herbert Ernst Karl Frahm)'이라는 이름의 사생아로 출생했다. 어머니는 19세의 판매원 마샤 프람(Martha Frahm)이었다. 아버지는 26세의 경리 직원 존 모엘러(John Moeller)였으나 만나지 못했다. 사생아였기 때문에 세례도 교회에서 받지 못하고 목사 사택에서 받아야 했다. 어머니의 아버지로 추정되는 사람이 계부 역할을 하였다. 그 사람은 화물차 운전기사로 사민당원이었다.

  프람(이후 브란트)은 불우한 가정환경 속에서도 재능이 뛰어난 학생이었다. 그는 14년간 뤼베크의 명문 요하네움김나지움에서 장학생으로 공부했다. 장래 희망은 언론인이었으며 웅변과 글쓰기에 능하였다. 학생 시절 이미 사회주의 학생운동에 참여하였고 회장을 맡았다. 뤼베크 사민당 기관지 《뤼베커 볼크스보테(Lübecker Volksbote)》에 13세 때 처음 기고한 것을 시작으로 정기적으로 기고하였다. 편집장 율리우스 레버(Julius Leber)가 그의 재능을 인정

쿠르트 키징거의 뒤를 이어 제4대 총리를 지낸 빌리 브란트

하여 기고하도록 했다. 또한 레버는 멘토 역할을 하며 16세인 브란트를 사민당에 가입시켰다. 규정상 18세부터 입당할 수 있었으나 레버가 보증하여 예외를 인정받았다.

1931년 5월 1일 브란트는 바이마르 공화국에서의 사민당 정책에 불만을 품고 사민당을 나왔다. 더 급진적인 사회주의노동자당(Sozialistische Arbeiterpartei Deutschlands, SAP)으로 옮겼고 청년위원장이 되었다. 김나지움을 마친 후 뤼베크 선박 중개 회사에서 잠시 수습사원으로 근무하기도 했다. 히틀러가 1933년 1월 30일 권력을 잡고 폭정을 시작하자 브란트는 유인물을 살포하거나 연설을 하며 저항운동을 시작하였다.

1933년 4월 나치의 추적을 피해 코펜하겐을 지나 오슬로로 건너갔다. 이때 나치의 추적을 피하기 위해 이름을 빌리 브란트(Willy Brandt)로 바꾸었다. 노르웨이에서는 SAP의 자매 정당인 노르웨이 노동당(DNA) 사람들의 협조를 받아 SAP를 위한 지하운동을 전개하는 한편 노동자 신문에 정기적으로 기고하였다. 첫 기고가 1933년 4월 11일 「히틀러 시대의 전망」이었다.

그는 노르웨이 체류 허가를 받기 위하여 잠시 오슬로대학에 학적을 두기도 하였다. 독일 게슈타포의 추적으로 '프람(Frahm)'과 '브란트(Brandt)'가 동일인으로 밝혀져 1938년 독일 국적을 박탈당해 무국적자가 되었다. 그동안 독일·스페인·프랑스·체코슬로바키아 등지를 돌며 유럽의 민주화 문제 등을 고민하였다. 1940년

4월 9일 노르웨이가 독일에 점령되자 중립국 스웨덴으로 도주하였다. 그 과정에 독일군에 체포되었으나 노르웨이 군인으로 행세하여 4주 후 석방되었다. 스웨덴에서 노르웨이 대사관으로부터 노르웨이 시민권을 취득하였다. 런던 소재 노르웨이 망명정부와 노르웨이 지인들의 도움에 따른 것이다. 스웨덴에서 뉴욕의《해외통신사(Overseas News Agency, ONA)》기자로 활약하면서 저술 활동을 병행하며 여러 권의 책을 발간하였다. 1944년 10월 9일에 사민당(SPD)에 재가입하였다.

종전 후 1945년 11월 8일 독일로 돌아와 어머니를 만난 후 11월 20일부터《스칸디나비안신문》기자로 뉘른베르크 전범 재판을 취재하였다. 1946년 2월 26일 사민당 행사에서 슈마허 사민당 대표를 처음으로 만났으며 그 후로 그의 정치적 후원을 받았다. 1946년 4월 동베를린에서 소련의 압력으로 독일 공산당(KPD)과 사민당(SPD)이 사회주의통일당(Sozialistische Einheitspartei Deutschland, SED)으로 통합되자 브란트는 이를 비민주적 폭력에 의한 통합이라고 비판하였다.

1947년 1월 17일 베를린으로 돌아와 노르웨이 군사 고문단 공보관으로 근무하며 전승 연합국 관계자, 독일 정치인들과 접촉을 늘려나갔다. 이때 나중에 베를린 시장(1948~1953)이 된 에른스트 로이터(Ernst Reuter)를 처음 만났다. 로이터는 터키 망명에서 돌아온 정치인이었다. 브란트는 그에게서 따뜻함과 낙관성을 느끼고 배웠다. 그와는 친밀한 사이가 되어 브란트는 로이터 사람이라는 평판을 받았다.

1948년 1월부터 사민당 베를린시 부대표로 활동하며 슈마허 당 대표와 전승 4개국을 연결하는 역할을 하였다. 1949년 11월까지 슈마허에게 372회나 서면 보고를 하고 건의도 하였다. 1948년 3월 체코슬로바키아에 불법적인 공산 독재 정권이 들어서자 브란트는 그의 첫 번째 대중 연설을 통해 공산 독재와 선을 긋고 자유를 위한 투쟁에서 민주 서방 세력과 협력해나갈 것을 강조하였다. 이 연설이 브란트라는 인물을 각인시키는 계기가 되었다. 1948년 독일 국적을 다시 취득하였다. 당시는 아직 독일 중앙정부가 없었기 때문에 뤼베크가 속하는 슐레스비히홀슈타인(Schleswig-Holstein)주를 통하여 국적 취득 절차를 진행하였다.

1948년 7월 24일 소련이 서베를린으로 연결되는 육로와 수로를 차단하는 베를린 봉쇄를 단행하자 브란트는 로이터 시장을 도와 활약하였다. 브란트는 "어떤 상황에서도 서방 측은 베를린을 포기해서는 안 된다. 베를린을 구하는 것은 서쪽에 민주주의 건설을 확실하게 하는 것을 의미한다"라고 주장하였다. 또 "어제의 베를린은 미움받는 나치의 요새였지만 지금은 유럽 평화의 전초 기지가 되었다"라고 주민들을 고무하였다.

1949년 8월 14일 치러진 연방 하원의원 선거에서 브란트는 사민당 베를린 후보로 선출되었다. 같은 해 10월 7일 동독 정부가 국민의 자유로운 의사를 반영하지 않은 선거 절차에 의하여 수립되자, 브란트는 서독만이 독일 민족의 유일한 합법적 정부라고 주장하였다. 1953년 9월 말 브란트가 존경했던 에른스트 로이터 베를린 시장이 사망하고 오토 수흐르(Otto Suhr)가 시장직을 승계하였다.

브란트는 1955년 1월 11일 베를린 시 의회(Abgeordnetenhaus) 의장에 당선되었다. 4월에는 레마겐에서 열린 경찰 노동조합 대회에서 「독일 통일을 위하여 우리는 무엇을 할 것인가?」라는 제목으로 의미 있는 연설을 하였다. 그는 독일의 분단은 상당 기간 지속될 것이고, 따라서 우선 양 독일 간에 접촉과 유대 관계를 유지·발전시켜나가는 것이 중대 과제라고 역설했다. 그리고 점진적으로 국민의 생활 부담을 덜고 정상화시키기 위한 합의가 필요하다고 말했다. 그렇지만 동독은 국가로서 승인될 수 없다고 하였다. 이는 그의 동방 정책의 출발점이 표현된 것이었다. 오토 수흐르 시장 사망 후 브란트는 1957년 10월 3일 베를린 시장이 되어 1966년까지 재직하였다. 그는 1958년 베를린 위기가 덮쳤을 때 자유 베를린의 흔들리지 않는 수호자로서 역량을 과시하여 세계에 이름을 알렸다.

브란트는 사민당의 정신적 갱신을 위해 1959년 고데스베르크 강령을 헤르베르트 베너와 헬무트 슈미트와 함께 이끌어내기도 하였다. 고데스베르크 강령은 1959년 11월 고데스베르크에서 개최된 사민당 당 대회에서 새롭게 채택한 강령이다. 빌리 아이흘러

(Willi Eichler)가 이끈 팀이 만든 것으로 브란트 등이 전폭적으로 지지하였다. 이는 마르크스주의를 배격하고 사회민주적인 사회주의 정당으로 변화시키는 것이었다. 사회적 시장경제를 인정하고 전통에 고착된 계급 정당으로부터 현대적 국민 정당으로 탈바꿈하였다.

사민당의 이 같은 변신이야말로 사민당이 집권당이 될 수 있는 토대를 만들었고 나아가 기민당과도 연정할 수 있는 정당으로 획기적인 탈바꿈을 하였다. 시대의 흐름에 따른 변화야말로 그 당뿐만 아니라 국가의 발전 계기를 만들어준다 할 것이다. 브란트는 1961년과 1965년 총선에서 사민당 총리 후보로 나섰지만 실패하였다. 그러나 미래를 기약할 기반을 만들었다(1960년 하노버에서 열린 사민당 전당대회에서 올렌하워가 사민당 당 대표로 재임 중임에도 불구하고 빌리 브란트가 '총리 후보자(Kanzlerkandidat)'로 선출되었다. 브란트의 중앙 정치 무대의 본격적 등장이었다. 이 전당대회에서 자신은 단순히 사민당의 결정을 집행하는 역할에 머물지 않고 나토 회원국으로서의 독일을 위해서 헌신할 것을 천명했다. 올렌하워와는 다소 다른 입장이었다. 브란트는 전국적 선거 유세를 진행하면서 자신의 주장을 끊임없이 수정하여 더 짧고 이해하기 쉬우며 간명하게 다듬어 마지막 연설에서는 최상의 표현을 선보였다. 그런 선거 구호 중의 하나가 "루르 지방의 하늘을 다시 푸르게!"였다. '환경'이라는 단어가 정치 무대에 등장하기 훨씬 전이었다).[3] 1964년 2월

---

3 에곤 바, 앞의 책, 31쪽.

16일 에리히 올렌하워(Erich Ollenhauer)에 뒤이어 사민당 대표가 되었다. 1966년 12월 1일 부총리 겸 외교장관으로 키징거 내각에 참여하였다.[4]

대연정 시기의 국내 정책, 그 성과

최초의 대연정 내각이 극복해야 할 과제는 적지 않았다. 양 정당의 이념적 차이가 연정을 어렵게 만들었다. 특히 주니어 파트너인 사민당의 입장에서는 그 뜻을 관철하기가 쉽지 않았다. 예컨대 당원들이 요구하는 대기업의 대차대조표를 공개토록 하는 법률이 그랬다. 나치 범죄를 단죄하기 위한 살인죄 공소시효 폐지도 마찬가지였다. 물론 기민당 측이 바라는 영국식 다수 득표에 따른 당선자 결정 제도 방식을 담은 선거제도의 개혁도 마찬가지였다. 브란트나 사민당이 받아들일 수 없는 문제들이 있었지만, 그는 서두르지 않았다. 장차 자민당과의 연정 등을 고려하며 유보해두었다.

그러나 대연정 시기의 국내 정책 성과는 대단하였다. 1967년 7월 27일 근로자 병환 시 6주간 급여를 지급하도록 하는 법률을 통과시켰다. 그 한 달 전에는 간통죄와 동성애에 대한 형사처

---

4 online biographie: www.willy-brandt.de

벌을 폐지하였다. 미혼모와 혼외자의 법적 지위를 향상시키는 법률, 피고용자 모두를 건강보험 보호 대상에 편입하고 고등교육 기관에 대한 연방 정부의 지원을 강화하는 법률을 통과시켰다. 1969년 5월 초 사회보호감호(die Bewährungshaft)나 재사회화 (die Resozialisierungsmaβ nahme)를 위한 구금 연장도 폐지하였다. 그러나 이는 나중에 너무 서두른 설익은 개혁이었던 것으로 평가되었다. 어쨌든 이 모든 것이 1969년 가을 선거를 앞두고 동방-독일 정책의 차이에도 불구하고, 양당이 할 수 있는 개혁 작업은 적극적으로 추진하였다는 점에서 의미가 있다.

대연정이 가장 성공적이었던 것은 경제 및 재정 분야였다. 조세 특례의 폐지와 세출 삭감 그리고 1967년 전반기에 이루어진 각종 정책과 조치들이 경기 침체를 빨리 극복하는 데 크게 기여하였다. 1967년 2월에는 정부·학계·노동조합·사용자 단체 대표로 구성된 대화 모임인 '협력위원회(Konzertierte Aktion)'가 발족했으며 이는 헬무트 슈미트 총리 시절까지 지속되었다. 1967년 7월 6일 내각은 중기 재정 계획(Mittelfristige Finanzplanung)과 2차 경제 계획을 세웠다. 그 이전 5월에 하원에서 '경제 안정과 성장을 위한 법률(Stabilitäts- und Wachstumsgesetz)'을 통과시킨 상태였었다. 이는 균형 재정, 경제 성장, 물가 안정, 완전 고용, 균형적 해외 교역을 목표로 한 것으로, 이러한 개혁 조치들은 대연정 시절을 넘어 성공적 모델이 되었다.

이를 이끈 재무·경제의 두 장관은 인상적인 팀을 형성했다. 사람들은 그들을 명콤비 '필쉬'와 '프럼'(인기 만화의 주인공들)이라고 불렀다. 기사당 출신인 통통한 재무장관 슈트라우스와 사민당 출신으로 홀쭉한 경제장관 카를 쉴러(Karl Schiller)가 성공의 견인차였다. 사민당도 인기 없는 조치일지라도 함께 해나갔다. 그런 문제들은 자신들이 집권했을 때 어차피 해결해야 하는 문제임을 알고 있었기 때문이다.

이 무렵인 1967년 8월 25일 서독에서 최초로 컬러텔레비전 시대가 열렸다. 이것은 번영의 상징이었다. 베를린에서 열린 방송 시작 행사에서 브란트가 시작 버튼을 눌렀다. 미국과 일본에 이은 세계 세 번째였다(동독에서는 1969년 10월 3일 컬러텔레비전 방송이 시작됨).

다른 그늘, 6·8 운동과 사회 혼란, 협치에 의한 극복

젊은이들이 1960년대 말 새로운 청년 문화에 터 잡아 6·8 운동이라 불리는 다층적인 정치운동을 시작하여 독일의 기존 사회나 정치를 비판하고 나섰다. 그들은 베트남전쟁과 핵무기에 반대하는 국제사회와 연대하였다. 그리고 성적 소수자 등 사회적 약자의 권리 보호 등을 주장하며 시위에 나섰다. 그들의 항의는 나치에 적극적

으로 부역하였거나 소극적으로 순응한 기성세대를 향하였다.[5]

1967년 6월 2일 이란 국왕 팔레비가 베를린을 방문하였는데 학생들은 이란의 독재에 항의하는 데모를 벌였다. 경찰은 고무 곤봉과 물대포로 진압하였고 급기야 학생 베노 오네조르크(Benno Ohnesorg)가 사망하는 사고가 생겼다. 시위는 더욱 격렬해졌고 그 비난은 브란트에게까지 향했다. 브란트는 본대학에서 학생들과의 대화와 토론에 나서기로 했다. 그러나 그는 민주적 질서 위에서 대화를 진행하여야 함을 강조하였다.

1968년 초반 의회 밖 반대 그룹(Außerparlamentarische Opposition, APO) 활동이 극에 달했다. 특히 학생운동 그룹은 교육 개혁을 요구하고 논의 중인 비상사태 명령을 반대했으며 베트남전쟁을 반대하였다. 4월 11일 베를린에서 APO 리더인 루디 두치케가 데모 중 공격을 받자 많은 곳에서 항의 시위가 일어났다. 그 과정에서 시위에 참가한 브란트의 아들인 페터 브란트(Peter Brandt)가 체포되기도 하였다.

1968년 5월 30일 연방 하원을 통과하여 6월 28일 발효된 긴급사태령(Notstandsverfassung)은 논쟁적 사안이었다. 그것은 전쟁은 물론 재난·소요 시 주와 연방의 모든 합동 구조책을 강구하는 법적 근거가 되며 국가를 민주적 헌법 질서에 대한 위협으로부터

---

5 Duden Deutsche Geschichte, 267.

방위하기 위한 것으로 군대의 지원까지 받을 수 있도록 하는 것이었다. 이에 대해 시민단체 차원에서 격렬한 반대가 있었다. 브란트는 이러한 반대를 선동이라고 주장하면서 만약 긴급사태 명령으로 인하여 자유가 제한된다면 자신과 사민당은 맨 앞에 서서 민주주의를 지켜내겠다고 다짐하였다. 원리적 관점에서 보면 사민당 입장에서는 다른 견해를 가질 만했지만, 브란트는 국가의 안녕과 질서를 먼저 생각하였다. 자신이 내각의 일원임을 잊지 않았기 때문일 것이다.

아무튼 많은 연방 의원이 논란이 큰 법체제에 반대한다면 그것을 해결하기 위해서는 대연정에 의한 타협이 가장 효과적이다. 물론 이런 논란의 논의나 최종 결정에 교섭단체가 중요한 역할을 한다. 기민·기사연합에서는 1964년 이래 라이너 바르첼(Rainer Barzel)이 그 일을 담당하였다.

당시 바르첼은 40세였는데 달변가이며 명예심이 강한 사람이었다. 법률가인 그는 아데나워 정부에서 장관을 지냈으며 장차 총리직에 대한 기대를 숨기지 않는 야망이 넘치는 사람이었다. 1957년 하원의원이 되었으며 1960년 기민당 대표자 회의 멤버가 된 노련하고 영리한 정치가이며 특히 원내 교섭단체 업무에 정통하였다. 1966년 그는 원내대표직을 유임하였다. 이에 대해 그가 높이 평가하는 헬무트 슈미트가 사민당의 해당 직책을 맡는다는 사실을 브란트로부터 들었기 때문이라고 말하기도 하였다.

이에 반해 슈미트는 1965년에야 원내 교섭단체에 들어왔다. 슈미트와 바르첼의 관계는 원활하였다. 양 당의 교섭단체 회의는 통상 같은 시간에 열렸지만 두 사람은 실제 상황을 상대방에게 전해주기 위하여 메신저를 보내곤 하였다. 키징거 정권이 약해질수록 양 원내대표의 역할은 더 커졌다. 대연정 마지막 해에 독일은 바르첼과 슈미트에 의해 운영된다는 말이 있을 정도였다. 여야 의원 간에도 상호 신뢰와 존경이 존재했고 국정 협력의 동반자가 되었음을 보여주는 사례일 것이다. 슈미트는 원내대표로서 동지들을 잘 규합했다. 1966년 말에는 연정을 위해 자신이 소망했던 국방장관직을 포기하기도 하였다. 그는 자신의 역량을 충분히 보여주었다.

슈미트는 브란트, 베너와 함께 사민당 리딩 그룹에 속했다. 베너가 막후에서 음모를 꾸미는 조정자 느낌을 주는 데 반해 슈미트는 고위 공직자에 적합한 정치인 타입을 보여주었다. 그의 깊은 지적 능력, 강한 추진력, 정확하면서도 실용적인 정치 스타일, 뛰어난 언어 구사 능력(이 때문에 '말쟁이 슈미트'라는 별명을 얻기도 함)은 베너나 브란트와는 다른 면모였다. 유일한 핸디캡은 나이였다. 브란트보다 5년 연하로 보통이라면 당 대표나 총리가 될 기회가 없었다. 그러나 뒤에 보는 바와 같이 상황이 이상하게 바뀌어 당 대표는 아니지만 브란트의 총리직을 승계하기에 이르렀다.

브란트와 슈미트, 두 야심 많은 사민주의자는 서로 다른 성격·취향·재능을 갖고 있었지만, 문제가 생기면 서로 잘 보완해나갔다. 슈미트가 나중에 물불을 가리지 않고 브란트를 도왔다고 술회하였다. 브란트 베를린 시장은 당시 독일 사민주의의 유일한 대표주자이자 희망이었다. 슈미트나 3인자인 베너도 그렇게 생각했다. 20년을 기다린 끝에 집권 기회가 찾아왔다. 개인적인 적대 감정 때문에 기회를 희생시키는 것은 용납할 수 없는 일이었다. 대연정은 부자연스러운 세 사람에게 훌륭한 훈련 기회를 제공하였다.

긴장 완화와 흔들리는 할슈타인 독트린

모든 연정에서 외교정책의 가이드라인은 총리실이 정한다. 외교장관을 맡은 브란트도 이를 잘 알았다. 주어진 여건에서, 키징거 총리와 정면으로 대립하지 않는 선에서 정책을 펼쳤다. 그러나 때로는 키징거 노선과 미묘한 차이를 보이면서 자신의 동방 정책 실천을 준비했으며 자신과 자당의 실력을 키워나갔다. 전통에 익숙한 본 정부 외교 관리들은 사민주의자이면서 특이한 이력을 가진 빌리 브란트를 회의적으로 보았다. 그러나 키징거는 시정 연설에서 외교장관의 권한을 명백히 인정해주었다.

　제3세계가 독일 외교의 관점에서 전면으로 등장한 것은 당연한 일이 아니었다. 개발도상국 문제를 일찌감치 인식한 정치 지도자는 새 외교장관이 처음이었다. 브란트는 1960년대 초반부터 미래의 과제는 유럽이나 아프리카뿐만 아니라 전 지구적으로 해결되어야 함을 강조하였다. 독일 정부는 모든 나라와 교류하며 이해하고 신뢰하고 협력해나가야 한다고 강조했다. 이는 동유럽 국가와도 마찬가지였다.

브란트는 세계를 향한 폭넓은 시야를 갖고 있었다. 노르웨이 망명 생활, 분단 현장인 베를린에서의 경험 등에서 영향을 받은 결과라 할 수 있다. 브란트는 망명 시절 주로 기자로 활동하며 수많은 기사와 책을 쓰며 부단히 공부하였다. 또한 유럽 각지를 여행하며 생생한 현장 경험을 쌓고 실질적 문제 해결을 고민하였다. 아마 세계 지도자 가운데 브란트만큼 많은 저술 활동과 여행을 한 지도자도 흔치 않을 것이다.

그의 상징적 대외 정책은 동방 정책과 관련된 독일 정책이었다. 동서 긴장 완화가 그 핵심이자 출발점이었다. 그 연장선에 서 있는 것이 할슈타인 독트린의 형해화 또는 포기였다. 1966년 12월 할슈타인 독트린 포기 가능성이 논의되었다. 이 원칙은 독일 외교정책에 제동 장치 역할을 하기 시작했다. 많은 사람, 특히 브란트는 이 원칙은 쿠바 위기와 흐루쇼프 실각 후 냉전이 끝난 해빙기에는 적합하지 않다고 생각했다. 오히려 독일 정부에 대한 압력 수단이 되었다. 1965년 발터 울브리히트가 이집트를 방문했을 때 나세르가 가한 것과 같은 압박에서 벗어나기 위해서는 한 가지 방법밖에 없었다. 동독을 인정하는 수밖에 없었다. 즉 비민주적·비합법적인 동독의 사회주의통일당 체제에 공식적으로 정당성을 부여하는 것이 아니라 동독을 사실상 인정하여 실질적 문제 해결을 도모하는 것이다. 브란트와 동지들은 그렇게 할 필요성을 인정하였다. 그러나 대연정에서는 그렇게 할 수 없음을 알았다. 그래서 우선 '작은 발걸음(Kleine Schritten)'으로 만족하였다.

이 작은 발걸음은 1963년 7월 15일 투칭(Tutzing)에서 열린 '기독교 아카데미(Evangelische Akademie)'에서 행한 브란트의 「새 동방 및 독일 정책에 관한 연설」에서 시작하였다. 이는 케네디 대통령의 '평화의 전략'과 연결한 것이다. 케네디는 1963년 6월 10일 워싱턴에 있는 아메리칸대학 졸업식에서 '평화의 전략'을 선언했다. 케네디는 미국인과 소련인이 공유하는 많은 공통점 가운데 가장 대표적인 것이 전쟁 혐오라고 말하면서 상대방을 섬멸하는 전략이 아니라 평화의 전략을 위해 노력하자고 역설했다.[6] 브란트도 이미 1962년 10월 하버드대학 연설에서 동서 긴장 완화와 소련과의 관계 개선을 강조하였었다. 양독 문제의 해결은 소련이 없이는 불가능하다고 생각했기 때문이다. 하버드대학에서 「모험을 감행하는 공존(Koexistenz als Zwang zum Wagnis)」이라는 제목의 강연을 하였다.

브란트 시장은 체제 간의 평화로운 경쟁을 허용하는 공존 정책

---

6 김영희, 앞의 책, 53쪽.

을 강조하면서, 동서 진영 간의 연결점을 가능한 한 많이 만들자고 호소하였다. 그는 '공존(Koexistenz)'은 "대안이 아닌 생존을 위한 유일한 기회"이고, 공존 정책을 통해 동서 갈등이 점차 "평화로운 경쟁, 공존을 위한 경쟁"으로 변해야 한다고 강조했다. 그렇게 해야 서구의 이념이 동유럽에 전달되고 공산주의의 체제 전환도 이룰 수 있다는 것이 논지의 핵심이었다.[7] 브란트 시장은 강연 후 백악관을 방문하여 케네디 대통령을 만나 자신의 의견을 피력하였다. 케네디 대통령은 브란트에 공감하며 힘을 실어주었다. 백악관도 본 정부가 대안도 없이 동독에 대한 차단 정책으로만 일관하는 것에 불만을 가지고 있었던 터였다.[8]

그런데 투칭 행사에서 더 큰 주목을 끈 것은 투칭 행사에 토론자로 참석한 브란트의 보좌관 에곤 바(Egon Bahr)의 '접근을 통한 변화(Wandel durch Annäherung)'라는 슬로건이었다. 즉 동독과의 협상 필요성을 강조한 것이었다. 또한 통일의 조건은 동독과는 준비할 수 없고 소련의 의사에 반해서, 소련을 빼고는 합의할 수 없다는 것을 전제로 삼았다. 이에 대하여 큰 비판과 논쟁이 전개되었으나 브란트는 에곤 바를 옹호하였다. 에곤 바는 1922년생으로 베를린의 언론정보국 책임자로서 브란트 시장의 신임을 받아 보좌하

---

7 이은정, 앞의 책, 147쪽.
8 에곤 바, 앞의 책, 34쪽.

기 시작한 이래 브란트 일생 내내 최측근으로 활동하였다. 브란트의 분신이라 해도 무방할 인물이었다. 기민당 출신 대통령이었던 리하르트 폰 바이츠제커는 빌리 브란트와 에곤 바의 관계에 대해 "서로 180도 다른 두 인물이 만나 전무후무한 협력을 이루어냈다. 두 사람은 서로의 도움을 바탕으로 비로소 각자의 고유한 재능을 마음껏 펼칠 수 있었다"라고 평가하였다.

1967년 1월 31일 루마니아 외교장관 마네스쿠(Cornelieu Manescu)의 독일 방문을 계기로 양국은 외교 관계를 맺었다. 루마니아는 오래전부터 동독과 외교 관계를 맺고 있었다. 이는 소련을 제외하고 어느 나라든 동독을 인정하는 나라와는 외교 관계를 맺지 않는다는 할슈타인 독트린의 포기는 아니었다. 다만 상대화된 것이라 했다. 말장난으로 들리지만, 키징거-브란트 정부가 융통성을 발휘한 대담한 진전이었다.

1967년 4월 바르샤바조약 회원국들은 서독이 동독과 오데르-나이세 국경선을 받아들이지 않는 한 서독을 인정하지 않는다고 선언하였다. 브란트는 그해 7월 루마니아를 방문하여 독자 노선을 걷는 국가 원수이자 당 대표인 니콜라에 차우셰스쿠와 회담하였다. 독일의 이런 조심스러운 방향 전환은 부작용을 가져왔다. 본 정부가 동독의 파트너들과 접촉을 시작하자 동독은 새로운 변화에 긴장하였다. 동독 측은 동독의 독자성을 확보하고 본 정부의 포위 정책을 무산시키기 위하여 최선을 다했다. 독자적인 동독 시민권

부여, 새 헌법 제정, 서베를린 방문을 위한 여권 및 비자 제도 도입 등으로 대응하였다. 본 정부는 울브리히트의 대응에 불쾌할 수밖에 없었다. 연정 내부에선 더 강력히 대응해야 한다는 목소리가 나왔다. 독일로서는 더 많은 제3세계 국가들이 두 독일을 인정하는 사태를 막아야 한다는 것이다.

1967년 10월 13일 키징거와 브란트는 하원에서 동독과의 긴장 완화와 양 독일인의 부담 경감을 위해 노력할 것을 다짐하였다. 그전 5월에 키징거는 사민당의 강권에 따라 슈토프(Stoph) 동독 총리의 서한을 접수하고 회신하였지만, 정부 차원의 직접적 협상을 생각하지 않았다. 그는 동독을 국가로 인정하지 않았고 브란트는 현실을 존중하여 동독을 사실상 국가로 인정하려고 하였다. 이로써 대연정 정부 내에 균열이 나타나기도 하였다.

1968년 1월 31일 독일은 유고슬라비아와 다시 외교 관계를 맺었다. 10년 전 아데나워 정부가 단절한 관계를 다시 맺은 것이다. 이는 할슈타인 독트린의 포기와 다름이 없었다. 전년도에 루마니아와도 외교 관계를 맺은지라 부담은 더 작아졌다. 키징거나 브란트는 의회에 유고슬라비아를 긴장 완화 정책의 대상에서 제외할 이유가 없다며 설득하였다. 다만 다시 외교 관계를 맺으면서 유고슬라비아는 독일의 제2차 세계대전 중 점령에 따른 손해배상 청구를 하지 않기로 하였다.

1968년 3월 17일 뉘른베르크에서 열린 사민당 전당대회에서 브란트는 동방 정책을 언급하면서 폴란드와의 화해를 강조하였다. 나아가 처음으로 동독과 폴란드 사이의 국경인 오데르-나이세 선을 인정하고 존중한다고 하였다. 이에 대하여 그 동쪽에서 추방되어 독일로 돌아온 추방자 단체와 기민당 일부는 격렬히 항의하였다. 키징거 총리도 '인정'이라는 용어에 대하여는 거리를 두는 태도를 보였다. 그 전당대회에서 브란트는 97.8%의 지지로 당 대표로 재신임을 받았고 베너와 슈미트가 부대표로 선출되었다.

1969년 5월 8일 캄보디아는 비공산권 국가 최초로 동독과 외교 관계를 맺었다. 본 정부는 당황하였다. 캄보디아는 유고슬라비아나 루마니아와는 다른 경우였다. 연정 대파트너 키징거와 기민당은 다시 한번 세계에 힘을 보여주며 캄보디아와 외교 관계를 단절하고자 하였다.

그러나 브란트는 이에 반대하고 오히려 할슈타인 독트린의 폐기를 주장하며 퇴진하고자 하였다. 대연정 붕괴 일보 직전이었다. 그러나 브란트는 친지들의 만류로 퇴진을 포기하고 타협책을 찾았다. 대연정 정부는 타협했다. 6월 4일 본 정부는 프놈펜에서 대사를 소환했으며, 외교 관계는 완전히 단절하지 않고 대사 없는 대사관을 유지하는 것으로 정했다. 자민당은 이 어중간한 해결책을 '캄보디아식 해결(Kambodschierern)'이라 조롱하였다.

대소련 정책, 브란트의 딜레마

앞서 본 바와 같이 키징거와 슈토프 동독 총리 간 최초의 접촉 시도가 있었으나 1967년 초여름에 무산되었다. 대신 소련과의 새로운 관계 개선이 모색되었다. 1967년 2월 초 브란트의 촉구에 따라 독일 정부는 본 주재 소련 대사 세미온 자라프킨(Semon K. Zarapkin)에게 공한을 보냈다. 이 공한은 독일은 소련이나 그 동맹국과의 사이에 분쟁이 있어도 무력이나 협박 수단을 사용하지 않겠다고 천명했다. 1941~1944년의 재앙은 다시 반복되어서는 안 된다고 명백히 밝혔다. 이와 함께 유럽의 현상 유지가 강조되었는데 이는 독일이나 소련에 중요한 사항이었다.

브란트는 소련의 입장을 이해하는 사람이었다. 그러나 그로 인하여 많은 시련을 겪을 수 있음을 감내해야 하였다. 소련은 독일의 무력 포기를 요구하면서도 스스로는 이해관계가 걸리면 무력 사용을 주저하지 않았기 때문이다. 예컨대 1968년 8월 20~21일 소련군의 탱크가 체코슬로바키아로 밀고 들어가 '프라하의 봄'을 종식시켰다. 소련의 의사에 반하는 공산 시스템의 개혁이나 자유화는 전혀 허용되지 않음을 명백히 한 것이다. 브란트는 '프라하의 봄'을 '인간의 얼굴을 한 사회주의'로 평가하며 공감을 표시했다. 소련은 독일이 체코슬로바키아를 전복시키려 하였다고 주장하고 브란트는 이를 부정하며 소련의 개입을 비판하였다. 그러면서도 브란트는 긴장 완화 정책을 유지하였다.

아무튼 본 정부의 무력 포기 천명은 소련의 동구권 침략에 공동 책임을 지는 결과가 되었다. 독일은 체코슬로바키아 문제에는 개입하지 않고자 하였다. 그러나 프라하 진주 이후 사태를 용인하는 것은 독일로서 힘든 일이었다. 바르샤바조약 국가의 주권을 제한하는 브레즈네프 독트린이 존재하고 있음을 인정한 것이기 때문이다. 브레즈네프는 1957년 소련공산당 서기국원이 되었고 흐루쇼프 실각 후 1966년에 당 서기장이 된 인물이었다.

한편 아데나워 이후 독일의 동유럽 정책은 미국의 후원 없이는 진전시킬 수 없었다. 그러므로 미국의 정책 변화에 영향받을 수밖에 없었다. 키징거 총리나 브란트 장관 그리고 1969년 1월 대통령이 된 닉슨 대통령과 안보보좌관 헨리 키신저도 이를 잘 알고 있었다. 닉슨과 키신저 두 사람은 세계 정치의 모든 과제와 관련된 전 정부의 외교정책적 유산을 승계하였고 외국 친구들을 고려할 수 없는 사정이었다.

전임 케네디 대통령이나 존슨 대통령 시대에 미국은 베트남 정글의 수렁에 빠져들어 갔다. 50만 명에 달하는 군대나 방대한 물자도 상황을 호전시킬 수 없었다. 비용이 증가하고 손실이 커질수록 동맹에 대한 요구도 커질 수밖에 없었다. 또한 국내적으로 항의가 커졌으며 이는 독일 등 우방국에서도 마찬가지였다. 그에 따라 브란트 등 사민주의자들은 딜레마에 빠졌다. 브란트가 베를린 시장 시절 존경했던 케네디가 베트남의 수렁에 빠져 들어갔는데, 그로부터 무엇을 배울 것인지 숙고하였었다. 분단된 도시 베를린은 베트남과 같은 처지가 아닌가? 브란트가 외교장관, 이어서 총리가 되었을 때 베트남전의 재앙은 극대화되었다. 독일 정부는 다른 도리가 없었다. 대연정 정부는 남베트남에 대한 인도적 지원을 3배 늘리고 타격을 입은 미국에 대해 경제정책이나 통화정책적으로 가능한 지원을 다 하였다. 긴장 완화 정책의 면에서 독일과 미국의 이해관계는 거의 일치되었다.

긴장 완화에 우호적인 환경 조성

1967년 12월 13일 벨기에 브뤼셀에서 열린 NATO 평의회에서 벨기에 외교장관 피에르 하르멜(Pierre Harmel)이 주도하여 NATO 동맹군 장래 임무에 관한 하르멜 보고서(Harmel Bericht)를 채택하였다. 이는 브란트의 생각과 일치하는 것으로 브란트에게 큰 힘이 되었다. 하르멜 보고서는 "군사적 방어 태세와 정치적 긴장 완화는 서로 배타적인 것이 아니라 평화와 안전을 위한 상호 보완적인 기둥이다. NATO 회원국들은 소련과의 관계 개선에 나서야 한다"라고 밝혔다.

브란트는 이어서 1968년 6월 24일 아이슬란드 레이캬비크에서 열린 NATO 회의에 참석하여, 하르멜 보고서에 기초하여 NATO 가 바르샤바 회원국에게 상호 군대 감축 협상을 할 것을 제안하였다. 이른바 '시그널 레이캬비크(Signal von Reykjavik)'이다. 아울러 서독인들의 서베를린 자유 출입을 보장하도록 하는 조치를 소련에 요구하였다. 동독이 6월 중순 서베를린 출입 통행을 위해 서독인들에게 비자 의무를 부과하였기 때문이다. 이런 조치를 통하여 브란트가 바라는 다양한 목적을 달성하려 했다. 동구 측 탱크의 감축이 지정학적으로 노출되어 있는 엘베강 양쪽 독일의 안전을 고양시킬 것은 분명했다. 더욱이 재래식 무기에 대한 협상이 유럽에서 양강대국 사이에서 진행될 수 있으면, 이는 동서를 포함한 유럽 전체의 중대사이고, 핵 문제와는 또 다른 별도 사안이었다.

핵확산금지조약

중국이 1964년 원자폭탄, 1967년 수소폭탄을 실험함으로써 생긴 우려가 세계 정치의 전면에 등장하였다. 당연히 어떻게 하면 핵무기의 확산을 막을 것인가 하는 문제이다. 답은 간명했다. 모든 나라가 가입하고 지키는 조약을 체결하는 것이다. 우선 미국과 소련은 핵무기를 다른 나라에 공급하지 않는다는 것을 선언하는 조약을 논의하였다. 워싱턴이나 모스크바는 핵무기 공급을 계획하지는 않았다. 그러나 그렇게 하지 않을 것임을 천명하고 비핵보유국의 양해를 구하는 일이 필요했다.

물론 핵무기 경쟁이 심한 시기에는 누구도 핵확산을 저지하고자 하는 의도를 막을 수 없었다. 그렇지만 비핵보유국의 이해가 무시되지 않도록 주의해야 했다. 독일은 핵무기에 의해 압박받지 않는다는 보장이 그에 속한다. 브란트는 1967년 2월 미국을 방문하여 존슨 대통령과 딘 러스크 국무장관에게 이 뜻을 전달하였다. 아울러 그 조약이 원자력의 평화적 이용을 방해해서는 안 된다고 밝혔다.

그러나 브란트의 의견은 대연정 정부의 시니어 파트너에게 만족스럽지 못했다. 그래서 대연정 정부는 브란트 지적처럼 "심리적 중대 시련" 앞에 놓이게 되었다. 아무튼 1968년 7월 1일 소련이 제안하고 미국과 영국이 서명한 핵무기차단조약이 체결되었다. 동독을 포함한 59개국이 이 조약에 가입하였다. 기민당 일부에서 반대가 있었지만(기민당은 서베를린의 지위와 통행 문제에 관한 서독의 요구가 충족되지 않으면 핵확산금지조약에 참가하지 않는다는 입장이었다) 긴장 완화 정책의 신뢰 상실을 우려한 브란트가 7월 15일 키징거에게 서명을 호소하였다. 독일은 1969년 11월 28일 정식으로 가입할 수밖에 없었다. 가입 지연 전략으로는 미국은 물론 프랑스까지도 비우호적으로 만들 수 있었기 때문이다. 정작 드골은 조약에 서명하려 하지 않았다. 그러나 독일 정부에는 가입을 압박하였다.

브란트는 1968년 9월 3일 이미 스위스 제네바에서 열린 핵무기

비보유국 회의에 참석하여 독일은 핵무기의 생산·보유를 포기할 것이며 독일 내 존재하는 핵무기에 대한 처분 권한도 행사하지 않을 것임을 천명하였다. 이에 덧붙여 소련의 체코슬로바키아 침공과 관련하여, 국가 주권과 영토 주권, 비폭력, 자주적 결정권, 기본권 보장 등 국제법적 일반 원칙은 준수되어야 한다고 강조하기도 하였다.

브란트는 1968년 10월 8일 뉴욕 유엔총회에 참석하여 처음으로 소련 외상 안드레이 그로미코를 만났다. 브란트는 독·소 간 무력 포기에 관한 대화를 재개하자고 제안하였다. 얼마 전 소련 측에 의해 중단된 대화였다. 그로미코는 대화 재개 전제 조건으로 유럽의 현재 국경과 동독을 인정할 것과 1938년의 뮌헨협정 무효화, 핵확산금지조약의 조속한 서명을 요구하였다. 1969년 1월 소련은 무력 포기 협상을 다시 제안해왔다. 브란트는 5월 20일 키징거 총리에게 답신할 것을 촉구하여 7월 3일 답신하였다. 소련으로서도 당시 중국과 우수리강에서 국경 분쟁 중이었으므로 서방과의 긴장 완화에 관심을 가질 수밖에 없었다. 또한 3월 17일 바르샤바조약 회원국들은 조건 없이 안전과 협력을 위한 유럽국들의 회의를 열 것을 제안하였다(Budapester Appel). 브란트는 소련의 놀라운 정책 전환을 감지하면서 대응하기 시작하였다.

한편 1969년 5월 17일 폴란드로부터도 좋은 소식이 들려왔다. 연합노동자당 당수 고무우카(Gomułka)가 독일과 폴란드 서부 국경에 대한 협상을 제안한 것이다. 동독 정부 인정을 조건을 내세우

지도 않았다. 이에 고무된 브란트는 철강 그룹 크루프(Krupp)의 대
표로서 나치 치하에서 유대인을 구하여 폴란드에서 신망받는 베르
톨트 바이츠(Berthold Beitz)를 통해 협상 의사를 전달하였다. 동
방 정책 성공의 서광이 비쳐오고 있었다.

대연정 정부의 EU 관련 외교정책

대연정 정부, 특히 브란트의 외교 정책의 다른 한 축은 유럽공동체
(Europäische Gemeinschaft, EG)의 계속적 발전이었다. 유럽석탄
철강공동체(Montanunion), 유럽경제공동체(EWG), 유럽원자력공
동체(EURATOM)를 합병하고 영국을 회원국으로 가입시키고자 하
였다. 브란트는 1967년 4월 로마, 브뤼셀, 런던을 방문하여 이를 성
사시키기 위한 작업을 진행하였다. 그러나 프랑스는 영국의 가입을
반대하였다. 1967년 5월 로마에서 개최된 유럽경제공동체 정상회
담, 1967년 1월과 7월의 키징거 총리와 드골 대통령의 파리와 본
에서의 정상회담에서의 독일 측 노력도 무위로 돌아갔다. 드골 대
통령은 11월 27일 기자회견에서 영국의 유럽경제공동체 가입 반
대 뜻을 다시 한번 명백히 하였다. 독일 정부, 특히 브란트는 매우
실망하였다. 이틀 뒤 브란트는 인터뷰에서 "드골이 자신의 유럽관
이 유지될 수 없음을 알게 될 때까지 우리는 노력할 것"이라고 하

였다.

　본 정부에게 드골은 많은 현안에서 어려운 상대였다. 양국은 수년 전부터 유럽이라는 이름의 같은 배를 타고 있었다. 그러나 늘 같은 방향은 아니었다. 전진과 반동이 반복되었다. 한편 1967년 7월 1일 유럽석탄철강공동체, 유럽경제공동체, 유럽원자력공동체는 유럽공동체로 통합되었다. 드골 대통령은 1969년 4월 정치 무대를 떠났지만 그전에 아데나워와는 달리 에르하르트와 키징거와는 정치적 견해차가 있어 양국 관계가 삐걱거리기도 하였다. 대표적인 것이 대영국 정책이다. 드골은 1967년 12월 영국의 두 번째 유럽경제공동체 가입 시도를 막았다. 임기 말 드골은 영국과는 적은 부분에서만 의견이 일치했다. 핵무기차단조약 독일 가입이 그 예이다. 농산물 시장에 관한 드골의 정책도 많은 견해차가 있었다. 드골의 미국관(美國觀)도 유럽의 미국에 대한 관계, 특히 미독 관계와 관련하여 영향을 주었고 이것이 독일 정치권 내에 갈등으로 작용하기도 하였다.

4장

빌리 브란트(1969~1974)

열정과 용기로 평화의 길을 찾다

총선 과정과 사민·자유 연정 협상

1969년 9월 28일 총선을 앞두고 4월 17일 고데스베르크에서 선거를 대비해 열린 사민당 특별 전당대회에서 브란트는 다시 총리 후보자로 선출되었다. 구호는 "승리-안정-개혁"으로 정해졌다. 대외적으로는 평화 유지를 위하여 서방과의 결속하에 동방과도 소통하는 정책을 지속하며, 대내적으로는 안정적 경제 성장, 건전한 재정, 더 두터운 사회 안전망, 교육 개혁 등에서의 공정성을 강령으로 채택하였다. 그러나 연정 파트너에 관한 언급은 없었다. 자민당과의 연정을 고려한 포석이었다.

선거 준비 기간 중 귄터 그라스(Günter Grass, 1927년 옛 독일령인 현 폴란드의 단치히에서 태어나 소설가로 1999년 노벨 문학상을 받았다. 대표작은 『양철북』, 『넙치』 등이다. 사회 비판 성격의 '그룹 47'의 멤버로서 적극적으로 사회 참여 활동을 하고 특히 브란트 후원자로서 역할을 하였다)가 작가·예술가·언론인·지식인들을 모아 사회민주주의유권자단체(Sozialdemokratische Wählerinitiative, SWI)를 결성하여 브란트 지원에 적극적으로 나섰다. 귄터 그라스는 1965년부터 사민당과 브란트를 계속 지원하였다. 3월부터 9월 사이에 60일간 버스 투어로 78개 지역구를 돌며 지원 행사와 기자회견을 열었다.

1969년 9월 28일 총선거에서 사민당은 42.7% 득표로 13석을 추가 획득하였으나 46.1% 득표한 기민·기사당에 뒤졌다. 그러나 5.8%를 득표한 자민당과 연합하여 기민·기사 유니언을 처음으로 야당으로 만들고 사민·자민 연립정부를 수립하였다. 이는 극우 정당인 독일민족민주당(NPD)이 4.3% 득표로 의회 진출에 필요한 최소 요건인 5% 허들을 넘지 못해 의회 진출에 실패했기 때문에 가능하였다. 다른 결과였다면 독일 역사는 달라졌을 것이다. 빌리 브란트가 총리가 될 수 없었을 테니 말이다.

그러나 개표 초반 유니언이 과반을 획득할 것으로 예상되었다. 키징거는 재임을 자신하였다. 심지어 미국 닉슨 대통령이 축하 전화를 걸어오기도 하였다. 그러나 밤 10시경 개표가 후반으로 접어들면서 상황이 바뀌었다. 브란트는 발터 셸(Walter Scheel) 자민당 당수에게 연락하여 연정을 제안하였다. 그러나 그날 밤 선거 결과로 의기소침한 발터 셸은 이를 결정할 상황이 아니었다.

그렇지만 사민·자민 연정 가능성은 이미 나타났었다. 1969년 3월 5일 대통령 선거에서 대연정 정부 법무장관인 사민당 출신 구스타프 하이네만(Gustav Heinemann)이 기민당 출신 국방장관 게르하르트 슈뢰더를 3차 표결 끝에 512 대 506으로 물리치고 대통령으로 당선되었다. 야당인 자민당이 하이네만을 지지한 결과였다. 하이네만은 자신의 당선을 정권 교체의 일부라고까지 언급하였다. 이는 기민당에게는 충격이었다.

5월 초 브란트와 발터 셸은 뒤셀도르프에서 비밀 회동을 가졌고 그때 가을 총선 후 연정 수립에 관한 논의가 있었을 것이다. 아무튼 9월 28일 밤부터 브란트는 대연정을 해체하고 자민당과 연정하여 총리가 되고자 하는 적극적 의지를 나타내며 열정적으로 추진하였다.

같은 당 실력자인 헤르베르트 베너와 헬무트 슈미트는 자민당과의 연정에 소극적인 입장이었다. 처음에 사민당 지도부 내부에서 소수만이 브란트를 유보 없이 지지하였다. 1966년부터 독일에서 가장 큰 노르트라인베스트팔렌주에서 사민·자민 연정을 이끈 하인츠 퀸(Heinz Kühn)과 대통령 구스타프 하이네만의 지지가 큰 힘이 되었다. 하이네만은 다음 날 아침 빌리 브란트에게 "시작해! 꼭 성공해야지"라고 독려하였다.

브란트는 많은 사람이 놀랄 정도로 열정을 갖고 처리해나갔다. 당연히 유니언과의 협상은 한계가 있을 수밖에 없었고, 9월 30일 밤 시작된 사민당과 자민당 사이의 연정 협상은 성공적으로 마무리되었다. 꿈과 집념의 승리였다. 모처럼 찾아온 기회를 놓치지 않고 활용하여 드디어 정권을 잡은 것이다.

총리 취임과 연정 내각 구성

1969년 10월 21일 빌리 브란트가 하원에서 드디어 총리로 선출되었다. 단 3표 차였다. 사민·자민 측에서 적어도 3표는 이탈한 투표 결과였다. 제2당과 성적이 저조했던 제3당 간의 연정인지라 안정에 충분한 의석을 확보하지 못했기 때문에 정권 운영 내내 아슬아슬함을 피할 수는 없었다. 어쨌든 키징거의 시대가 끝났다. 교양 있고 점잖은 인품을 지닌 슈바베 출신인 그는 다른 총리들에 비해 소박하고 부드러운 사람이었다. 그의 조정적 역할, 균형을 추구하는 성품은 대연정 총리로서 적합하였지만 나름의 개성을 확립하고 드러내기 위한 준비나 시간을 갖지 못했다. 그는 가장 짧은 3년을 재직하였고 또한 개성이 강한 정치인들에 둘러싸여 있었다. 그렇지만 비록 짧은 기간 재임임에도 불구하고 브란트의 언급처럼 성공적인 총리였다. 브란트는 10월 9일 키징거에게 편지로 총리직 성공적 수행에 존경을 표하고 "앞서가지도 않고 뒤로 물러나지도 않는 토론으로 우리는 서로 협조하며 업무를 수행했고 이로써 조국에 헌신

했다"라고 고마움을 나타내었다(독일에서 후임 총리가 전임 총리에게 고마움의 인사를 전하는 것은 흔히 있는 일이다. 슈뢰더 총리는 콜 총리에게 "Danke, Bundeskanzler Helmut Kohl, wir sind bereit(콜 총리님, 고맙습니다. 우리는 잘해나갈 것입니다)"라고 인사하였고, 메르켈 총리도 수차례 슈뢰더 총리에게 감사 인사를 전했다. 우리 정치가 본받아야 할 대목이다).

사민·자민 연정 내각의 초대 부총리 겸 외교장관은 발터 셸이었다. 그는 졸링겐 출신으로 브란트보다 6년 연하였다. 그가 1961년부터 1966년 사이에 경제협력부장관을 지낸 경험은 브란트 내각에 보탬이 되었다. 셸은 1953년 이래 연방 하원의원이었으며 1968년 1월 말 이후 자민당 대표로서 표류하는 자민당의 입장을 새로운 통합적 노선을 지향하는 외교정책적 목표 설정을 통해 실현하고자 하였다. 브란트에 대한 그의 태도는 존경과 호의였으며 그들의 협력 관계는 높은 상호 신뢰에 바탕을 두었다. 그는 브란트를 "한없이 존경할 만한 분이었다"라고 회고하였다. 둘이서 함께 일하는 동안 두 사람은 대화로 충분하였으며 서면에 의한 협약은 필요하지 않았다.

브란트는 선거에서 실패하여 왜소해진 파트너인 자민당에게 외교부 외에 2개의 핵심 부서를 맡겨 배려하였다. 한스 디트리히 겐셔(Hans-Dietrich Genscher)를 내무장관에, 바이에른 출신 농학자 요제프 에르틀(Josef Ertl)을 농업장관에 임명했다. 요셉은 본래 사민·자민 연정의 반대자였으나 소망하던 농업장관이 된 후 정권의 열성적 방어자가 되었다.

브란트 초대 내각은 대연정의 연속성에 중점을 두었다. 경제장관 카를 쉴러(Karl Schiller), 보건장관 케이트 스트로벨(Käte Strobel)이 유임되고 일부만 변동되었다. 전독부장관 헤르베르트 베너가 원내대표를 맡았다. 전독부는 내독부으로 이름이 바뀌었고 에곤 프랑케(Egon Franke)가 장관이 되었다(전체독일부(Ministerium für gesamtdeutsche Frage)가 내부독일관계부(Ministerium für Innerdeutsche Beziehungen)로 개편되었다. 동독을 독립된 국가로 인정하지 않는 의지의 표현이다. 그렇기에 동독과 서독이 상호 교환하기로 합의한 상주 대표부는 동독에서는 외무부 소속임에 반하여 서독에서는 총리실 소속으로 되어 있었다). 게르하르트 얀(Gerhard Jahn)이 법무장관, 발터 아렌트(Walter Arendt)가 노동장관, 무당파인 한스 로이싱크(Hans Leussink)가 교육연구장관이 되었다.

그러나 첫 내각에 브란트의 경쟁자도 많이 들어왔다. 얼마 전까지만 해도 사민당 내 라이벌이며 브란트를 못마땅해 한 헬무트 슈미트를 국방장관에 중용하였고 헤르베르트 베너도 원내대표로 일하게 하였다. 그에게는 개인적 호불호와 능력 인정은 별개의 문제였다.

새로 취임한 브란트는 사무실을 전혀 바꾸지 않았다. 아데나워가 쓰던 책상과 그림을 포함한 가구들을 그대로 두게 했다. 그의 검약한 성품을 나타내고 아울러 전임 우파 총리들로부터 이어지는 전통을 경홀히 여기지 않겠다는 의지의 표현일 것이다. 전임자와 단절하고 새롭게 시작하는 한국 정치 지도자들과는 사뭇 다른 모습이다. 독일 역사상 가장 오랫동안 장관을 지낸 겐셔는 30년 후 이때의 내각을 "독일이 가졌던 최고의 내각"이라고 술회하였다. 정부는 겨우 과반의 의석을 확보하여 사민·자민 교섭단체의 지원을 받았지만 유능하게 작동하였다. 베너는 사민당 원내총무로서 밀려오는 많은 난관을 잘 장악하여 돌파해나갔다. 자민당 원내총무 볼프강 미슈니크(Wolfgang Mischnick)는 베너와 동향인 드레스덴 출신인데, 연정 파트너로서 신뢰 있는 모습을 보여주었다.

1969년 10월 21일 오후 빌리 브란트는 의회에서 전임자들과 같이 "하느님께서 나를 도우소서"라는 형식의 헌법 제56조가 규정한 선서를 하였다("하느님께서 나를 도우소서"는 헌법상 선서문의 마지막 문장인데 이 부분은 종교적 신념과 관련된 부분이므로 선서자가 생략할 수 있다. 브란트는 이 부분을 포함하여 선서하였으나 게르하르트 슈뢰더는 이를 빼고 선서하였다). 해외 망명 후 36년, 귀국 21년 만에 독일로부터의 도망자, 독일에 의해 추적당하는 자, 비방을 받는 자의 파란만장한 경력을 뒤로하고 독일 최고 권력자의 자리에 오른 것이다. 그가 권좌에서 추락한 뒤에도 역사적 관점에서 더 높은 위치에 오른 것을 생각하면 그가 겪은 시련과 운명을 결코 가볍게 여길 수 없다. 그는 1976년, "헤르만 뮐러(Hermann Müller)가 1930년 사민당 출신으로는 마지막 제국 총리에서 퇴진한 후 40년이 지났다. 그사이 우리당은 테러에 의해 찢기고 당원들은 말할 수 없는 고통을 당하고 상당수 살해당했다. 충격이 가신 뒤 중앙과 지방의 새 조직을 정비하는 책임을 맡게 되었고 동쪽의 새로운 독재의 물결에 저항하고 새 공화국 건설에 참여하고 마침내 정권까지 담당하게 되었다"라고 회고하였다.

그러나 과도한 요구에 시달리며 심신이 지친 브란트가 허망한 이유로 총리직을 떠나는 데는 5년밖에 걸리지 않았다. 그럼에도 브란트 총리는 오늘날까지 대중의 인식 속에 깊이 자리 잡고 있다. 무엇보다도 다음과 같은 이유 때문일 것이다.

1988년 〈세기의 증언〉이라는 텔레비전 프로그램 인터뷰에서 자신의 가장 큰 업적은 무엇이냐는 질문에 "우리가 사는 세계에 우리나라, 즉 독일의 이름을, 그리고 평화라는 개념을 다시금 우리 일상 속에서 사용되게 한 것이다"라고 답변하였다.[1] 이에 더하여 총리 퇴임 후에도 '사회주의 인터내셔널(Sozialistische Internationale, SI) 의장으로, 유엔 산하 남북위원회 위원장으로, 유럽의회 의원으로서 세계 평화와 공동 번영을 위한 다양한 노력을 하였다.

---

1 Arnulf Baring, 앞의 책(E-Book), Location 1359.

브란트 정부의 국내 개혁 정책, '더 많은 민주주의'

브란트는 취임 일주일 후인 1969년 10월 28일 하원에서 최초 시정 연설을 하였다. 정부의 내정 목표로 "더 많은 민주주의를 도모함(mehr Demokratie wagen)"을 내세웠다. 그리고 자유권 확대, 사회 안전망 구축, 교육 기회 증진을 약속하고 아울러 사회적 공동 책임도 강조하였다. 대외 정책으로는 동방-독일 정책을 내세우고, 서방과의 확고한 결속 위에 이웃 나라들, 특히 소련·폴란드·체코슬로바키아와 화해하고자 했다. 동독을 국제법적으로 승인할 수 없음을 전제로 사실상 국가적 존재성을 부인하지 않고 관계 정립을 위한 협상에 나서되 두 나라는 특수한 관계로서 서로 외국은 아님을 명백히 하였다.

오늘날 우리가 브란트를 생각하면 우선 떠오르는 것이 그의 동방 정책이다. 그러나 그의 계획이나 업적은 오히려 국내적 개혁 정책에서 적지 않게 드러난다. 처음 시정 연설도 국내 개혁 정책을 앞에 내세웠다. "더 많은 민주주의를 도모함"을 슬로건으로 삼아 다양한 프로그램을 제시하였다. "지금 바로 시작한다. 민주주의의 끝자락에 서지 않는다"라고 강조하고 실제로 그렇게 이행하였다.

1971년 3월 21일 투칭에서 열린 기독교아카데미에서 한 「인간을 위한 정책」이라는 제목의 다음과 같은 취지의 연설에서도 사민당과 그의 개혁 정책의 이상적 기초를 보여주었다. "자유 및 경제

사회에서 인간의 수요는 원칙적으로 개개인의 노력에 의해 채워지지만, 어떤 부분의 수요에 대해서는 정책적 배려, 국가의 역할이 필요하다. 주택 공급, 건강, 사회 안전, 환경보호 등이 이에 속한다. 아울러 삶의 질 향상을 위한 성적 자기 결정권, 민주화, 공정성 등 무형의 가치에 대해서도 아무리 그 중요성을 강조하여도 지나침이 없다."

브란트는 수년 후 임기의 상당 부분을 국내 문제에 사용했다고 술회하였다. 개혁 정책의 관점에서 보면 20년간 독일은 사실상 기민당 지배하에 있었으며 1966년 이후 3년간 대연정으로 인한 개혁 성과가 있었지만 독일 사회가 직면한 과제를 처리함에는 부족함이 있었다. 이를 보완하기 위한 노력과 업적이 잊히지 않도록 브란트는 퇴임하던 해 「일상의 나날을 넘어서(Über den Tag hinaus)」라는 제목으로 중간 보고서를 내놓았다. 국내 문제를 다룬 500페이지가 넘는 책자였다.

브란트 정부의 핵심 과제 중의 하나가 교육 개혁이었다. 브란트는 10월 4일 하원에서 이를 강조하였다. 교육 개혁은 '민주화, 기회 균등, 미래 보장'을 목표로 하며, "출생, 재산, 나이, 종교, 주거지, 성별이 교육을 받을 권리를 제약할 수 없다"라고 밝혔다. 그 밖에 자유권 확대, 사회 안전망 확충을 위한 복지 확대, 중산층과 그들의 소득 확대를 위한 다양한 정책을 펼쳤다.

특히 1971년 8월 26일 제정된 연방고등교육진흥법(BAFöG)은 국민의 고등교육에의 접근·이수를 용이하게 하기 위하여 특히 경제적 취약 계층이 이에 필요한 재정적 지원을 받을 수 있게 하였다. 또한 직업 훈련, 재교육, 전직 교육 등을 규정한 직업교육법(Berufsbildungsgesetz)과 학문적·예술적 재능을 계속 교육으로 향상시켜나가기 위한 평생교육진흥법(Graduiertenförderungsgesetz) 등도 교육 개혁을 뒷받침하는 법률에 속한다.

1969년 6월 18일 젊은 세대와 '6·8 운동 그룹'을 의식하여 투표권 연령을 21세에서 18세로, 피선거권 연령을 25세에서 21세로 낮추었다. 이에는 기민당도 동의하였다. 그러나 5월 20일 사민·자민당에 의해 개정된 집회시위처벌법은 그 적용이 완화됨으로써 큰 논란이 일어났다. 특히 범죄 구성 요건이 폐지 또는 변경되었음을 이유로 과거에 행해진 소요, 폭동 등 범죄도 전부 사면하는 것에 대하여는 큰 논쟁이 벌어졌다.

사회정책과 관련해서는, 7월 19일 도시개발촉진법(Städtebauförderungsgesetz)을 제정하여 도시 개발과 주택 건설을 촉진하되 친환경적으로 진행하기로 하였다. 9월 29일 내각은 최초로 환경 보호에 관한 프로그램을 결정하였다. 그 서문에 브란트는 "건강하고 균형 잡힌 환경을 지키는 것은 인간 생존을 위한 기본 과제이다"라고 기술하였다. 11월 10일 노사협의회와 근로자의 권한을 확대하는 법률을 제정하였다. 노사협의회법(Betriebsverfassungsgesetz)과 근로자재산형성법(Vermögensbildungsgesetz)을 통해 노사 관계가 균등한 파트너십 아래 운영될 수 있게 하고 또한 근로자가 재산을 증식할 수 있는 제도적 기반을 만들었다. 아동수당을 인상하고 나아가 소득과 관계없이 모두에게 아동수당을 지급하고, 최저연금을 보장하였다. 전 정부 법무장관인 하이네만의 개혁 정책의 연장으로 가정폭력 및 성폭력에 대한 형사 대책의 실효성을 강화하였다.

사회 안전 위협 세력에 대한 대처

민주주의를 내외부의 적으로부터 방위하는 것은 지도자의 몫이다. 브란트는 1969년 10월 28일 하원 시정 연설에서 "우리는 독일의 안전을 지킬 것이다"라고 다짐하였다. 내부적·외부적 안전을 다 강조하였다. 동서 대립과 긴장에 따른 국가 사회의 안전은 최우선 과제이지만 독일 사회 내부의 안전도 간과할 수 없었다. 당시는 '6·8 운동'의 분위기 속에서 집회·시위는 격화하고 심지어 국내는 물론 국제적 테러까지 발생하는 형국이었다.

문제가 많았던 1972년 1월의 과격파공직취임금지령(Radika-lenerlass)도 사회 안전장치의 하나였다. 브란트 총리와 주 총리들은 1972년 1월 28일 반헌법적 행위와 관련된 사람들을 공직에서 배제하기 위하여 모든 공직 희망자는 반헌법적 행위를 하거나 반헌법적 단체의 구성원 여부를 심사하도록 제안하였다. 이는 우선 독일공산당(Deutsche Kommunistische Partei, DKP) 멤버를 대상으로 한 것으로 DKP는 1968년 공산당으로 새로 결성되었다. 이에 따른 헌법수호청의 심사와 면직 조치에 대해 항의가 빈발하였지만, 이 때문에 극좌파 추종자들의 공직 진입이 금지되었다. 비록 그 세력이 기민당보다 자파 사민당에 가까운 성향이라 하더라도 그 위협 세력을 용납하지 않았다.

사민당 안에서도 우려의 목소리가 터져 나왔다. 이 정책 뒤에는 브란트의 다른 의도가 있었다. 동방 정책에 대한 우려의 목소리를 내고 있는 야당에 대하여 동방 정책이 국내 안보에 결코 위험이 되지 않는다는 것을 보여주기 위함이었다. 그러나 이 조치는 젊은이들을 실망시키고 화나게 했다. 이를 주창하고 시행한 장본인이 "하필이면 브란트"라니 하는 안타까움이 젊은이들에게서 터져 나왔다. 이 문제는 그에게 두고두고 부담이 되었다. 1989년 회고에서, 또 그 1년 전 《슈피겔》 기고에서 그는 나름의 정당성을 주장하였다. 그 법령은 정당한 정부 업무로서 내각에서 결정한 것이고 자신은 단지 참여한 것뿐이라면서 조금은 자기변명의 태도를 보였다.

그러나 비판에 앞서 어떤 상황에서 이 조치가 성립된 것인지를 생각해볼 필요가 있다. 1971년 11월 사민당은 본에서 비상 당대회를 열었다. 경제 및 재정 정책을 논의하는 당대회였다. 특히 조세 개혁이 핫 이슈로 등장하였다. 당 지도부의 방침들이 관철되지 못하고 과격한 결정으로 대체되는 사태가 발생하였다. 예컨대 사회구조 개혁을 명분으로 최고세율을 소득세는 60%, 법인세는 56%로 인상하는 식이었다. 균형감을 갖고 사려 깊게 처신하는 브란트지만 대의원들에게 "어느 개인이나 단체 또는 당도 총리에게서 헌법에 따른 의무와 책임을 빼앗을 수는 없다"라고 항변하였다.

이를 접한 젊은 사민당원들의 모임인 연구회(Arbeitsge-meinschaft der Jungsozialisten) 회원들은 반감을 가졌다. 그들은 이미 당에서 확고히 자리 잡고 있었다. 1972년 이후 입당한 새 당원의 4분의 3이 40세 미만이었다. 1968년 12월 뮌헨 당대회 이후 청년사회주의자들(Jungsozialisten in der SPD, JUSOS)은 당내에서 기존 세력에 대립적 입장을 취하였다. 브란트는 망명 시대 좌절의 경험 이후 끝없는 이념 논쟁에는 회의적인 생각을 가졌다. 그런데 이 경우는 그 이상이었다. 젊은 사민당원들은 독일의 자본주의에 대한 기본적 비판 의식을 갖고 독일의 정치 제도를 비판하고 의문을 제기하였다. 상당수가 그 과정에서 공산주의에 가까워졌다. 당 대표로서는 용납할 수 없었다. 브란트의 과격파공직취임금지령(Radikalenerlass)에 대한 입장은 이러한 사정과 연관이 있었다. 아무튼 좌파 목소리는 더 커지고 소란스러워졌다. 그들의 영역은 다방면으로 더욱 넓어졌고 영향력도 커졌다. 심지어 테러 그룹까지 나타나기에 이르렀다.

1970년대 초 이미 적군파(Rote Armee Fraktion, RAF)가 탄생

했다. 체포에서 도망친 프랑크푸르트 백화점 방화자 안드레아스 바더(Andreas Baader), 목사 딸 구드룬 엔슬린(Gudrun Ensslin)이 이에 속한다. 잠적한 여기자 울리케 마인호프(Ulrike Meinhof)와 변호사 호르스트 말러(Horst Mahlers)는 후에 독일국민민주당(Nationaldemokratische Partei Deutschlands, NPD, 1964년 창당된 인종주의와 고토 회복을 표방하는 극우 정당이다. 강령과 용어 면에서 나치당과 유사하였다) 행동대원으로 밝혀졌다.

1972년 2월 4일 극좌파의 폭력이 기승을 부리는 가운데 브란트는 텔레비전 연설을 통하여 국민에게 협력을 호소하였다. 1970년 결성된 적군파(RAF)에 대한 추적 체포가 진척되지 않았기 때문이었다. RAF는 리더들의 이름을 따 'Baader-Meinhof Gruppe'라고도 불렸으며 그들은 테러라는 방법으로 독일의 시스템에 대항하고자 하였다. 브란트는 "정부는 폭력을 용납하지 않을 것이고 인내하지 않을 것이며 폭력은 반헌법적이므로 이성을 회복하길 바란다"라고 호소하였다. 7월에 5건의 폭탄 테러가 발생하여 4명이 사망하였고 적군파 대원 안드레아스 바더, 울리케 마인호프, 구드룬 엔슬린 등이 체포되었다. 이러한 배경에서의 브란트의 단호한 조치는 사회 안전을 책임진 총리로서의 당연한 임무 수행이었다.

테러 행위는 국내 문제에 국한된 것이 아니었다. 팔레스타인 테러 조직에 의한 뮌헨 테러가 그 예이다. 1972년 9월 5일 이른 아침, 20회 올림픽 11일째 날 8명의 팔레스타인인이 올림픽 선수촌을

습격하였다. 2명의 이스라엘 선수단을 살해하고 9명을 인질로 잡았다. 그들의 요구는 이스라엘 감옥에 있는 200명의 수감자의 석방과 타고 갈 비행기의 제공이었다. 이스라엘 정부는 협상에 부정적이었고 독일도 그들의 요구가 과도하다고 보았다.

독일 전체 주 경찰이 함께 모여 뮌헨 경찰청장 만프레드 슈라이버(Manfred Schreiber)의 주도하에 안전한 대회 진행을 도모하였다. 그는 나중에 "그런 준군사적 테러에 심리전이나 무기나 조직 면에서 전혀 대비되어 있지 않았다"고 술회하였다. 목표는 당연히 '즐거운 올림픽(Heitere Spiele)'이었다. 미리 위험을 감지한 이스라엘 측의 특별한 보호 조치 요청이나 과도해 보이는 경찰 주재 요청은 즐거운 올림픽에 맞지 않다고 하여 받아들여지지 않았다.

그 대가는 크고 쓰라렸다. 서둘러 구성된 위기 대책반은 자신을 인질로 잡고 대신 인질을 석방시키자는 미숙한 제안을 하였고 공항에서 인질 석방을 시도하였으나 사상자만 내고 실패하였다. 결과는 선수 9명과 한 경찰관의 사망이고 즐거운 올림픽에 대한 충격적인 타격이었다. 경기 진행은 하루를 쉰 후 재개되었으나 홀가분한 기쁨과는 거리가 멀었다. 정부의 무대책에 대한 비난이 쏟아졌다. 본 정부는 그들의 실수가 얼마나 큰지 알고 새 대책을 만들었다. '연방국경수비대'라는 특수 조직의 탄생이었다. 테러와의 싸움 시작 5년 후에야 조직 정비가 완료되었다.

브란트 정부의 대동독 정책, 동서기본조약

브란트 정부는 1969년 11월 중순 소련과 무력 포기 협상을 시작하기로 합의했다. 12월부터 1970년 1월 30일까지 모스크바에서 에곤 바와 그로미코 외상 사이에 협상을 진행하였다. 폴란드와도 외교 관계 수립을 위한 대화를 시작하기로 합의하였다. 또한 동방 정책에 대한 장애물을 제거하기 위하여 본 정부는 1969년 11월 28일 핵확산금지조약에 서명하였다. NATO는 1969년 12월 4일 바르샤바조약국에 군대 감축 협상을 제안하였고, 미국·영국·프랑스는 소련에 베를린 문제 협상을 제안하였다. 대외 정책 성공의 여건이 마련되고 있었다. 물론 동독과의 관계를 정립하는 것도 중요 과제였다. 그러나 동독과의 관계 개선은 소련의 협력이 없이는 불가능함을 알았기에 모스크바와 관계 개선에 우선적으로 힘을 쏟았다.

브란트는 1970년 1월 14일 하원 보고를 통하여, "독일 민족의 동질성과 유대감을 강조하는 가운데, 목표는 유럽 평화 질서 안에서의 독일의 자주적 결정권"이라고 천명하였다. 아울러 동독에 무력 포기와 주민 부담 경감을 위한 협상을 제안하고 1월 22일 동독 빌리 슈토프(Willi Stoph) 총리에게 서한을 전달하였다. 이와 관련하여 기민·기사연합 측과 출판인 악셀 스프링거(Axel Springer)는 "브란트는 독일의 재통일을 말하지 않는다"라고 비판하였다.

1970년 3월 9일 브란트는 특별 열차에 몸을 싣고 동독 에르푸르트(Erfurt)를 방문하여 슈토프와 회담을 가졌다. 수천 명의 동독 주민이 역 앞 광장으로 나와 브란트를 연호하며 환영하였다. 에르푸르트호텔로 몰려와 "브란트, 창 앞으로 나오세요"라고 소리쳤다. 브란트는 후에 그때 일에 대해 "우리 모두는 한 동포임을 다시 깨달았다"라고 회고하였다.

그러나 회담의 성과는 없었다. 슈토프는 동독의 국제법적 승인을 요구했고 브란트는 이를 거절하였다. 다만 독일 땅에서 전쟁은 다시 있어서는 안 된다는 점에 의견이 일치하였다.

두 달 후인 5월 21일 슈토프는 서독 카셀(Kassel)을 방문하여 극우파의 소요가 극심한 가운데 브란트와 회담하였다. 브란트는 양독 관계와 관련한 20개 항목을 제시하였다. 슈토프는 '1국가 2체제', '베를린에 대한 4개국'은 용납할 수 없음을 명백히 하면서 한사코 동독에 대한 국제법적 완전 승인을 요구하였다. 공동 성명도 채택하지 못하고 다음 회담 날짜도 정하지 못한 채 회담은 종료되었다. 다만 숙고의 시간을 갖기로 하였다. 서독의 실무 위주 관계 개선 입장과 동독의 국제적 지위 향상의 요구가 대립하였고, 모스크바로서도 독·소 관계에 앞서 양독 관계가 먼저 정리되는 것을 원하지 않은 때문이기도 하다.

그러나 동·서독 간에 조약이 체결되지 않았음에도 불구하고 동독을 실질적 의미에서 승인으로 이끌게 될 브란트의 정책에 대하여 기민·기사연합 측과 보수 단체에서 격렬한 항의가 터져 나왔다. 예컨대 기사당의 외교통이었던 카를 테오도어 구텐베르크(Karl Theodor Guttenberg)는 지병으로 사망하기 얼마 전 의회 연설에서 동독의 지위 강화와 합법화에 대한 반대의 필요성을 열정적으로 호소하였다. 그는 지병으로 인한 고통에 못 이겨 눈물까지 흘리면서 "우리 기민·기사당은 불의라는 이름을 가진 현실을 승인하기는커녕 인정할 수도, 존중할 수도 없다"라고 주장했다. 그는 울브리히트 체제를 히틀러 정권에 비유하여 "이 가운데 히틀러가 37년 동안 버텨냈다고 해서 그와 화해할 수 있는 사람이 있는가?"라면서 불의는 결코 지속되었다는 이유만으로 정의가 될 수 없음을 주장했다. 또 독일은 이미 민주주의 국가와 전체주의 국가 간의 차이를 분명히 구분하지 않는 대가로 재앙을 겪었으므로 다시 그런 과오를 범한다면 서독은 민주주의 복원을 통해 히틀러의 유산을 청산한다는 스스로의 존재 이유를 충족시키지 못할 것이라고 경고하였다. 그의 열정적인 호소는 정치권 내의 적과 동지 모두를 감동시켰지만 동시에 동방 정책의 타당성과 동독과의 협상 의지에 관하여 정부와 야당 사이에 얼마나 큰 차이가 있는지를 드러내었다.[2] 또한 다양한 추방자 단체들이 항의 집회에 나섰다.

그러나 그 후 1970년 8월 12일 소련과 1970년 12월 7일 폴란

---

2 클레멘스, 앞의 책, 126쪽.

드와 조약을 체결하여 우호적 환경이 조성되자 독일은 다시 동독과의 조약 체결에 나섰다. 그러나 양독 간의 정상화의 길은 길고 험난했다. 1971년 5월 3일 모스크바는 그동안 부동의 지위에 있던 강경한 동독 당서기 발터 울브리히트(Walter Ulbricht)를 에리히 호네커(Erich Honecker)로 교체하였다. 브레즈네프의 브란트에 대한 사실상 지원이었다. 이로써 힘든 협상을 조금 부드럽게 만들었다.

마침내 복잡한 협상 보따리가 만들어졌다. 상호 방문, 우편 교환을 포함하고 기본 원칙을 천명한 기본 조약이 마련되었다. 문안은 1972년 11월 8일 작성되고 12월 21일 에곤 바(Egon Bahr)와 미첼 콜(Michel Kohl)이 서명하였다. 그 사이에 7번째 하원 선거가 있었는데, 이는 이 조약에 대한, 나아가 브란트의 정책과 브란트 개인에 대한 평가였다.

두 사람은 이미 5월 26일 서독인의 동독 여행의 편의를 위한 통행협정(Verkehrsvertrag)을 체결하여 교통량이 급격히 증가하기도 하였다. 이 조약은 동·서독 관계의 특수한 법적 지위를 변경시키는 것은 아니었지만 분단 독일에서 4강 연합국의 승인과 무관하게 체결된 조약이라는 점에서 의미가 있었다. 서독 시민들이 동독 친척의 초대를 받아 방문할 수 있도록 하는 내용이었다. 동독인들의 서독 방문은 가족과 관련된 긴급한 사유가 있는 때에만 허용되었는데, 그 기준은 명확히 정의되지 않았다. 이후 양측은 동·서독 간의 전반적 관계를 공식화하는 더 광범위한 조약으로서 기본 조

약이 체결된 것이다.[3]

조약 전문에서 "민족 문제를 비롯한 독일연방공화국과 독일민주공화국의 여러 견해 중 한쪽만을 중시하지 않는다"라고 밝히고, 제1조에서 "동등한 권리의 토대 위에서 정상적인 우호 관계를 발전시킨다"라고 함으로써 동독을 승인하지 않는다는 서독의 입장과 1민족 2국가를 주장하는 동독의 입장이 절충되었다. 법적으로는 아니지만 사실상으로는 동독을 승인한 셈이다. 이는 제4조 "어느 한쪽이 상대방을 국제사회에서 대신하거나 대표할 수 없다"라고 한 것과 제8조 "독일연방공화국과 독일민주공화국은 상주 대표부를 교환한다"가 이를 확실히 하였다. 또 제6조가 "국내 및 대외 문제에 있어서 상대방의 독립과 자주성을 존중한다"라고 규정함으로써 할슈타인 원칙은 최종적으로 폐기되었다.

그리고 전문, 제3조, 제6조의 내용은 동·서독 사이의 경계선을 실질적인 국경선으로 간주하며, 오데르-나이세 경계선도 인정한다는 의미를 담았다. 또한 제2조, 제3조에서 유엔 헌장을 언급하고 전문과 제3조, 제5조에서 평화를 강조한 것은 두 독일의 관계 개선을 의심의 눈으로 바라보는 서방 국가들을 무마하려는 의도를 반영했다.

이런 기본 조약은 대중적으로는 두루 인기를 끌었지만, 야당과

---

3 클레멘스, 앞의 책, 178쪽.

일부 민족주의자, 반공주의자들에게는 불만이었다. 일단 전문에서 제10조까지 어디에도 '통일'을 언급하지 않음으로써 동방 정책이 분단 고착화 정책이라는 비난을 면할 수 없었다. 형식상으로는 이 조약으로 동독 및 공산 진영이 얻는 몫은 크고 분명했던 데 비해 (동독의 실질적 승인, 서독 핵 개발과 무력 사용 포기, 오데르-나이세 동쪽 영토 포기), 서독의 몫은 작고 불분명했다. 그러나 장기적 실질적으로 보면 이 조약은 독일의 평화와 번영, 나아가 독일 통일의 단계적 초석이 되었음을 인정해야 할 것이다.

아무튼 기민당은 동방 정책에 대한 국내외의 큰 기대와 호응을 고려하여 불신임 투표와 같은 강경책은 자제하기로 했지만, 기사당이 장악하고 있던 바이에른 주 정부만은 끝내 이 조약에 대해 헌법 소원을 냈다. 1973년 7월 헌법재판소는 합헌 판정을 하였다. 이 조약은 어디까지나 '기본(Grund)' 조약으로 잠정적인 의미만을 갖는다는 것, 독일제국은 1945년 소멸한 것이 아니라 계속 존속하며 양독 사이의 국경은 주(州) 간의 경계와 비슷하다는 것, 장차 서베를린 문제나 민족 문제 등에서 서독의 입장을 더 강조해나가야 한다는 것, 상주 대표부의 설치는 동독을 사실상의 외국으로 보고 외교 관계를 수립한다는 의미일 수 없다는 것 등 기본 조약을 제한적으로 해석해야 함을 조건으로 붙인 판단이었다.

이에 대하여 동독 지도부는 격분하였고, 브란트와 사민당도 현실과 거리가 멀고 동방 정책에 걸림돌이 되는 판결이라고 불만을 토로했다. 아무튼 이 조약으로 인하여 서독은 동독을 국제법적으로 승인함이 없이 조약의 형식을 빌려 사실상 승인하고, 동독을 승인하는 나라와는 수교하지 않는다는 할슈타인 독트린을 최종적으로 폐기하게 되었다. 그 결과 동·서독의 국제적인 활동 무대가 넓어졌다. 1973년 9월 18일 유엔 동시 가입이 그 사례이다.

브란트 정부의 대소련 정책, 모스크바조약

브란트는 키징거 정부의 외무장관으로 취임했을 때부터 오랫동안 품어왔던 그의 뜻을 펼치기 시작하였다. 동방 정책의 시작이었다. 그는 1968년 10월, 다시 1969년 9월에 상대하기 까다로운 소련 외상 안드레이 그로미코(Andrey Gromyko)와 만났다.

그로미코는 1909년생으로 스탈린 밑에서 외교를 배운 크렘린의 실력자였다. 뉴욕에서의 만남이었고 유럽의 현 상태의 국경을 인정하는 전제하의 대화였다. 대연정하에서는 논의되지 않고 있던 문제들이었다.

브란트 정부가 다시 이 부분에 관심을 갖고 나선 것은 당연한 일이다. 시정 연설에서 그는 간접적이긴 하나 "동독에 대한 국제법적 승인은 있을 수 없다. 실제로 두 나라가 존재하기는 하지만 서로 다른 나라는 아니다. 양자 관계는 특수 관계이다"라고 말하였다. "독일에 두 나라"라니. 낯선 말이었다. 브란트는 처음으로 이를 명백히 하며 현실을 고려하였다.

동독은 1967년 이후 동독 주민에 대하여 동독 국적을 부여했고, 1968년에는 새로이 단일 국가로서 동독을 헌법적으로 명백히 하여 그 독자적 존재감을 나타내었다. 더욱이 두 나라는 다양한 조약이나 조직에서 동등한 구성원 위치를 차지하는 경우가 생겨났다. 동독 수뇌들은 장벽 건설을 시작으로 동독을 문제는 있지만 간과할 수 없는 독자성을 가진 나라로 만들었다. 철조망, 지뢰밭, 자동 발사 총기를 설치한 구역은 야만스럽지만 의심 없이 다른 국가가 엄연히 존재함을 보여주었다.

그런 상황에서 통일을 생각한다는 것이 본 정부의 최고 목표일 수 있을까? 총리는 이 테마에 명백히 소극적이었다. 브란트는 명백히 밝히지는 않았지만, 통일은 유럽의 평화 질서 속에서만 생각할 수 있다고 보았고 이 점을 외교정책의 궁극의 목표로 삼았다. 오늘날까지 많은 사람이 그를 보통의 정치인과 구별 짓는 대목이다. 그는 주어진 여건을 충분히 고려하였다. 지체 없이 일에 착수하고 공식적인 무력 포기에 관한 협상을 시작할 준비를 하였다.

소련이 1968년 프라하의 봄을 무력으로 제압한 사태, 그것이 제시하는 메시지는 최악이었다. 그러나 이것이 독일의 긴장 완화 대화를 방해해서는 안 되었다. 긴장 완화 의도를 명백히 하기 위해 논쟁 거리인 핵무기폐기조약에도 참가하였다. 이런 첫걸음에서 새 외교정책은 현저한 자가 동력을 얻고 이를 통해 정부는 성공 압박에 빠졌다. 그 압박은 소련도 마찬가지였다.

소련도 당시 동부 전선에서는 중국의 압박을 받고 서부 전선에서는 1968년 프라하의 봄을 무력 진압하여 세계 여론의 지탄을 받는 처지였다. 경제 사정도 좋지 않았다. 서독과의 관계 정상화는 반소련적인 세계 여론을 무마하면서 동시에 서독의 경제 지원을 받아낼 수 있는 이점이 있었다.[4] 독일은 소련의 그와 같은 사정을 활용하였다. 베를린의 지위, 1938년 히틀러가 체코슬로바키아와 체결한 뮌헨 협정의 무효화, 무력 포기 등에 대한 협상이 진행되었다.

1969년 12월 주소련 독일 대사 헬무트 알아르트(Helmut Allart)와 소련 외상 그로미코 사이에 협상이 진행되었다. 그러나 이내 교착 상태에 빠졌다. 알아르트 대사는 키징거 정부에서 임명된 인물로 새 정부의 동방 정책에는 익숙하지 않았다. 소련은 그들의 최대 요구에 양보 없이 집착하였다. 브란트는 이를 총리실이 직접 소련과 협상을 진행하는 계기로 삼았다. 그를 위한 전제로서 외교부 전문가들을 재빨리 샤움부르크 궁(宮) 총리실로 끌어왔다. 발터 셸이 총리가 외교부 사람들을 직접 활용하여 모든 일을 처리한다고 불평할 정도였다. 브란트에게 그만큼 절실한 과제였다.

1970년 1월 특별보좌관 에곤 바는 모스크바로 가서 회담을 다

---

4 김영희, 앞의 책, 84쪽.

시 시작하였다. 그가 사실상 협상을 이끌었다. 에곤 바는 브란트가 1966년 본 정부로 갈 때 함께 가서 외교부에서 기획부서를 이끌었다. 에곤 바의 상대방은 그로미코였다. 둘은 협상 결과를 10개 항으로 서면 정리하였다. 이 서면이 뜻하지 않게 공개됨에 따라 양국 사이에 갈등이 생겨 우여곡절을 겪기도 했지만, 1970년 8월 12일 모스크바에서 독·소 간 모스크바조약이 서명되었다. 소련 측에서 코시긴 총리, 그로미코 외교장관, 독일 측에서 브란트 총리, 발터 셸 외교장관이 참석하였다. 무력 포기와 협력이 주된 내용으로 유럽 현재 국경의 불가변성, 특히 오데르-나이세 국경선과 동·서독 간 국경선을 존중하는 내용이었다.

그러나 독일 정부는 별도 공한으로 독일 통일이 궁극적 목표임을 강조하였다. 국경선 존중이 분단의 고착화로 읽히지 않게 하기 위함이었다. 독일 국민과 야당의 우려를 고려한 조치였다. 브란트는 늘 반대 세력을 설득하고 배려하는 자세를 잃지 않았다.

브란트는 9월 18일 하원에서 조약 내용을 설명·보고하였다. 이에 대하여 기민·기사연합 원내대표인 라이너 바르첼(Rainer Barzel)이 비판에 나섰다. 1970년 8월 12일 서명된 조약으로는 아직 아무것도 일어나지 않았다. 독일 측에서는 축하 행위를 하지 않았다. 장벽 건설일인 8월 13일인 사정도 감안되었다. 그들이 타고 갈 독일 공군기가 폭파 위협으로 뒤늦게 이륙한 것이 뉴스가 되었을 뿐이었다.

그러나 이때 처음 만난 브란트와 브레즈네프는 인간적 신뢰를 쌓았다. 두 사람은 많은 인간적 대화를 나누고 함께 노래를 불렀다. 의사가 중단시킬 정도였다. 외교 관계도 결국 인간관계의 연장임을 보여주는 사례이다. 이런 예는 2권에서 다룰 독일 통일 과정에서 헬무트 콜과 고르바초프의 관계에서도 볼 수 있다. 이때부터 독·소 간에 비공식 채널을 만들어 교류하였다. 독일은 미국과도 비슷한 채널을 두고 있었다. 브레즈네프는 그 뒤에도 브란트를 은근히 도와주었다. 한편 미국과 소련도 안정적인 관계를 유지하는 데 브란트의 도움을 받은 셈이 되었다.

브란트 퇴진 후 채널을 관리하던 에곤 바는 후임 헬무트 슈미트 총리에게 채널의 존재를 알렸고 슈미트의 부탁에 따라 그 임무를 계속하였다. 그 후 기민당 헬무트 콜 총리 정권이 출범하자 콜 총리에게도 채널의 존재와 성격을 알렸다. 콜 총리는 비서실장 호르스트 텔츠치크(Horst Teltschik)와 상의하면서 계속 일하라고 당부하였다. 콜 총리의 동방 정책의 승계가 확인된 셈이었다. 에곤 바는 그 과정을 브란트에게 설명하면서 "우리의 동방 정책은 아무 염려 없습니다"라고 보고하였다.[5]

---

5 에곤 바, 앞의 책, 111쪽.

바르샤바조약, 브란트의 무릎 꿇기

독소조약은 현재의 유럽 국경을 훼손할 수 없음을 확인하였다. 동독과 폴란드 사이의 오데르-나이세 국경도 그 일부이다. 이는 폴란드로서도 반가운 일만은 아니었다. 이번 일이 폴란드 서쪽 국경의 확인하는 것이지만 폴란드는 30년 전 히틀러와 스탈린의 비밀 협상으로 합병되어버리고 이어진 전쟁에서 600만 명의 희생자를 낸 쓰라린 기억이 있기 때문이다. 독일과 폴란드의 직접 협상이 필요하고 중요하였다. 물론 1970년 2월부터 독일과 폴란드의 직접 협상이 시작되기는 하였다.

이런 상황에서의 문제점을 가장 잘 아는 이는 브란트였다. 브란트는 자신이 신임하며 협상에 흠이 될 만한 것이 없는 게오르크 페르디난트 두크비츠(Georg Ferdinand Duckwitz)를 사절로서 폴란드로 보냈다. 전쟁 중 두크비츠는 코펜하겐에서 8,000명의 유대인을 나치 체포에서 구해낸 인물이었다. 폴란드의 민감성 때문에 브란트와 셸은 직접 바르샤바를 찾아가 1970년 12월 7일 폴란드 총리 치란키에비치(Cyrankiewicz)와 바르샤바조약을 체결하였다. 오데르-나이세 경계선을 폴란드의 서부 국경선으로 인정하고 무력 포기와 외교 관계 수립을 약정하였다. 브란트는 텔레비전 인터뷰에서 이 조약 체결을 '동방 정책의 이정표'라고 평가하였다.

이어서 그는 나치의 인종 차별 정책에 희생된 100만 명의 유대계 폴란드인들을 추모하기 위하여 1943년 유대인 게토에서 발생한 반란의 희생자 추모비에 조화를 헌정하고 무릎을 꿇었다. 헌화만으로는 충분치 않다는 갑작스러운 영감에 따라 무릎을 꿇은 그의 판단도 남다른 카리스마의 일부이다. 쇼맨십을 통해 국민의 마음을 얻고자 하는 보통 정치인과는 다른 모습이다. 제3제국 시대 자신이 나치에 추적당했기에, 결코 책임이 없는 브란트가 자기 민족의 책임을 인정하는 무릎 꿇기(Kniefall)는 큰 의미를 가진다.

이 장면을 담은 사진은 전 세계 언론에 전파되어 진정으로 사죄하는 독일의 상징으로 감동을 주었다. 브란트가 《타임》의 '올해의 인물'로 선정되는 계기가 되었고 나아가 노벨 평화상으로 이어지는 역할을 하였다 하여도 과언은 아니다.

그러나 이 장면 사진에 대하여 당시 폴란드 언론은 냉담하여 신문에 실리지 않았다. 폴란드로서는 브란트의 무릎 꿇기가 유대인 희생자 기념비보다는 폴란드인 희생자 앞에서 행해졌기를 바랐던 때문이라고 한다(이 같은 내용은 2013년 나의 베를린 체재 기간 중 겐셔 외교장관의 보좌관, 각국 대사 등을 역임한 엘베라는 외교관으로부터 들은 것이다). 독일 국내에서 브란트의 이 행위는 우호적으로 평가되지 않았다. 《슈피겔》의 재빠른 여론조사 결과 50%의 독일인이 지나친 행동이라고 평가했다. 나이가 많은 사람일수록 더욱 그러하였다. 조약 이행에 있어서도 폴란드는 시간을 끌어 1972년에야 외교관계를 수립하고 독일인의 이주 문제도 1975년에야 절반 정도 해

무릎을 꿇고 사죄하는 빌리 브란트

결되었기에 비판의 목소리는 더욱 커졌다.

동방 정책과 서유럽 단일화를 위한 브란트의 노력에 대한 국제적 찬사는 날로 높아졌다. 1971년 1월 미국의 시사 잡지 《타임》은 브란트를 '올해의 인물(Man of Year)'로 선정하였다. 그러나 독일에서는 국내 문제를 등한시한다며 심지어 '반쪽 총리'라는 비판이 제기되기도 하였다.

특히 동방 정책의 열혈 지지자인 《슈피겔》 편집장 권터 가우스(Günter Gaus)는 총리는 경제정책, 조세정책 등 국내 문제에 더욱 힘써야 하며 반쪽 총리가 이를 해낼 수 없다고 힐난하였다. 브란트는 이에 대해 서운한 감정을 드러내기도 하였다.

이런 상황 속에서 브란트는 1971년 3월 21일 쾰른에서 열린 '기독-유대인 형제애 주간' 행사에서 관용과 인종차별 반대를 강조하는 연설을 하였다. 인권의 실천은 집 안에서 시작하는 것이며 외국인 근로자에 대한 차별은 있어서는 안 된다고 하였다. 아울러 논란이 되었던 바르샤바에서의 무릎 꿇기에 대하여도 자신의 입장을 밝혔다.

"독일 총리가 역사적 책임을 느끼고 거기에서 벗어나기 위한 사죄의 장소가 그만큼 적합한 곳이 따로 있겠는가? 수백만 명 유대인 학살의 기억이 독일과 이스라엘의 관계에 각인되어 있으며 누구도 이스라엘의 생존권을 경시해서는 안 된다"라고 역설하였다.

동방 정책의 장애물과 뜻밖의 지원군, 노벨 평화상

모스크바조약과 바르샤바조약이 체결되었지만, 아직 비준이 이루어진 것은 아니었다. 양독 관계를 조약으로 정리할 필요가 있었지만 소련이나 폴란드와의 교섭보다 더딘 형편이었다. 동방 정책의 어려운 장애물이 여전히 본 정부 앞에 놓여 있었다. 무엇보다 베를린 문제가 남아 있었다. 해결은 절실히 요구되지만 실현이 쉽지 않은 문제였다. 본 정부로서도 비공식적이나마 협상에 긍정적 영향을 줄 노력을 하였지만, 베를린 문제는 전적으로 승전 4개국 소관 사항이었고 특히 미·소 양국은 이 문제를 다른 국제 문제와 연관해 취급하였다. 예를 들면 전략 핵무기 관련 SALT 협상이나 미군의 베트남 철군 문제 등이다. 그 협상에 참여할 수 없는 독일로서는 베를린 문제의 진전을 위해서는 참고 또 참을 수밖에 없었다.

브란트는 1971년 6월 미국을 방문했을 때 닉슨 대통령, 로저스 국무장관 등과 전승 4개국의 베를린 문제 협상, 동서 군비 감축, 유럽 안보, 미국과 유럽의 관계, 국제적 통화 위기, 미중 화해 등을 논의하였지만 동방 정책은 미국 측의 유보적 태도 때문에 깊이 있게 다루지 못했다. 그들이 브란트에 다소 부정적인 인상을 갖고 있었던 것도 사실이었다. 이를 알기에 브란트는 조심스레 처신하였다. 미국의 베트남전쟁에 대한 의구심을 브란트는 비밀리에 표현할 뿐 공개적으로 하지 않았다. 미국 정부가 1971년 8월 15일 전격적으로 '밤과 안개 작전(Nacht und Nebel Aktion)'으로 달러와 금 교환 의무를 규정한 1944년의 브레튼우즈협정을 폐기했을 때 브란트는 모든 유럽인처럼 미국의 독자 행보에 분노하였다. 그러나 되돌릴 수 없는 문제이기에 입술을 깨물고 참았다. 그 때문인지 워싱턴의 본 정부의 대동독 독일 정책에 대한 우려는 차츰 사라졌다.

이렇게 우호적인 분위기가 조성되자 베를린 문제 해결을 위한 독일 정부의 노력이 열매를 맺었다. 전승 4개국 대사들은 1971년 9월 3일 베를린의 지위에 관한 합의인 '베를린협정'에 서명하였다. 서독과 서베를린에 사이의 통행로와 양측 베를린 주민들의 교류를 보장하며 베를린에서의 긴장 해소를 위해 무력 사용을 금지하고 평화적 수단으로 분쟁을 해결하기로 합의한 것이다. 무엇보다도 갈등과 위기의 근원지였던 베를린 문제를 해결함으로써 유럽 내 긴장 완화에 기여하였다.

1971년 12월 17일에는 동·서독 사이에도 서독과 서베를린 간 민간인 및 화물 통과에 관한 '통행협정'이 체결되었다. 이로써 정치적인 상황 변화에 따라 큰 제약을 받았던 서독과 서베를린 간 통행이 규정에 따라 안정적으로 이루어지게 되었다. 분단 이후 동독과 서독 정부 차원에서 이루어진 최초의 협정이었다(서독 정부는 매년 상당액의 통과금을 동독에 지급하였다. 이는 동독의 주요 외화 수입원이 되었고 동독 경제가 서독에 의존하는 결과를 가져왔다. 통행협정에 이어 동·서독은 1972년 1월 20일 교통왕래조약(Verkehrs-vertrag)을 체결하였으며 독일연방군과 동독 군대 간의 냉전을 중지할 것도 합의하였다. 1972년 7월 1일 이후 국경에 세운 확성기로 내보내는 군대 방송과 전단을 넣은 풍선 기구는 어떠한 문서상 합의 없이도 사라졌다. 동·서독 양측은 신뢰를 지켰다).[6]

브란트는 미국 닉슨 대통령에게 이제 다시 베를린 위기는 없을 것이라며 이를 서방 측의 승리라고 평가하였다. 그러나 소련은 그 협정의 효력 발생을 모스크바조약과 바르샤바조약의 독일 하원에서의 비준에 의존토록 하였기 때문에, 신동방 정책에 대한 비판자와 반대자들은 모든 계획을 수포로 돌릴 기회를 엿보았다. 독일의 정치적 분위기는 긴박해졌다. 브란트의 정치적 운명도 위험에 처했다. 독일 밖에서도 이를 인식하고 있었다. 세계 곳곳으로부터 브란트는 위로와 지원을 받았다. 특히 제2의 고향 노르웨이로부터 결정적 지원을 받았다.

1971년 10월 20일 오후 하원 의장 카이우베 폰 하셀(Kai-Uwe von Hassel)은 한창 진행 중이던 예산안 토의를 중단하고 노벨상 위원회가 방금 브란트에게 평화상을 수여하기로 결정하였다고 알렸다. 야당 측의 반응은 뒤엉켰다. 그 영광을 받은 정치가에게 어떠한 태도를 취할 때 사람들은 어떻게 이해할까? 여당 측이 박수로 환영하자고 결정했지만 대부분의 유니언 멤버들은 그대로 앉아 있었다. 야당 원내대표 라이너 바르첼 등 몇 사람은 곧 축하를 건넸

---

6 에곤 바, 앞의 책, 137쪽.

다. 브란트는 즉석에서 짧은 감사 인사를 하였다. "이는 영광스럽지만 의무감을 갖게 하는 훈장이다. 나는 앞으로 임무 수행에 있어 이 영예에 걸맞게 최선을 다할 것이다." 그러나 저녁 파티에는 야당에서는 헤르만 회헤를(Hermann Höcherl, 기사당 출신 정치가로서 내무장관과 식량농업산림장관을 역임하였다)만이 참석하였다. 12월 10일 노르웨이 오슬로대학 강당에서 노벨 평화상 시상식이 열렸다. 노벨 평화상 위원회는 브란트는 과거 적대국들과의 화해를 위하여 독일 국민의 이름으로 손을 내밀었고 선한 의지를 갖고 유럽의 평화 구축을 위하여 헌신하였음을 시상 이유로 밝혔다. 그는 감사 연설에서 "수상(受賞)이 갖는 의미는 과거의 지울 수 없는 참혹함을 겪은 후에 내 조국의 이름과 평화에의 의지가 하나로 결합되었음을 보여주는 것"이라고 말하였다(브란트는 프랑스의 장 모네(Jean Monnet)를 평화상 후보자로 추천하였다. 장 모네는 프랑스 외무장관 로베르 쉬망(Robert Schuman)과 함께 유럽의 평화와 공동 번영을 위하여 유럽석탄철강공동체 구성을 제안하여 오늘날 EU 창설의 초석을 놓은 사람이다).

미국과 긴밀한 협조 및 유럽 단일화를 위한 노력

동서 긴장 완화와 함께 유럽 단일화는 브란트의 중요한 관심사였다. 1969년 12월 12일 네덜란드 헤이그에 열린 유럽경제공동체

(EWG) 6개국 정상회담에서 1970년에는 영국·덴마크·노르웨이·아일랜드를 가입시키기 위한 협상을 하기로 결정하였다. 아울러 장차 경제 및 통화에 관한 동맹도 점차 구축하기로 하였다. 브란트는 특히 프랑스 조르주 퐁피두(Georges Pompidou) 대통령이 영국 가입에 찬동하도록 역할을 하였다. 전임 드골 대통령은 영국 가입을 반대하는 입장이었다.

1970년 4월 10일 미국을 방문하여 닉슨 대통령을 만나 동방 정책에 대해 상세히 설명하였다. 이미 1969년 10월에 미국 측 키신저 보좌관과 독일 측 에곤 바 보좌관 사이에 비밀 채널도 개설해두었다. 브란트가 서방 측, 특히 미국과의 군건한 결속에 의심 여지가 없어야 동방 정책을 효율적으로 진행시킬 수 있음을 믿었기 때문이다. 이미 1970년 1월 30일 퐁피두 프랑스 대통령, 3월 2일 영국 해럴드 윌슨(Harold Wilson) 총리와도 그렇게 하였다.

4월 23일부터 사흘간 노르웨이를 방문하였다. 그의 전체 유럽의 평화 질서 구축 목표를 밝히고 노르웨이의 동참을 촉구하기 위함이었다. 아울러 제2차 세계대전 중 독일의 노르웨이 점령을 사과하고 당시 망명 중이던 자신을 돌보아준 것에 대한 고마움을 표하는 다목적의 방문 여행이기도 하였다. 1970년 7월 3일 브란트는 본에서 퐁피두 대통령과 회담하였다. 동서 관계, 독일의 대소련 협상 문제, 영국의 EG 가입 문제, EG 국가 간 통화 및 대외 협력 문제 등을 논의하였다.

1970년 11월 6일 브란트는 하원에서 그의 5대 유럽 정책을 밝혔다. 유럽공동체의 확대, 경제 및 통화 연맹 설립, 회원국 간의 계속적 대외 협력의 발전, EG와 미국 간 책임 공유의 파트너십 구축, 동유럽 국가들과의 교류 협력이 그것이었다.

1971년 1월 25일 파리에서 다시 독불정상회담이 열렸다. 양국의 정상이나 주요 장관들은 6개월마다 만나 정책을 논의하는 관례에 따른 것이다. 계속 진행되는 사항에 대한 점검 외에도 중동전쟁 등 시의에 따른 의제들이 추가되었다. 그해 7월과 12월에도 2차례 독불정상회담이 더 열렸다.

4월 6일에는 에드워드 히스(Edward Heath) 영국 총리가 독일을 방문하였다. 영국의 EG 가입이 주요 의제였다. 프랑스의 경직적인 태도에도 불구하고 브란트는 낙관적 입장을 가졌다. 그동안 드골 대통령에 비해 유연한 입장인 퐁피두 대통령과의 회담에서 얻은 판단이었다. 그 밖에 유럽 방위와 군축, 베를린 문제 등을 논의하였다. 다음 달에는 브란트가 런던을 방문하여 회담이 계속되었다.

1971년 12월 28일 브란트는 외교장관을 대동하고 미국을 방문하여 플로리다에서 닉슨 대통령과 회담하였다. 의제는 당연히 동서 및 양독 문제, 전략 핵무기 군축 등 유럽 안전 관련 문제, 중동 및 베트남 분쟁 문제 등 광범하였다. 특히 닉슨 대통령이 다음 해 소련과 중국을 방문할 예정이었기에, 브란트는 그가 만난 브레즈네프에 대한 지식·정보와 중국에 대한 자신의 견해를 전달하였다.

1972년 10월 19일 파리에서 EG 6개국과 EG에 가입하게 된 영국·아일랜드·덴마크 등 9개국 정상회담이 열렸다. 브란트의 아이디어에 의한 것으로 퐁피두 대통령과 협의하에 열도록 한 것이다. 그들은 EG(유럽공동체)를 UNION(연합)으로 개편하고 1980년까지 경제 및 통화 동맹을 결성하기로 결의하였다.

1973년 7월 3일 헬싱키에서 미국, 캐나다, 소련, 동·서독 등 35개국 외교장관이 참석한 유럽의 안전과 협력을 위한 회의(Konferenz über Sicherheit und Zusammenarbeit in Europa, KSZE)가 열렸다. 향후 유럽 평화 질서를 구축하기 위한 회의로서 정치적 긴장 완화의 확대와 군비 축소를 목표로 하였다.

1973년 11월 13일 스트라스부르 소재 유럽의회에서 독일 총리로서는 최초로 하나 된 유럽에 대한 비전을 담은 기조연설을 하였다. 당시 중동전쟁을 둘러싼 유럽 내의 갈등을 봉합하기 위한 의도도 있었다. 팔레스타인의 합법적 권리도 인정해야 한다는 언급도 하였는데, 이스라엘 골다 메이어 총리는 아랍 측 석유 무기화에 대한 굴복이라고 비난하였다.

건설적 불신임안에서 살아난 브란트, 새 선거로 승부

브란트는 총리 취임 후에도 외교장관 공관에서 계속 살았다. 근처에 뤼케 대통령도 살고 있었다. 셸 외교장관은 그 근처의 잘 지은 사저를 선호했기에 공관으로 들어갈 생각이 없었고 브란트나 부인은 총리 공관을 좋아하지 않는 스타일이었기에 그렇게 한 것이다. 총리 공관은 에르하르트 때 건축하고 키징거 때 개축하였으나 브란트는 입주하지 않았다.

브란트는 당시 심신이 좋은 상태가 아니었다. 위기와 긴장감이 계속되어 우울하고 의기소침한 날이 많았다. 이웃에 사는 타고난 낙천가들인 두크비츠(Duckwitz)와 셸(Scheel)이 가끔 들러 기분전환을 시켜주었다. 이는 큰 도움이 되었다. 중요한 일을 처리해야할 때는 에곤 바, 호르스트 엠케(Horst Ehmke)가 찾아와 큰 역할을 하였다. 엠케는 대학 공법학 교수로 일찍이 법무부에서 커리어를 쌓고 1972년 총리실 실장이 되었다. 그는 지성과 추진력으로 브란트를 보좌하였다. 엠케의 회고에 의하면 브란트는 의기소침한 때가 많았고 또 혼자 있기를 좋아하였다. 병을 핑계로 관저에 머무르는 경우가 많았다. 엠케가 서명받을 일이 있어 공관을 방문했을 때 브란트 부인이 시키는 대로 와인 병과 잔 두 개를 들고 방에 들어가 "일어나세요, 우리 일해야 해요"라고 채근하기도 하였다.[7]

업무는 아름다운 샤움부르크 궁에서 이루어졌는데, 그곳은 총리나 외교장관의 손님을 위해 사용되기도 하였다. 업무는 전화가

---

7 Arnulf Baring, 앞의 책(E-Book), Location 1537.

아니라 서류 필기 방식으로 진행되었다. 서류는 동일 양식으로 명확하고 읽기 쉽게 작성되었다. 브란트의 깔끔한 정리 습벽의 결과였고 모두 자신, 동료 및 아카이브 역사를 위해 보존되었다. 브란트는 외부와 단절된 듯한 모양새를 보였으며 그런 만큼 더 많은 에너지와 강한 정신력이 필요하였다.

동방 정책에 대한 다툼은 1972년 초 정점에 달했다. 그가 "나라의 위신과 국익을 팔아먹고 있다"고 생각하는 사람은 동료 사민당 의원 중에도 있었으며, 그들 중 일부가 마침내 탈당하자 아슬아슬했던 사민당·자민당 연립 정권의 과반수 의석은 무너졌다(자민당 3명, 사민당 1명 탈당함). 오랜 동안의 야당 생활에 진절머리를 내던 기민당·기사당 연합은 나아가 브란트 정권을 합법적으로 붕괴시키려 했다. 1972년 4월, 소련과 폴란드와의 조약에서 국익을 훼손했다는 이유로 불신임 투표를 추진한 것이다. 1972년 초 의원들이 야당 진영으로 넘어감에 따라 하원 의석 비율이 바뀌어 4월 27일의 건설적 불신임안 가결 전망을 밝게 하였다.

결과는 불신임에 필요한 표수에 2표가 부족한 247표였다. 도전자 라이너 바르첼을 물리친 브란트의 승리였다. 이는 퇴진을 각오하고 준비한 총리와 엠케를 놀라게 하였다. 어떻게 그런 결과가 나왔는지 설명할 수 없었다. 기민당의 개혁적인 의원들이 동방 정책을 옹호하였다는 풍문도 있었다. 나중에 기민당 의원 2명이 뇌물을 받고 기권한 것도 알려졌다. 아무튼 역사는 다시 브란트를 불러내었다. 브란트는 정치 싸움에서 벗어나 대정치가답게 처신하며 엠케의 조언에 따라 텔레비전 연설에서 야당의 시도를 헌법적 권리라고 대수롭지 않게 평가하며 넘겼다. 우선 긴장된 상황을 풀고자 하였다. 여론상 브란트에 대한 감정적 호응이 높았다. 브란트는 그 상황을 우회하지 않고 유리하게 이용하였다. 얼마 후 동방 조약에 대한 비준이 행해질 때 분위기는 정부에 긍정적으로 되었다.

1972년 4월 이후 하원에 다수당이 없게 되었으나 1972년 5월 17일 의원 17명이 바르샤바조약에, 10명이 모스크바조약에 반대하고, 유니언은 기권하여 비준안을 통과시켰다. 그에 따라 이 비준에 연동되어 있는 4개국 베를린협정과 그 협정에 따른 양독조약도 발효하였다. 유니언의 표결은 기민당 원내대표 바르첼의 지시에 따른 것이다. 다음 선거를 눈앞에 두고 유니언이 조약을 무산시켰다는 책임을 떠안지 않기 위함이었다. 유니언 내에서의 분위기 전환의 전제는 독소조약안의 제출로서 모든 정파가 함께하고 유럽의 틀 안에서 독일의 단일성 확보를 독일 정책의 목표로 확실하게 하고자 하는 것이었다. 최종 문안 작성에 관한 다툼에서 슈트라우스와 엠케는 양자 간의 차이에도 불구하고 마지막 타결을 보았다. 아울러 동방조약은 평화조약을 위한 선행 조약이 아니며 현재의 국경 상태에 대한 법적 근거가 될 수 없다고 상호 양해하였다.

바이에른 출신인 슈트라우스(기사당 출신으로 기사당 대표, 연방 국방장관, 재무장관, 특임장관, 원자력에너지장관, 바이에른주 총리 등 다양한 요직을 거쳤다. 1980년 총리 후보로서 선거에 나섰으나 헬무트 슈미트에 패배하였다)는 조약에 찬성하지 않았다. 그러나 그는 현실주의자로서 조약을 무산시켜서는 안 된다는 것을 알았다. 브란트는 어떤 인물이 존경받을 만한지 회고하면서 슈트라우스를 높이 평가하였다. 브란트나 슈트라우스는 전쟁 세대로서 재능 있는 사람들이었다. 슈트라우스도 상류층 출신이 아니었다. 두 사람은 첫 의회에서 의원으로 만나 알게 되었다. 브란트는 슈트라우스는 "평범하기도 비범하기도 하였다. 브레이크 없는 모터, 지배자와 반항자가 함께 섞여 있는 사람"이라고 회고하였다. 브란트와 달리 슈트라우스는 직접적으로 영향력을 행사하려 드는 인물이었다. 결론적으로 브란트는 슈트라우스의 친구도 적도 아니었다. 슈트라우스는 브란트를 비방하거나 괴롭히기도 했지만 공개적으로 칭찬하기도 했다. 그는 1975년 3월 의회에서 브란트의 인간적 소탈함과 진솔함을 칭찬하였다. 그러나 그는 브란트의 독일 정책에 대한 반대를 이끌었다. 독일 땅에 두 나라가 존재한다는 사실을 인정하지 않을 수 없지만 질서 있는 공존을 위하여 이 정책에 반대할 필요가 있었던 것이다.

새 선거로 사민당 1당이 되다

1972년 4월 28일 브란트 총리에 대한 불신임 투표가 실패한 다음 날, 의회에서 총리실 예산에 대한 표결에서 무승부가 되어 통과가 실패하자 새 선거가 필요하게 되었다. 총리는 더 이상 다수를 차지할 수 없어서 신임 문제를 제기하여 새 선거의 길을 모색하였다. 의회는 자진 해산권은 없고 다만 총리가 헌법 제68조에 따라 신임투표안을 의회에 제출하여 의회가 불신임하면 총리는 의회 해산을 요구할 수 있었기 때문이다. 9월 22일 그 신임 여부를 처리할 때 내각 멤버들은 표결에 불참하여 새 선거 시도가 무산되지 않도록 하였다. 투표 결과는 233명 신임, 248명 불신임이었다. 그리하여 선거일이 11월 19일로 정해졌다. 이런 와중에서도 여·야당은 연금 개혁법안 등을 처리하였다.

이렇게 시작된 선거는 독일 역사에 예가 없을 만큼 'Willy Wahl(빌리를 뽑자)'이라는 강력한 구호가 인상을 남긴 감성이 지배한 선거로 남아 있다. 반대자들은 모든 가십을 동원하여 브란트의 여자 문제, 알코올과 담배 탐닉 등을 공격하였다. 그러나 이것들은 별 효과가 없었다.

오히려 이는 브란트의 인간적인 면을 부각시켰다(브란트는 이전에도 선거운동 과정에서 상대방으로부터 네거티브성 공격을 많이 받았다. 대표적인 것이 1961년 8월 14일 아데나워가 레겐스부르크에서 "일명 프람이라는 브란트(Brandt alias Frahm)"라고 말함으로써 브란트가 사생아임을 암시하였고, 그 밖에도 브란트의 전쟁 중의 행적, 관대한 아들 교육 등에 대하여 공격을 받았다. 이런 공격으로 인하여 내면의 상처를 받았다. 브란트는 자신의 연약함과 인간적 민감함을 감추지 못했다. 바로 그 점이 그를 인간적으로 보이게 했고 더 많은 사람의 인기를 얻기도 했다. 브란트의 큰아들 페터는 소련 공산주의자 트로츠키 그룹에 속했고 불법시위에 가담하여 재판을 받기도 했다). 그에 대한 우려보다는 오히려 그의 매력과 신뢰가 부각되었다. 그는 아이콘이 되었고 존경을 받게 되었다. 빌리를 숭배하는 광팬이 형성되고 영웅처럼 대접받았다. 독일 역사에서 전무후무한 사례였다.

1972년 11월 19일 사민당은 처음으로 1% 차이이긴 하지만 기민·기사연합을 이겼다. 사민당이 45.8%, 기민·기사연합이 44.9%, 자민당이 8.4% 득표하였다. 브레즈네프는 선거 직전 수천 명의 독일인 출국을 대가 없이 허용함으로써 브란트를 도운 셈이 되었다. 홀거 뵈르너(Holger Börner, 사민당 출신 정치가로 1976년부터 1987년 사이에 헤센(Hessen)주 총리를 역임하였다)에 의해 잘 짜인 선거운동이 큰 역할을 하였다. '빌리를 뽑자'라는 모토 아래 가동된 350개의 지방 유권자 운동 단체가 국내 정책을 내세우며 유권자에게 접근하였다.

작가 등 문화·예술인들이 적극적으로 돕고 나선 것도 전무후무한 일이었다. 이 운동은 1965년 출발하였다. 1967년 귄터 그라스의 집에서 예술가·작가가 모여 최초로 '사회민주주의자 유권자 운동 단체'를 출현시킴으로 시작되었다. 빌리 브란트는 스스로 경험한 언론인, 집필가로서의 경력을 바탕으로 관심과 열의를 갖고

1969년의 정권 교체를 넘어 그들과 지속적인 연계를 갖기 위해 노력하였다.

1970년 11월 브란트는 총리로서는 최초로 독일작가회의에서 연설하고 총리 관저에도 새로운 스타일의 문화를 도입하였다. 그는 지금까지 통상적으로 초대받던 사람들과는 다른 사람들, 화가·연극인·학자·작가·언론인 등을, 함부르크·베를린·뮌헨·슈투트가르트·프랑크푸르트 등지에서 초대하였다. 총리 내외는 처음으로 샤움부르크 궁전 정원에서 여름 축제를 열고 1,000명의 손님을 초대하기도 하였다. 문화·예술인, 학자, 쇼 비즈니스맨, 출판 관계자 그리고 평범한 시민까지 초대하였다.

브란트는 사민주의자로서 최초의 총리일 뿐 아니라 나치에 대항해 싸웠던 총리였다. 그는 취임 후 자신을 "점령된 독일이 아닌 해방된 독일의 총리"라고 소개하고 "히틀러는 마침내 패배하였다"라고 선언하였다. 그는 전임자와는 달리 '다른 독일'을 생각하였다. 이는 독일이 복고적인 경향으로 향한다고 비판하는 사람들만을 포용하는 것이 아니었다. 모든 사람에게 새로운 시작으로 보였다. 총리는 젊은 유권자들의 인기를 얻었다. 새로이 투표권을 얻은 세대 60%가 사민당에 투표했다. 이는 빌리 브란트에 대한 지지였다. 브란트 생애의 정점이었다.

브란트의 건강 악화, 내리막의 시작

선거 승리에도 불구하고 브란트는 육체적·정신적으로 지친 상태였다. 그 밖의 모든 상황도 내리막을 향하고 있었다. 브란트 개인과 당내 사정 그리고 사회적 상황 변화가 가져온 결과였다. 마침내 1년 반 후에 추락에 직면해야 했다. 오히려 여유 있는 선거 승리가 그 원인이었다. 1969년 선거에서의 근소한 승리는 연정 파트너와 절제하며 일하도록 하였다. 그러나 1972년의 여유 있는 승리는 당내에서 오만한 행태를 불러왔다. 먼저 브란트 개인에게서 위기의 징조를 많이 발견할 수 있었다. 만성적인 성대 질환이 휴식 없는 선거운동 기간 중 더욱 나빠졌고 종양 발생이 우려되었다. 브란트는 스스로 암이라고 생각했다. 1972년 가을에 우울증이 심했고 주치의는 단호한 처방을 내놓았다. 선거운동을 줄이고 심지어 연단에 오르는 것도 금하는 화나는 내용이었다. 그가 생동감을 느끼는 현장을 멀리한다는 것은 견딜 수 없었다. 그는 음주를 자제하고 맥주 대신 와인을 마셔야 했다. 그리고 금연은 그를 더욱 힘들게 했다. 그는 체인 스모커였다. 이런 생활 방식 개선은 누구나 알 수 있었다. 브란트는 체중이 불어났다. 그는 사교성을 잃어갔다. 그는 지치고 기진맥진해졌다. 이 상태가 금단 현상, 생활 습관의 전환, 긴장된 첫 임기, 기운 빼는 선거전 때문만은 아니었다.

　주변 상황이 비정상적으로 전개되었다. 11월 19일의 선거 승리 후 내각 구성은 수뇌 없이 시작되었다. 브란트가 입원 중이었기 때문이다. 그의 정부가 그가 없이 구성되다니, 분명 이상한 상황이었다. 전에도 인선 과정은 늘 순탄하지는 않았다. 당내에 영향력 있는 다양한 성격의 인물들이 포진하고 있었다. 프리마돈나 기질의 국방장관 헬무트 슈미트, 경제장관 카를 쉴러(Karl Schiller), 강직한 재무장관 알렉스 묄러(Alex Möller) 등은 한 팀을 이루기에 버거운 사람들이었다. 묄러는 1971년 5월 자신의 장래를 고려하여 사임하고 이듬해 7월 쉴러도 비슷한 이유로 사직하였다. 오직 슈미트만이 브란트의 강청에 따라 남았다. 슈미트는 경제와 재정의 두 분야를 맡은 슈퍼 장관이었다.

브란트가 임기 시작점에 입원하여 무기력한 상태에 놓인 것은 장래를 위해 바람직하지 않은 조짐이었다. 연정 협상을 위한 그의 서면 지시는 병상에서 호르스트 엠케를 통해 원내대표 베너에게 전달되었지만 베너는 이를 주머니 속에 넣어둔 채 잊어버렸다. 있을 수 없는 일이었다. 건강 관리에 소홀했고 당내 권력 관계를 야무지게 장악·관리하지 못한 탓이다. 그는 불의와 명분 앞에서는 단호했지만 인간적으로는 여린 성품의 소유자였다. 조각 명단이 외부로 경솔하게 공개되어버린 탓에 브란트는 완쾌한 후에도 이를 받아들일 수밖에 없었다.

무엇보다도 브란트의 측근들이 주요 보직에서 밀려났다. 에곤 바는 특임장관이 되었다. 승진이었지만 실권이 없는 자리였다. 총리실 실장직은 능력 있는 엠케로부터 호르스트 그라베르트(Horst Grabert)로 넘어갔다. 대변인은 아흐러스(Ahlers)에서 뤼디거 폰 베크마르(Rüdiger von Wechmar)로 교체되었다. 전 정부에서 3석이었다가 새 정부에서 5석을 차지하여 이미 충분한 자리를 얻은 자민당에 넘긴 것이다. 엠케는 권력의 창구에서 연구우편장관으로 밀려났다. 슈미트를 비롯한 라이벌들은 이 시기를 잘 이용하였다. 《슈피겔》은 브란트가 복귀를 시도하는 동안 '명예심 강한 왕 행세자'로 명명된 슈미트가 예산·재정·경제·화폐 부문 지도자로 일어섰다고 보도하였다. 몇 달 내에 슈미트는 수완을 발휘하여 정치적 지뢰밭에서 이름을 날렸다. 그는 두 부처를 담당하였다. 브란트는 10년 후 슈미트는 결코 준비되지 않았다고 생각했지만 자신에게 나아가야 할 방향을 잘 보여주었다고 평가하였다. 브란트는 평상심을 유지하며 상황에 순응하며 대처하였다.[8]

　1973년 1월 18일 브란트는 2기 정부 시정 연설을 하였다. 정책의 지속성을 강조하였지만 목표는 1969년보다 후퇴한 듯한 느낌을 주었다. 두 번째 임기의 시작은 산뜻하지 못했다. 물론 기대는 매우 높았다. 처음의 성공과 성공을 이끈 속도는 계속되어야 했다. 그러나 열정은 브란트가 특히 성공적이었던 외교, 동독과 독일 정책에 있어서도 유지되지 않았다. 어떤 이들은 이런 상황을 브란

8　Arnulf Baring, 앞의 책(E-Book), Location 1624~1659.

트 1기 정부 초반에 예견하고 국내 문제를 소홀히 다루거나 다른 사람에게 넘기지 말라고 경고하였다. 대표적으로 귄터 그라스는 1970년 3월 편지로 "비교적 성공적인 출발 뒤 동방-독일 정책은 정체되기 시작하였다. 관심과 이해는 국내 문제로 우선적으로 옮겨갈 것이다. 당신은 외교정책적 이미지를 갖고 국내 개혁에 진전이 없는 사정을 호도할 수 없는 처지에 놓일지도 모른다"라고 조언하였다.

그러나 브란트의 외교정책 이미지도 위험에 처했다. 문제는 우선 체코슬로바키아와의 관계 정립이고 장기적으로는 유럽의 평화 질서 구축과 관련된 동방·독일 정책의 본질적 이행 전환이었다. 다행히 1973년 12월 11일 외교장관을 동반하고 프라하로 가서 독일과 체코슬로바키아 사이의 조약에 서명하였다. 1938년의 뮌헨협정의 무효가 어려운 장애였지만 타협 형식으로 타결되었다.

그러나 다른 쪽에서 빛이 비쳐왔다. 1972년 11월 핀란드 헬싱키에서, 나중에 독일 통일과 유럽 평화에 기여하게 될 '유럽의 안전과 협력에 관한 회의(KSZE)'의 사전 회의가 열렸다. 여기서도 미국 없이는 아무것도 진전될 수 없었다. 그런 현실을 인정한 유럽, 특히 독일은 나토 파트너인 미국과 캐나다의 참여를 KSZE의 성립의 전제로 삼았다. 그에 따라 워싱턴 의존도는 더 커졌다. 본 정부는 속으로는 그런 현실이 못마땅하였다. 베트남전쟁 부담에서 벗어난 닉슨과 키신저는 유럽인, 특히 독일인에게 누가 주도권을 갖는지 보여주었다. 파트너 미국과 관련된 문제가 각 부문에서 생겼다. 미군의 주둔에 따른 대가 지급 문제인 외환 보상 지급과 환율 변동과 관련한 문제 등이 그 예이다.

쌓이는 악재들, 흔들리는 1973년

1973년 초 계속되는 달러 환율의 하락으로 외환 시장이 혼란에 빠졌다. 3월 2일부터 18일 사이에 유럽의 여러 외환거래소가 문을 닫기도 하였다. EG 6개국은 환율동맹을 결성하여 대응하였다. 일종의 화폐동맹이었다. 고정환율제에서는 달러 변동에 함께 융통성 있게 대응할 수 있을 것이기 때문이다. 달러 유입이 증가함에 따라 독일의 인플레이션율이 7%나 증가하고 물가는 앙등하였다. 정부는 2월과 5월 2차례 물가 대책을 발표하였다.

이런 상황 속에서 1973년에 사민당 내에서 내분이 계속되었다. 1972년 말 선거 승리 후 사민당 청년사회주의자(JUSOS) 그룹과 좌파 그룹의 목소리가 더욱 커졌다. 하노버에서 열린 사민당 당대회에서 그들은 더욱 강력한 사회주의적 정책을 요구하였다. 그러나 고데스베르크 강령이나 선거공약을 뒤집는 것은 브란트에게 불가능한 일이었다. 브란트는 심지어 사퇴 위협까지 하며 결코 굴복하지 않을 것임을 명백히 하였다. 브란트 총리에 대한 불만의 중심에 베너가 있었다. 그는 당 부대표직에서 사퇴하였다. 그러나 브란트는 433명 중 404명의 지지로 다시 당 대표로 신임을 받았다. 그렇지만 당 지도부에 좌파들이 훨씬 많이 진출하였다.

또한 1973년은 노동운동이 극심한 해였다. 물가 상승으로 노동조합은 10% 이상의 임금 상승을 요구하였다. 먼저 금속노조가 산발적으로 파업을 시작하였다. 항공 관제사들도 6개월 동안 태업하여 관광객들이 피해를 입었다. 8월에는 쾰른 소재 포드 공장에서 터키 노동자들의 거친 파업이 진행되었다. 브란트는 28일 텔레비전과 라디오로 사회 질서를 위한 규칙 준수와 노동조합이 위험에 빠지지 않도록 정부의 안정화 정책에 협조해줄 것을 호소하였다.

1973년 9월 26일 브란트는 독일 총리 최초로 유엔 총회에서 연설하였다. 그 8일 전 양 독일은 유엔에 가입하였다. 동방 정책과 세계 정세 변화의 결과였다. 브란트는 연설에서 독일은 세계 정치에서 공동 책임을 질 준비가 되어 있음을 밝히고 이 땅에서 전쟁을 없애고 가난을 추방하자고 호소하였다. 구체적으로 "배고픔이 있으면 지속적인 평화는 없다(Wo Hunger herrscht, ist auf Dauer keine Friede)"라고 말하였다. 그 무렵 모스크바에서 베너가 브란트를 비방하는 발언을 하여 이슈화되었다. 브란트는 크게 낙담하고 베너를 퇴진시키려 하였으나 사민당의 지원을 얻지 못하였다. 브란트의 입지가 흔들리고 있는 증거였다

수 주 후 워싱턴의 부당한 요구가 뒤따랐다. 역사상 부활절 메시

지라 불리는 선언을 통하여 키신저는 유럽 동맹국에게 미국의 국제적 이해를 유럽의 지역적 이해와 분리하고, 미국의 세계 전략 개념에 따를 것을 요구하였다. 이 무례한 요구는 장기적으로 유럽인들의 단합에 기여하였다.

1973년 10월 6일 유대 축일인 대속죄일(Yom Kippur)에 이스라엘과 이웃 아랍 국가와의 네 번째 중동전쟁이 발발하였다. 당연히 미국은 독일의 보급 창고와 기지를 활용하였고 독일은 이를 묵인하고 있었다. 예컨대 브레머하펜(Bremerhaven)의 시설을 이스라엘 전쟁 지원의 기지로 활용하였다. 언론이 이를 폭로하자 독일 정부는 워싱턴에 공식적으로 항의할 수밖에 없었다. 이에 대한 미국 측 답변과 질책은 분명했다. 미국의 시각에서 독일은 제한된 주권만을 가진 국가였다. 미국은 국제사회의 안전에 적합하고 필요한 조치를 취할 권리를 주장하였다. 그런 상황에서 독일 총리는 독일 국민에게 좋은 모습을 보여줄 수 없었다. 이면적으로 무기 공급은 이루어졌다. 어쨌든 중동 사태로 국제적 명망 있는 정치가인 브란트가 상처를 입을 수밖에 없었다.

1973년 6월 브란트는 독일 총리로서는 최초로 골다 메이어 이스라엘 총리 초청으로 공식 방문을 하였다. 독일과 유대인 간의 화해를 위한 어려운 여정이었다. 20년 전 아데나워가 용감히 나섰던 일이기도 하다. 심화된 중동전쟁에 대한 브란트의 중재 노력은 성과가 없었다. 엄밀히 말하면 브란트 총리로서는 성공할 수가 없는 형편이었다. 이집트 안와르 사다트(Anwar al-Sādāt) 대통령이 그의 평화 정책의 전제로 전쟁 승리가 필요하다고 생각하여 전쟁을 수행하였기 때문이다.

분명히 브란트는 자신의 국제적 무게감을 과대평가하였다. 최근에 노벨 평화상을 받지 않았는가? 이스라엘에 초청된 최초의 독일 총리가 아닌가? 그의 동방-독일 정책은 어떤 근거로 미국의 동의를 받아야 한다는 것인가? 겨우 수 주 전인 1973년 5월 소련 총서기장 레오니트 브레즈네프(Leonid Brezhnev)가 처음으로 본을 방문하지 않았는가? 이런 자부심들 때문에 자신을 과대평가한 것이다. 그러나 중동 사태가 보여주는 바와 같이 독일 총리는 국제정치에서 일급 무대에 설 정도는 아니었다.

그럼에도 브란트는 더욱 자주 외교 출장에 나서 본에서의 언짢음이나 국내 정치가 활발한 가을 동안의 우울을 떨쳐내려고 노력하였다. 그 주위에서는 모두 브란트가 여행 중 행복감을 느낀다는 것을 알았다. 그는 외국 여행 중 유쾌해졌다. 반면 국내에서는 선거 이후 브란트에게 웃음이 사라졌다. 사람들은 'Willy Wolke(꿈꾸는 빌리)'라고 부르기도 했다. 그는 공감과 이상함이 뒤섞인 사람으로 평가되었다. 그에게 성과가 필요했다. 그렇지만 브란트 총리가 어떠한 고민을 하고 지성인들과 대화를 하고 저작을 구상하거나 여행을 하더라도, 그와는 상관없이 정치는 별 탈 없이 잘 굴러가고 있었다.

기상천외의 뇌물 스캔들

1973년 오순절에 그는 독일에 이제까지 없었고 있을 수 없다고 생각하는 놀라운 뇌물 스캔들 사건을 경험하였다. 기민당 의원 율리우스 슈타이너(Julius Steiner)가 1년 전 브란트에 대한 불신임 투표에 기권하는 대가로 사민당 사무총장 카를 비난드(Karl Wienand)로부터 5만 마르크를 받았다고 한 삽화가에게 털어놓았다. 모두에게 충격이었다. 그 당시 동독 정보기관 슈타지가 개입했다는 것은 알려지지 않았다. 2000년 두 번째 배신자로 후에 기민당 사무총장이 된 레오 바그너(Leo Wagner)의 이름이 슈타지 자료에 의해 알려졌다.

이 일은 당 재무 책임자 알프레트 나우(Alfred Nau)를 거치지 않고 행해질 수 없다고 믿었기에 베너 등 사민당 지도부 일부도 이를 알았으리라고 짐작되었다. 그러나 아무도 브란트가 관여했거나 알았다고 믿지는 않았다. 기민당의 라이너 바르첼은 브란트는 그런 음모적인 일을 할 힘이 있거나 할 사람이 아니라고 추측하였다.

그렇지만 그 결과는 브란트에게 심대하였다. 사건은 정부의 도덕적 수준에 대한 문제를 야기하였다. 모든 것이 헝클어졌다. 총리, 당 대표도 어쩔 수 없었다. 게다가 의회 조사 위원회가 열렸으나 1973년 7월 이래 별다른 결과를 내지 못했다. 논의만 무성했다. 발터 셸이 1973년 초 대통령 선거에 나서고자 한다고 발표하였으나 이것이 브란트의 입장을 가볍게 하지도 않았다. 그 후로 충성스런 파트너나 뜻을 같이하는 동료들이 총리에게 제한된 범위에서만 협력하였기 때문이다.

총리실은 그동안 뒤죽박죽이 되었다. 이제 브란트의 지도 방식도 그 자신에게 불리하게까지 변했다. 엠케의 노련한 솜씨는 실종되고, 그라베르트는 일에 파묻혀 허둥댔다. 에곤 바도 동서기본조약 관련 일을 처리한 후 특임장관으로서 무엇을 해야 할지 잘 알지 못했다. 귄터 가우스《슈피겔》전 편집장이 에곤 바의 후임자가 되고, 영화 제작자이자 작가인 클라우스 하르프프레흐트(Klaus Harprecht)가 총리실을 이끌며 브란트를 보좌했다. 분명히 탈진하고 좌절한 군대 모양이었다. 몇 사람은 무관심하고 마치 그만둔 것처럼 위축되어버렸다. 이것만 해도 사소한 일이라 할 수 있었다. 더 큰 문제가 터진 것이다.

밀어닥친 석유 위기

중동 대속죄일 전쟁 결과 세계 경제는 큰 타격을 받았다. 아랍 7개 산유국은 보복 조치로 원유 생산을 줄이고 미국과 네덜란드에 원유 공급을 중단하였다. 독일은 에너지안정법(Energiesicherungs-gesetz)을 제정하여 대응하였다. 아우토반과 지방 도로에서는 6개월 동안, 독일 관점에서는 끔찍한 속도 제한이 도입되었다. 그때까지 경제 기적의 나라에서 아무도 생각 못 할 일이었다. 실업률 증가가 예상되어 외국인 노동자의 취업 모집이 중단되었다. 원유가 급등으로 1973년 11월 이후 독일에 유령 같은 분위기가 연출되었다. 고속도로에는 해마다 증가하는 자동차 대신에 4주 연속 일요일에 보행자, 자전거만이 통행하고 심지어 말 타는 사람까지 나타났다.

4반세기 동안 중단 없이 계속된 독일 경제 상승 국면은 어떻게 변화될 것인가? 물론 1960년대에 첫 번째 불황을 경험하였다. 그러나 재빨리 극복하였다. 1969년 출범한 브란트와 셸 정부는 안정과 성장 사이의 연대로 경제 문제를 낙관적으로 보았다. 그러나 1년 후 경제성장률이 8.2%에서 5.9%로, 1971년에는 다시 2.7%로 떨어졌다. 생활 물가는 올랐다. 이제 성장이 끝난 것이 아닌가? 미국 동맹국들 사이에서는 그렇게 보았다.

1972년 MIT 연구소에서 연구 보고서가 나와 곧 독일어로 번역되었다. 로마클럽(Club of Rome)의 위탁을 받아 인간의 생활 조건을 연구한 것이었다. 연구 주제는 성장의 한계였다. 클럽은 그때까지 널리 알려지지 않은 경제학자 등 학자들의 모임이었다. 연구 결과는 비관적 전망이어서 곧 세계적인 논의의 중심이 되었다. MIT 보고서에서 예외적으로 높은 경제 성장은 현대 산업 사회의 주된 문제로 지적되고 인류 재앙의 길이라고 기술되었다. 증대하는 에너지와 원자재 소비 속도가 자연 환경의 파괴를 가져오리라는 것이다.

국민 경제가 꾸준히 지속되는 성장 속에서 기능하리라는 기본 전제는 경제적 합리성이 아니라 정치적·생태계적 관점에서 파악할 문제로 여겨졌다. 다른 대안도 떠오르지 않았다. 변화된 경제적·생태적 상황 속에서 정치가들은 대안을 내놓는 대신에 당황하였고 속수무책이었다. '성장의 한계'는 주제어가 되었다. 연구 결과는 사람들에게 물질적 궁핍함에 대한 옛 걱정을 불러내고 1929년의 세계 경제 위기를 생각나게 했다.

1973년 석유 위기가 그 정도는 아니었다. 그러나 텅 빈 아우토반은 정부의 평판에 흠을 내었다. 물론 정부가 사태의 원인, 원유 공급 위험 등을 책임질 일은 아니었지만 경제·재정 정책에 대한 브란트의 대응 능력을 의심하는 시각들이 등장하였다. "아마추어 경제, 브란트"라고 《슈피겔》은 조롱하였다.

《슈피겔》은 브란트의 60세 생일(12월 18일) 8일 전에 "위기의 총리(Kanzler in der Krise)"라는 표지기사로 총리 공격에 나섰다. 경제·재정 정책 외에도 베너와의 갈등에서도 약한 모습을 보였고 에너지 위기를 맞아 EU 차원의 해결책을 강구하지 못하고 동방 정책도 정체되고 있음을 지적하였다. 브란트로서는 아픈 지적이었다. 그런 가운데 12월 11일 프라하에서 독일과 체코슬로바키아조약이 체결되었다.

석유 위기의 고비를 넘자마자 환경미화원들이 들고일어났다. 금속 노동자의 파업과 경고 파업에 동반하여 1973년 여름과 가을에 1,600명의 항공 관제사들이 태업하며 정부에 대하여 그들의 요구를 관철하였다. 7, 8월의 최고 여행 시즌에 500만 명의 여행객이 '규정에 따른 근무' 때문에 피해를 입었다.

그 뒤를 공공기관들이 뒤따랐다. 1974년 2월 10일 공공기관 노조원 20만 명 이상이 파업을 시작하였다. 그들은 15% 임금 인상을 요구하였고 정부는 9.5% 인상을 제안하였다. 공공기관 교통운수노조(Öffentliche Dienste, Transport und Verkehr, ÖTV) 대표 하인츠 클렁커(Heinz Kluncker)와 브란트의 힘겨루기 모양을 띠었다. 브란트는 1월 24일 하원에서 인플레이션을 억제하기 위하여 두 자릿수 인상은 불가하다고 밝혔었다. 공공기관들은 문을 닫고 버스와 철도는 멈추었으며 쓰레기는 수거되지 않았다. 정부가 총파업 시작 이틀 후 11%를 인상하는 선에서 양보하였다.

양보와 실패에 따른 부정적 평가는 협상을 담당하는 겐셔가 아닌 브란트에게 돌아갔다. 며칠 뒤 1974년 3월 3일 사민당은 함부르크 시장 선거에서 10% 지지율 감소라는 충격적 결과를 맞았다. 비난은 사민당과 브란트를 향했다.

명예심이 강하고 참지 못하는 성격의 재무장관 헬무트 슈미트가 자기주장을 강하게 하고 나섰다. 헬무트 슈미트는 사민당의 현재 상태에 한탄하며 내각 개편을 요구하였다. 이 시기처럼 두 사람의 캐릭터 차이를 외부에서 느낄 정도로 보여주는 경우는 드물었다. 소심하며 늘 조화와 균형을 생각하는 브란트에 비하여, 슈미트는 집중력 있고 주저 없이 결정하며 강한 권력 의지를 보여주었다. 슈미트는 함부르크 패배 5일 후 당에 대립각을 세우며 회기를 마치면 조용히 정부에서 물러날 것을 통보하였다. 교육장관 클라우스 폰 도나니(Klaus von Dohnanyi)는 슈미트가 총리의 내정 분야를 대신 담당하여 브란트의 짐을 덜어주어야 한다고 주장하였다.

이처럼 당이 신뢰를 잃고 흔들리는데도 브란트는 비판자들과의 토의를 피했다. 브란트는 4월 2일 언론 인터뷰를 통해 강경한 10개 항에 관한 선언을 발표하였다. 이 무렵 사민당원 일부만이 지도부를 지지하였다. 이제 당원들 사이에 브란트가 실권이 없는 직위인 대통령으로 가야 하는 것이 아닌가 하는 의견들이 나왔다.

사민당 원내대표인 베너와의 갈등도 남아 있었다. 베너는 그때까지 총리의 퇴진 운동에 열심이었던 인물이었다. 베너는 1973년 소련 방문 중 원내대표로서 언론인들에게 털어놓은 말로 문제를 일으켰었다. 《슈피겔》은 1973년 10월 8일 이를 주저 없이 보도하였다. "정부에 부족한 것은 머리다"라는 큰 타이틀의 기사였다. 베너가 털어놓았음이 틀림없는 기사였다. "넘버원은 정신 나갔고 미지근한 물에서 거품 목욕하고 있다"는 등의 내용이었다. 베너는 귀국 후 그런 말을 한 적이 없다며 파장을 줄이려는 다양한 노력을 하였다. 그러나 《슈피겔》기사로 이 이야기는 세계에 알려졌다. 브란트는 그 당시 1973년 가을 미국에 있었다. 서둘러 귀국한 후 그는 그를 괴롭히는 자들에게 교섭단체와 당 지도부 앞에서 해명할 것을 요구하고자 하였다. 그러나 많은 당원이 베너의 평가에 동조하고 있음을 알게 되었다. 그것은 다름 아닌 힘겨루기의 시작이었다. 그러나 달포 이상의 다툼 끝에 브란트와 베너는 3월 12일 교섭단체 모임에서 다시금 상호 협력하기로 하였다.

치명타, 기욤 사건

이런 상황에서 독일 정치와 브란트를 흔드는 한 사건이 발생하였다. 총리실에 근무하는 귄터 기욤(Günter Guillaume)이 동독 간첩으로 밝혀진 것이다. 그는 1927년생으로 초등 교육을 마친 사진사 출신이었다. 1956년 5월 아내 크리스텔(Christel)과 함께 동독에서 서베를린으로 나중에 프랑크푸르트로 이주하여 평범한 직업에 종사하는 한편 정치적 커리어를 쌓아나갔다. 1957년 이후 사민당 당원이 되었고 1964년 이후 정당 사무직원이 되었다. 처음에는 프랑크푸르트 지부, 이어서 4년간 프랑크푸르트시 의회에서 일하였다. 1970년 1월 본으로 옮긴 몇 달 후 그는 총리실 직원이 되었고 1972년 가을부터는 총리 사무실 비서로 근무하였다. 인사 위원회는 신원 조사 시 불분명한 점이 있어 반대하였으나 후속 조사는 피상적이었다.

기욤에게는 연방 교통장관 게오르크 레버(Georg Leber)와 당시 총리실 국장이었다가 후에 연방 노동장관이 된 헤르베르트 에렌베르크(Herbert Ehrenberg)라는 후원자가 있었다. 1973년 7월 총리는 노르웨이 휴가지에도 그를 동행하였다. 이 시점에 브란트는 이미 기욤 부부에 대해 스파이 혐의로 조사가 진행 중임을 알았다. 서독 정보기관이 우연히 두 사람의 혐의 단서를 포착하였다. 1973년 초 기본적인 사실관계를 확인하였다. 15년 전부터 수신하거나 암호 해독한 동독 정보기관인 슈타지의 무선 통신이 기욤과 연결되어 있었던 것이다.

연방 헌법수호청장인 귄터 놀라우(Günther Nollau)는 1973년 5월 29일 내무장관 겐셔에게 혐의점을 보고하고 하루 뒤에 총리에게도 보고하였다. 겐셔에게 기욤이 현재도 스파이 활동을 하고 있는지 등 얼마만큼의 구체적 내용이 보고되었는지 분명치 않다. 당시 확실한 증거가 확보되지 않은 상태임은 분명하다. 그래서 기욤을 추적 조사하기 위하여 근무를 계속하도록 해두었다. 그러나 이는 분명히 잘못된 일 처리였다. 사건의 주무 장관인 겐셔의 책임 소재나 연정의 운명에 대한 정치적 고려 없이 단호하게 처리했어야 할 문제를 안이하게 대처한 셈이다. 브란트는 필요한 판단력과 장악력을 놓치고 있었다.

1974년 3월 초 자료가 검찰에 넘겨질 때까지 1년이 걸렸다. 브란트는 크게 괘념하지 않았다. 그가 4월 24일 이집트로부터 돌아올 때 쾰른-본공항에서 내무장관 겐셔로부터 기욤이 이미 체포되었고 동독 인민군대의 장교였음을 자백하였다는 내용의 보고를 받았다. 이 자백이 결정적이었다.

며칠 후 브란트 총리는 사건의 심각성을 느끼기 시작하였다. 4월 26일 하원 질의에서 기욤은 비밀 문서에 접근할 수 있는 직무 담당자가 아니라고 주장하였으나 곧 정정해야 했다. 적어도 1973년 노르웨이 여행 중 총리실 관계자가 현장에 없는 상태에서 기욤이 모든 문서에 접근하였기 때문이다.

1974년 5월 1일 브란트는 연방 범죄청장 호르스트 헤럴드의 보고서를 받았다. 이 보고서에는 기욤을 조사하는 과정에서 수집한 브란트의 음주와 섹스 스캔들 등 사생활에 관한 내용도 들어 있었다. 심지어 기욤이 브란트에게 여성을 소개하였다는 내용까지 포함되어 있었다.

브란트는 나중에 회고록에서 막연하거나 과장된 것으로 '판타지 산물'이라고 하였지만 누가 이를 꼼꼼히 따질 분위기가 아니었다. 브란트 측근들은 이런 내용이 언론에 알려지면 사실 여부를 떠나 정쟁거리로 이용될 수 있다는 점을 걱정하였다. 놀라우는 기욤이 민감한 내용을 법정에서 털어놓으면 독일 정부나 독일이 망신을 당할 것이라고 생각했고 다른 한편 기욤으로부터 보고를 받은 동독 정부는 브란트 내각과 사민당을 실추시킬 수단을 갖고 있다고 생각했다. 그래서 놀라우는 브란트의 라이벌이자 사민당 연방 하원 교섭단체 대표였던 헤르베르트 베너에게 브란트가 사임하도록

움직여달라고 요청했다.[9]

　1974년 5월 4일 뮌스터아이펠에서 브란트와 베너는 해결책을 논의했다. 당의 지지 없이는 어려움을 타개할 수 없음을 알고 있는 브란트의 마지막 시도였다. 그러나 브란트는 베너의 협력을 얻지 못했다. 베너는 겉으로는 "나는 항상 당신 편이다"라고 하면서도 원하는 것은 분명했다. 당이 피해를 입지 않고 신속히 사건에서 빠져나오고 집권당 지위를 유지하는 것이었다. 이를 위해 총리의 희생이 필요하다는 생각이었을 것이다.

　브란트는 어떻게 해야 할지 알았다. 사퇴를 결심한 것이다. 브란트의 부인 루트는 "누군가는 책임을 져야 한다"며 브란트의 퇴임에 찬동하였다. 브란트는 5월 5일 퇴직 청원서를 작성하였고 다음 날 비서실장 그라베르트는 이를 대통령에게 전달하였다. 거기에서 브란트는 구스타프 하이네만 대통령에게 간첩 사건과 관련하여 그의 과실에 책임을 질 것임을 밝혔다. 이 언급은 기밀 서류와 관계된 것이었다. 그러나 내심의 이유는 그것만이 아니었다.

　오랫동안 떠돈 브란트의 여자관계 및 아랫사람에게 맡긴 정보 관리의 느슨함에 관한 공격 등 새로이 전개될 비방 캠페인이 두려웠다. 그런 고통을 다시 겪고 싶지 않았다. 우울증이라 할 정도의 정신적 스트레스를 받고 있었고 몸도 쇠약해졌다. 카이로에서 위

---

9 Arnulf Baring, 앞의 책(E-Book), Location 1846.

장 질환을 얻어왔고 치아 두 개가 화농되어 발치하였다. 퇴진은 짧게는 그의 맘을 편하게 해주었다. 그러나 일생 동안 그의 추락을 극복하지 못했다. 특히 베너에 대한 서운한 감정을 지울 수 없었다. 심지어 베너와 동향인 동독 호네커 서기장의 공작으로 의심하는 추측까지 나돌았다. 브레즈네프는 호네커의 공작으로 확신하고 호네커를 용서하지 않겠다며 직접 전화하여 질책하였다고 한다. 브란트는 "힘들고 어려운 순간마다 당신의 너그러운 마음을 생각한다"라면서 계속 소식을 나누자고 브레즈네프에게 편지하였고, 브레즈네프는 "새로운 상황 탓에 우리 두 사람의 좋은 관계가 바뀌어서는 안 될 것임"을 확인하고 또한 두 나라가 여러 국제 문제에 공통의 의견을 찾은 후 새로운 독일 정부와도 똑같은 수준의 관계를 이어가길 바란다고 하였다.

브란트는 퇴진 직후 "퇴진은 유감이지만 필요했었다"라는 논평을 냈지만 그 후 나온 「G(기욤) 사건에 대한 비망록」에서는 퇴진은 불필요했고 객관적으로 피할 수 있었다고 하였다. 그만큼 브란트에게는 물론 많은 사람에게 미묘하고 아쉬운 사건이었음을 보여준다. 기욤 부부는 1975년 간첩죄로 각각 징역 13년과 8년의 형을 선고받고 복역하다가 1981년 동독과의 첩보원 교환 때 동독으로 돌아갔다.

퇴진 후 브란트의 계속되는 다양한 활동

브란트 퇴진 후 사민당과 자민당은 연정을 계속하기로 하였다. 5월 14일 대통령에 발터 셸을, 다음 날 총리에 헬무트 슈미트를 선임하였다. 그러나 브란트는 1987년까지 사민당 대표직을 유지하였다. 사민당 대표로서 슈미트 총리와는 많은 견해 차이가 있었음에도 불구하고 사민·자민 연정이 붕괴되어 슈미트가 퇴진한 1982년까지 슈미트를 적극 지원하였다.

1976년 11월 26일 제네바에서 열린 사회주의 인터내셔널 (Sozialistische Internationale, SI)의 대표로 선출되어 평화·민주주의·인권을 세계적으로 전파하는 역할을 수행하였다. 특히 포르투갈·스페인 등의 민주 정부 성립을 위해 지원하였다. 그는 자신을 "공산주의자나 극좌 사회주의자가 아니며 시대에 뒤떨어진 자본주의자도 아니다"라고 말하곤 하였다. 1976년 7월 가을 총선을 앞두고 도르트문트에서 열린 전당대회에서, 기민당의 슬로건 "사회주의 대신 자유를!", "자유냐, 사회주의냐?"에 대하여, 브란트는 양 개념은 서로 상충되는 것이 아니라 함께하는 것이라고 항변하였다.

1977년 초 세계은행 로버트 맥나마라(Robert S. McNamara) 총재는 선진국과 개발도상국 간의 빈부 차이와 갈등을 해결할 남북위원회를 구성하고 그 위원장을 브란트가 맡을 것을 제안하였고 브란트는 이를 수락하였다. 위원회는 9월 정식 발족하여 12월 첫 번째 회의를 본에서 열었다. 브란트는 이 일에 전심전력하였다. 그의 정치관과 세계관에 딱 맞는 일이었기 때문이다.

1980년 2월 12일 브란트는 기아와 빈곤을 추방하기 위한 국제적 발전 계획을 담은 브란트 보고서를 유엔 사무총장 쿠르트 발트하임(Kurt Waldheim)에게 제출하고 맥나마라 총재에게도 전달했다. 그 후에도 1983년 2월 9일 제2차 브란트 보고서를 발표하는 등 남북 문제 해결을 위한 열정적인 활동을 계속하였다.

1979년 6월 10일 최초로 유럽의회 의원 선거가 시행되었다. 브란트는 사민당 수석 후보로 출마하여 당선되어 의원으로 활약하였다. 유럽 통합을 위한 노력을 계속한 것이다.

특히 1980년대에는 초강대국 간의 핵무기 경쟁을 완화시키는 노력을 하였다. 평화 유지와 군축을 실현하기 위해 소련 측과 계속 대화하였다. 1987년 사민당 대표직에서 물러나 명예 대표로 남았다. 1989년 베를린 장벽이 무너지고 1990년 독일이 통일되고 공산권이 해체되어 그의 꿈은 이루어진 셈이다. 그 과정에서 그의 소망은 서방 측의 동방 측에 대한 승리가 아니라 유럽 전체의 공동 번영이었다.

브란트의 일생, 그의 정치 활동에는 지배하는 한 원리가 있었다. '이것이냐 저것이냐(entweder oder)'가 아니라 '이것과 마찬가지로, 저것도 또한(sowohl als auch)'을 적용하는 것이었다. 브란트는 역사적 숙명을 믿는 것에 항상 반대했다. 브란트는 양자택일식 결정을 대안이 없음을 선언하는 것으로, 정치적 무능의 증거로 간주했다. 이성과 상상력을 갖춘 인간은 성공적인 해결책을 끊임없이 찾는다. 타협이란 민주주의에서 양심의 문제에 저촉되지 않는 한 규범을 제시하는 것이다.[10] 이런 사고의 바탕 위에서 긴장 완화 정책의 전제는 유럽에서의 안전을 합의한다는 원칙에 토대를 두면서, 동시에 서로 이념적인 전향은 시도하지 않는다는 것이다. 즉 이데올로기적 차이는 부차적인 문제에 불과하다. 폭력으로부터의 해방이 최상의 원칙이 되는 한, 공산주의와 민주주의의 경계에 대해서는 역사가 결정할 수 있다는 것이다. 그렇기에 브란트와 브레즈네프 사이의 신뢰와 우정이 가능했던 것이다. 또한 이념적 차이를 보이는 다른 당, 심지어 기민당과의 연정도 가능했고 실제로 이를 통해 성취를 이루기도 하였다.

브란트는 1989년 10월 하순 한국을 처음으로 방문하였다. 노태우 대통령을 접견하고 서울대학교에서 명예박사학위를 받고 독일의 동방 정책, 한국의 북방 정책에 관한 연설도 하였다. 그는 군사독재 시절 핍박받던 김대중 대통령을 후원하였으며 사형 판결이 집행되지 않도록 노력하였다. 김대중 대통령이 그의 방문 시 감사의 뜻을 표했음은 당연하다. 당시 독일과 한국의 통일 전망에 대한 질문을 받고, 예견하기 어려우나 한국이 독일보다 빠를 것이라고 대

---

10 에곤 바, 앞의 책, 222쪽.

빌리 브란트 묘지 앞의 필자

답하였다. 그러나 바로 며칠 후 베를린 장벽은 무너졌고 1년이 지나지 않아 독일 통일은 이루어졌다. 독일 통일은 4개 전승국의 협조 승인 없이는 이루어질 수 없기에 그의 판단에 큰 흠이 있는 것은 아니지만, 역사의 수레바퀴는 인간의 논리를 뛰어넘는 것임을 우리에게 알려준다.

브란트는 1992년 10월 8일 본 근처 웅켈의 자택에서 작고하였다(빌리 브란트와 헬무트 콜 총리는 정파는 다르지만 서로 신뢰하고 좋은 인간관계를 유지하였다. 콜 총리의 회고록의 한 부분에 "그가 찾아오는 사람도 없이 쓸쓸히 투병 중일 때 그를 문병하였다. 그 자리에서 우리는 죽음을 비롯해 많은 것에 대하여 얘기를 나누었다. 브란트는 자기가 죽으면 장례식과 관련된 모든 문제를 내가 맡아주었으면 좋겠다고 말했다. 내가 그를 마지막으로 만난 것은 죽기 직전 웅켈에 있는 그의 자택에서였다. 죽음을 앞둔 이 위대한 인물이 그날 창가 등받이 의자에 어떤 모습으로 앉아 있었는지 지금도 눈에 선하다. 우리는 함께 포도주 한 병을 마시면서 여러 가지 얘기를 진지하게 나누었다. 작별 인사를 했을 때 브란트의 손엔 여전히 내가 가지고 간 꽃다발이 쥐어져 있었다"고 기술하였다. 헬무트 콜은 주 총리 시절 빌리 브란트에 대한 인신 공격적 선거 캠페인을 자제시키기도 하였고 브란트는 이를 알고 있었다 한다).[11]

그의 무덤은 본이 아니라 베를린 시내 첼렌도르프 공동묘지에

---

11 헬무트 콜, 앞의 책, 103쪽.

자리 잡고 있다. 불과 두 평 남짓의 소박한 묘소이다. 브란트는 자신의 묘비에 "애썼다"고 적어주기를 바랐다지만 묘비에는 그의 이름만이 적혀 있을 뿐이다.

5장

독일에서 배운다

독일의 정치[1]

독일은 무모하게 일으킨 제2차 세계대전과 나치 정권의 폭정·만행으로 인류 역사에 씻을 수 없는 과오를 저질렀다. 그로 인해 국가는 패망하고 국토는 분단되고 국민은 도탄에 빠지는 등 참혹한 역사적 비극을 겪었다. 이토록 철저히 패망한 독일이 다시 경제적으로 부흥하고 통일을 이루어 지금은 평화와 번영을 구가하고 있다. 아울러 전범 국가로서의 오명을 떨쳐버리고 국제적 신뢰를 얻고 유럽연합(EU)의 중심 국가로서 국제정치에서 중요한 역할을 하고 있다. 놀라운 반전이다. 독일은 통절히 반성하며 다시는 그런 잘못을 되풀이하지 않기를 다짐하였고 온 국민이 단합하여 국가를 일으켜 세웠다.

---

1 이 절은 '독일 정치의 특색'에 관한 필자의 강연을 옮긴 것이다.

이 모든 것이 어떻게 이루어졌을까? 여러 가지 원인이 있겠지만 그래도 가장 중요한 것은 독일 정치의 역할 때문이라고 생각한다. 독일 정치는 어떻게 변했으며, 어떠한 특징을 가졌을까?

권력 분산과 협력의 정치

일반화된 연립정부 구성

아데나워가 이끄는 기민·기사당이 1949년 선거에서 제1당이 되었지만, 득표율은 31%에 불과하였다. 당연히 과반수 의석을 확보하기 위하여 다른 당과 연합해야 했다. 자민당과 니더작센 보수독일당과 연정을 하였다. 설령 1957년처럼 단독 정부 구성이 가능하다 할지라도 더욱 안정적인 국정 운영, 연방 상원 및 각 주 정부와의 원활한 협력 확보 등을 위해 지금까지 한 번도 예외 없이 연정을 계속하고 있다(1963년 에르하르트가 총리가 될 때는 연정 구성 변화 없이, 1966년 키징거가 총리가 될 때는 기민·기사당과 사민당이 연정을, 1969년 브란트가 총리가 될 때는 사민당과 자민당이 연정을 하였고, 1974년 슈미트가 총리가 될 때는 연정 구성 변화가 없었으며 1982년 콜이 총리가 될 때는 기민·기사당과 자민당이 연정을, 1997년 슈뢰더가 총리가 될 때는 사민당과 녹색당이 연정을 하였고, 2005년 메르켈이 총리가 될 때는 기민·기사당과 사민당이 연정을 하였다. 메르켈은 2009년에는 자민당과, 2013년 및

2017년에는 사민당과 연정을 하였다). 심지어 제1, 제2당이자 우파와 좌파를 대표하는 기민·기사당과 사민당이 연정하는 이른바 대연정도 4차례나 이루어졌다(1966년, 2005년, 2013년, 2017년).

다른 정당과 연정을 성사시키기 위해서는 선거공약이나 기존 정당의 노선과 배치되더라도 연정에 참여할 상대방 정당과 타협이 불가피하고 선거 후 이러한 정책 조율 등을 위해 4~8주가량 '연정 협상'을 통해 타협을 모색하고, 그 결과를 '연정 협약서'에 반영하며 이를 기반으로 주요 정책을 집행하게 된다. 각료직도 협상을 통하여 연정 참여 정당 간 분배되며, 각 부 장관은 이 연정 협약을 바탕으로 총리로부터 어느 정도 독립적으로 정책을 수행하게 된다(필자가 독일에 체재할 당시인 2013년 기민·기사당과 사민당 간의 연정 협상의 합의 도출 과정을 보면, 3당(기민당, 기사당, 사민당) 관계자 총 75명으로 구성된 '전체 회의' 8회 개최 및 12개 분과 협상을 병행 개최하여 정책을 조율하되, 분과 협의 및 전체 회의에서 합의가 실패하면, 당 간부들로 구성된 '소회의'에서 논의하고, '소회의'에서도 진전이 없는 경우 각 당 대표 3인 간 '단독 협상'으로 핵심 쟁점(증세 문제, 법정 최저 임금 제도 도입, 고속도로 통행료 부과, 이중 국적 도입, 유로존 정책 등) 타결을 모색하는 방식으로 진행하였다. 마지막 타결에는 메르켈 총리를 포함한 양당 대표가 참석하여 밤을 새웠다. 이런 작업은 사실상 단일 공약 작성 작업이며 이것이 향후 4년간의 국정 운영 방향을 정하는 것이기에 연정에 따른 정치적 불안정은 거의 없다고 보아야 한다). 정당에 따라서는 최종적 연정 협약을 당원 투표에 부쳐 동의를 받기도 한다.

이처럼 독일에서 연정이 일반화되어 있는 것은 다당제와 독특한 선거 제도 때문이다. 연방 하원의원 선거에서 유권자는 2개의 투표권을 행사한다. 하나는 지역 선거구(Wahlkreis)에 출마한 후보에게(제1투표, Erste Stimme), 또 하나는 정당에게(제2투표, Zweite Stimme) 투표한다. 하원의원 정원 중(현재 598명) 절반은 지역 선거구에서, 나머지 절반은 비례대표에서 선출된다.

연방 하원의 정당별 의석수는 사실상 정당에 투표하는 제2투표의 득표율에 따라 결정된다. 즉 각 정당은 일단 제2투표의 득표율에 따라 의석을 배정받되, 거기에서 지역 선거구에서 이미 당선된 의석수를 제하고 남은 의석은 비례대표 후보자 중에서 결정한다. 그러므로 제2투표에 의해 배정된 의원 수와 같거나 더 많은 의원이 지역 선거구에서 이미 선출된 경우에는 비례대표에서는 더 이상 배정받을 수 없게 된다. 다만 어떤 정당이 투표 결과 제2투표의 득표율에 따라 획득한 의석수보다 지역 선거구에서 더 많이 당선된 경우, 이 의석은 그대로 인정된다. 이것을 초과 의석이라 한다. 이 경우 득표율과 의석수가 비례하지 아니하여 다른 정당에게 불공정한 결과가 되므로 다른 정당에도 같은 비율에 따른 의석(보정 의석)을 추가로 배정한다. 이 때문에 실제 하원 전체 의석수는 선거마다 다르게 된다.

그러므로 각 정당은 제2투표를 얻기 위해 전력을 기울인다. 특히 지역 선거구에서 당선될 확률이 적은 당이 더욱 그러하다. 그리고 비례대표 후보자의 명단에는 지역 선거구에 후보로 등록된 사람이 다시 등록될 수 있다. 따라서 지역 선거구에서 떨어진 정당의 대표 등 고위 당직자들은 비례대표로 당선되는 경우가 허다하다. 이는 정당 지도부(특히 군소 정당) 등 정당 엘리트들의 의석 유지를 도와 경륜 있는 정치가로 키워내는 한편 지역 정치에 매몰되지 않는 큰 정치를 하게 하는 효과를 거두고 있다. 그 대표적인 인물이 자민당 출신의 한스 디트리히 겐셔이다. 그는 기민당 또는 사민당과 연정을 하며 20년 이상 장관을 지냈다. 특히 헬무트 콜 총리 정권의 외무장관으로서 오랜 경험을 바탕으로 독일 통일에 큰 기여를 하였음은 이러한 제도의 덕이라고 할 수 있다.

'5% 조항'과 '건설적 불신임' 제도

한편 이와 같은 선거 방식이 군소 정당의 난립을 가져와 정국의 불안을 야기할 수 있다. 1920년대의 바이마르 공화국 시대가 그러하였다. 이를 막기 위하여 '5% 조항'(Fünf Prozent Klausel)을 두었다. 이는 정당이 연방 하원이나 주 의회에서 의석을 배정받기 위해서는 제2투표에서 최소한 5%를 얻어야 한다는 조항이다. 예외적으로 제2투표의 득표율이 5% 미만이라도 지역 선거구에서 3석 이상을 획득한 정당에는 득표율에 따른 의석이 배정된다.

이 '5% 조항'과 더불어 정국의 안정을 기하기 위한 제도가 총리에 대한 '건설적 불신임' 제도이다. 이는 야당이 대안 없이 빈번하게 총리에 대하여 불신임을 제기하는 것을 막기 위하여 연방 하원은 재적 의원 과반수의 찬성으로 후임 총리를 선출하여 연방 대통령에게 연방 총리를 해임하도록 요청함으로써만 연방 총리에 대한 불신임을 할 수 있는 제도이다. 무분별한 총리 불신임을 막아 국정 불안을 막기 위함이다. 1972년 빌리 브란트 총리와 1982년 헬무트 슈미트 총리에 대한 2차례의 불신임 시도가 있었으나 헬무트 슈미트 총리에 대한 경우만 성공하였다.

철저한 권력 분립

현대 민주국가는 권력 분립을 통하여 권력을 분산시키고, 이를 통하여 권력 집중에 의한 독재를 막고 국민의 기본권을 보장한다. 독일의 경우도 예외는 아니다. 아니, 다른 어떤 민주국가보다 더 철저히 제도적으로나 실제 운영상으로 권력을 분립시키고 있다. 입법·사법·행정으로 권력이 분립됨은 당연하지만, 입법부는 다시 상원과 하원으로, 행정부는 대통령·총리·장관으로, 사법부는 헌법재판소, 특별법원, 일반법원으로 그 권한과 역할이 나누어져 있다. 또한 연방 국가로서 연방과 16개의 각 주의 역할과 권한을 철저히 분배하고 있다. 나아가 주권의 일부는 유럽연합(EU)에 이양하고 있다.

　구체적으로 보면, 의회는 전 국민의 의사와 이익을 대변하는 곧 국민의 대표 기관인 연방 하원과 16개 주의 이익을 대변하는 연방 상원으로 구성된다. 연방 하원의 의원 수는 기본적으로 인구 비례에 따라 정해지지만(598명, 초과 의석 및 보정 의석 인정), 연방 상원의 의원 수는 단순한 인구 비례가 아니라 주의 크기(인구수)에 따라 3인에서 6인을 할당하여(아무리 인구가 많거나 적더라도) 총 69명으로 구성된다(각 주 3표에서 6표의 표결권을 행사하는 셈).

법률이 주의 재정이나 주 정부 권한에 관련한 것이면 상원의 동의가 필요하고 그 밖의 법안에 대하여도 이의 제기를 허용하는 등 상원이 하원에 대한 견제 역할을 한다. 연방 상원에서는 정당의 이익보다는 주의 이익의 관점에서 투표를 한다. 그러므로 연방의 집권당은 야당은 물론 자기 당의 지방당과도 긴밀한 협의를 거쳐야 한다. 연방 상원은 헌법 개정에도 관여하고, 유럽위원회를 두어 유럽연합 업무를 관장한다.

독일은 기본적으로 내각 책임제를 채택하고 있는 나라인지라 연방 총리가 연방 정부의 최고 책임자로서 연방 정부를 이끈다. 따라서 연방 대통령은 국가의 원수로서 대외적으로 국가를 대표하지만 제한적이고 상징적인 권한만 행사할 뿐 연방의 정책에 거의 관여하지 않는다. 다만 연방 총리로부터 국정 운영에 관한 보고를 받고 의견을 제시할 뿐이다. 그러나 연방 대통령은 연방 하원의원과 같은 수의 주 대표로 구성된 연방회의에서 선출되어 국민의 존경을 받는 인사이기 때문에 그의 언행은 사실상 국정 운영에 큰 영향력을 발휘한다.

연방 총리는 연방 하원에서 선출되고 연방 하원에 대해 책임을 지는 연방 정부의 최고 책임자이지만, 내각 장관에 대한 지휘 감독에는 일정한 제한이 있다. 기본법 제65조는 "연방 총리는 연방 정부의 기본 정책 방향을 결정하고 그에 대한 책임을 진다. 이러한 정책 방향에서 연방 각료들은 자신의 업무를 독자적으로 자신의 책임 아래 수행한다. 연방 각료 사이에 의견 대립이 있을 경우 연방 정부가 결정한다"라고 규정하고 있다. 물론 연방 총리의 요청에 따라 대통령에 의하여 임명·해임되기 때문에 각료들에 대한 연방 총리의 권한은 작다고 할 수는 없지만, 폭넓은 지지 기반을 갖고 있는 장관들(특히 연정하에서의 각료들)은 자신의 정책을 강하게 추진할 수 있다.

독일은 연방 국가로서 연방 정부와 주 정부 사이에 권한과 역할이 철저히 분할되어 있다. 이는 프로이센 왕국이 1871년에 여러 왕(공)국으로 나누어진 독일을 통일하기 전 수백 년을 내려온 각 지역의 특성을 존중하기 위한 것이다. 전국적으로 동일하게 적용되어야 할 외교, 국방, 통화 제도, 관세, 항공, 조세 일부 등의 업무는 연방에서 담당하고 있다.

주 정부는 자신의 고유한 업무를 포함한 교육과 문화 분야의 정책 업무를 수행한다. 그 밖에 연방법에 의해 수행하는 자체 업무나 연방의 권한을 위임받은 업무를 처리한다. 앞서 본 바와 같이 주 정부의 이익은 연방 상원에 의하여 보호되고 있다.

헌법재판소와 연방 정치교육원

제2차 세계대전이 끝난 후 독일 국민은 악몽에서 깨어났다. 나치의 폭정이 상당 부분 국민의 암묵적 지지 아래 형식적 법 제도의 틀 안에서 이루어졌는데 그 결과가 가져온 참혹함을 국민은 비로소 깨달았다. 다시는 그러한 잘못을 저지르지 않도록 제도를 정비하며 새 출발을 다짐하였다. 그런 관점에서 새롭게 도입된 제도가 헌법재판소이다.

연방 헌법재판소는 모든 헌법기관에 대해 독립적이고 초연한 기관으로 헌법인 기본법 이행을 감시하며 헌법을 보호하고 해석하는 기관으로, 의회, 행정부나 법원의 권한 행사의 헌법 위반 여부를 판단하여 국민의 기본권을 보호한다. 이는 나치 시대와 같은 합법적 독재나 그것이 가져올 폐해를 막기 위한 2중·3중의 안전장치인 셈이다. 입법·사법·행정의 모든 영역에서 헌법재판소의 의견이나 결정 및 그 가능성을 염두에 두고 신중하게 업무를 수행하도록 유도하는 장치이기도 하다.

독일의 제도와 그 운영이 합리적으로 작동하기 위해서는 국민의 높은 정치 의식이 뒷받침되어야 한다. 국민이 올바르고 합리적인 판단을 내리고 정당 등이 이를 두려워하거나 무시할 수 없을 때 민주주의는 그 기능을 다할 수 있는 것이다. 이를 위하여 국민이 자신의 이성과 양심에 따라 불의한 정치에 항거할 수 있는 주체가 될 수 있도록 하는 노력이 필요함을 인식하였다. 이에 독일 정부는 국민의 민주 의식과 정치 참여 의식을 고취시키기 위한 교육 사업을 시작했으며, 이를 위하여 1952년 연방 정치교육원(Bundeszentrale für politische Bildung)을 설립하였다.

이 기관은 지금까지 400여 개에 이르는 공인된 교육기관, 정치 재단, NGO 등의 정치 교육 활동을 지원한다. 연방 정치교육원은 매년 연방 예산으로 수백 개의 단체를 지원하지만, 각 기관의 교육 내용에 대해서는 간섭하지 않는다. 지원을 받는 기관들은 일정한 조건(보이텔스바흐협약 등)을 준수하는 한 자신의 정치적 입장과 성향을 따라 얼마든지 자유롭게 교육을 진행할 수 있다. 기본적으로 연방 정치교육원의 중립성은 정치적으로 중립일 수 없는 정치 재단, 교회, 노조, NGO들을 지원하여 정치 생태계의 다양성을 유지함으로써 그 기능을 하고 있는 셈이다.

정당과 노선을 같이하는 정치 재단들, 예컨대 기민당의 콘라트 아데나워 재단(Konrad Adenauer Stiftung), 사민당의 프리드리히 에버트 재단(Friedrich Ebert Stiftung), 자민당의 프리드리히 나우만 재단(Friedrich Naumann Stiftung), 녹색당의 하인리히 뵐 재단(Heinrich Böll Stiftung)은 각 정당의 국회 내 의석수에 비례하는 자금을 지원받아 정치 교육을 한다. 이 덕분에 소수 정당들도 정당 재단을 만들어 활동할 수 있게 된다. 이렇게 함으로써 공존과 경쟁의 정치 환경이 조성되고 그 속에서 국민 개개인의 자기 결정 능력과 책임감이 고양되어 독일의 민주주의를 발전시켜나가는 것이다.

우리에게 주는 교훈

독일의 이와 같은 권력의 제도적 분산과 선거 제도는 나치 시대의 권력 집중에 따른 혹독한 폐해와 바이마르 공화국 시대의 정치적 혼란의 경험을 바탕으로 철저한 반성에 기인한 것이다. 이렇듯 권력의 독과점이 허용되지 않기 때문에 각 국가 기관이나 정치 세력은 법과 원칙을 준수하면서 타협과 절충을 통하여 국정을 운영할 수밖에 없다. 연정을 통하여 집권 세력이 확장되는 결과를 가져와 (대연정의 경우는 70~80% 이상이 집권 세력이 됨) 국력을 결집시키고 국정을 안정적으로 운영할 수 있게 된다. 정치적 소수 세력이라도 정당한 권익은 정치적 다수결의 원리가 아니라 헌법재판소에 의하여 보호된다.

극한 대립과 갈등을 보이고 있는 우리 정치 현실을 타개할 방안으로 권력 구조, 정당 제도, 선거 제도 등 독일의 제도와 그 운영을 참고할 필요가 있다. 물론 이런 제도는 그 사회의 정치적 토양이나 현실에 맞아야 하기에 독일의 것을 바로 도입할 수는 없지만 그 기본 정신만은 충분히 고려할 가치가 있다.

현행 5년 단임 대통령 중심제는 1987년 당시 대통령 직접 선출에 대한 국민 열망을 충족시키고 장기 집권에 의한 독재 우려 해소라는 역사적 사명을 다하였다. 오히려 대통령이 과도하게 권력을 독점하여 제왕적 대통령제라는 비아냥을 받고 있다. 선거전은 오직 승리만을 위한 추악한 싸움으로 치닫고, 그 결과에 따라 승리한

쪽은 논공행상의 잔치를, 패배한 쪽은 와신상담하며 5년을 기다리는 악순환이 이어지고, 대통령들은 퇴임 후 불행을 겪고 있다. 현행 대통령 중심제 권력 구조는 하루빨리 고쳐져야 한다. 그 핵심은 권력의 집중이 아닌 분산이다.

단절이 아닌 계승 진화의 정치

독일 정치 특색의 하나로 정권이나 정부의 교체에도 불구하고 정책이 하루아침에 크게 변화하지 않고 전 정부의 정책이 계승·조정·발전되어간다는 점을 들 수 있다. 정권 교체에 따라서 과거 정부의 정책을 쓸어버리고 새롭게 시작하는 경우가 많은 우리나라와는 다른 점이다. 정책 단절은 당연히 국력의 낭비를 가져온다. 종전 정책을 지지했던 국민을 소외시켜 국민 통합을 저해한다. 또한 국제 관계에서 국가의 신뢰를 잃게 한다. 이는 완승 완패의 대통령 중심제하의 선거와 깊이 연관이 있다. 그러나 독일의 경우는 그렇지 않다. 그 이유는 어떤 정책이든 정당 내부 및 국민 사이에 신중한 논의를 거쳐 수립되므로 일부 정파의 이해에 따라 쉽게 변화될 수 없기 때문이다. 또 정권 교체가 이루어지더라도 연립정부 전통 아래서 1개 정당은 계속하여 집권당으로 남아 있기 때문에 그 당이 영향력을 미치기 때문이다. 정책을 계승·발전시켜 통일과 번영을 이루어낸 대표적인 사례 두 가지를 살펴보겠다.

동방 정책

1969년 10월 사민당과 자민당의 연립정부가 출범하고 사민당 대표인 빌리 브란트는 총리로 선출되었다. 사민당이 주도하는 최초의 집권이었다. 빌리 브란트는 독일의 통일이나 분단으로 인한 문제들은 단시일에 해결되기 어렵다고 보고 동독과 대결하기보다는 점진적인 변화를 통해 작은 것부터 해결해나가야 한다고 생각했다. 브란트의 이런 정책이 바로 '작은 걸음의 정책(die Politik der kleinen Schritte)'이다. 그리고 동독은 소련의 영향권하에 있기 때문에 소련과의 협상이나 관계 개선을 통하여 동독을 단계적으로 변화시키고 이를 토대로 통일을 이룩해야 한다는 것이다. 이것이 이른바 '접근을 통한 변화(der Wandel durch Annäherung)'이다.

이런 내용을 담은 동방 정책은 서독의 초대 총리인 콘라트 아데나워의 이른바 '힘 우위의 정책'과 대비된다. 아데나워는 서독의 단독 대표권을 주장하고 동독을 고립시켜 통일을 이루겠다는 생각이었다. 아무튼 빌리 브란트는 미국 등 서방 세력과 결속을 강화하고 북대서양조약기구(NATO)를 기반으로 한 안보 정책을 지속하면서 동독과 동유럽 국가들과 관계 개선을 도모하며 그에 앞서 소련과의 관계 개선 및 조약 체결을 하고자 하였다. 이에 따라 모스크바조약, 바르샤바조약, 프라하조약, 베를린협정, 동서독기본조약 등의 체결 및 비준 절차가 착실하게 추진되었다. 그리고 두 독일의 유엔 가입, 상주 대표부 교환, 인적 교류의 확대 등으로 이어졌다. 그러나 동방 정책이 추진되는 과정에 많은 논쟁과 저항이 있었음은 물론이다.

그런데 빌리 브란트 총리는 1974년 5월 총리실에 침투한 동독 간첩이 체포됨에 따라 정치적 책임을 지고 사임하여, 같은 당의 헬무트 슈미트가 총리로 선출되어 빌리 브란트의 동방 정책을 계승·추진해나갔다. 그러다가 1982년 10월 사민당과 자민당의 연립정부가 붕괴되고 기민당의 헬무트 콜이 총리가 되었다. 그러나 그는 친서방 정책을 유지하면서 사민당 정부가 체결한 동구권과의 조약을 기초로 하여 동유럽과의 관계를 계속 발전시키고 동독과의 관계도 개선해나갔다. 정파를 뛰어넘어 빌리 브란트의 조언과 협력을 얻기도 하였다. 그리하여 마침내 1990년 10월 독일 통일을 이루어낸 총리로서의 영광을 누리게 되었다.

'어젠다 2010'과 '하르츠 4' 개혁

1998년 집권한 사민당의 게르하르트 슈뢰더 총리가 2002년 다시 집권하자 2003~2005년 '어젠다 2010'과 '하르츠 4'라는 포괄적 노동·사회 개혁을 통해 독일 경쟁력 회복을 시도하였다. 당시 독일은 통일의 후유증을 겪으며 높은 실업률과 저성장 등 경제적 어려움에 처해 '유럽의 병자'라는 비아냥을 받고 있었다. 이런 현실을 타개하기 위해 슈뢰더 총리가 개혁에 나섰는데, 그 골자는 노동시장 유연화(종업원 해고 요건 완화), 실업급여 개편(지급 기간 단축 및 금액 축소), 연금 수령 연령 상향 조정(65세→67세), 세제 개혁(부가세 인상, 소득세 및 법인세 인하 등) 등이었다.

이것은 슈뢰더 총리 및 중도좌파인 사민당의 입장에서는 지지기반을 잃는 정책이었다. 하지만 국가 경쟁력 제고를 위하여 이를 추진하였다. 슈뢰더 총리는 이 개혁 정책의 효과가 2~3년 내에 나타나 다음 선거에서 승리할 수 있으리라 믿었지만 그것이 늦어지는 바람에 2005년 총선에서 패배하였다. 그 결과로 기민당과 대연정을 하게 되어, 총리직도 앙겔라 메르켈에게 넘겨주고 대신 개혁 정책은 그대로 시행하기로 하였다. 메르켈 총리는 취임 연설에서 '어젠다 2010'으로 새 시대를 향한 문을 열게 해준 슈뢰더에 칭송과 감사의 뜻을 전하고, 이를 충실히 시행하여 독일 경제를 회복시켜 오늘과 같은 번영의 기틀을 마련하고 '유럽의 성장 엔진'이라는 찬사를 받고 있다.

중후한 정치

풍부한 경험과 경륜

독일 정치의 특색은 충분한 경험과 경륜을 갖고 검증된 정치가들이 총리로 선출된다는 점이다. 다시 말하면 독일 정치에는 신데렐라는 없다. 총리들은 각자 그 시대에 맞는 역할을 통해 업적을 남겼다. 실패했다고 평가할 총리는 없다.

초대 총리인 아데나워는 변호사로서 바이마르 공화국 시대에 정치를 시작하고 고향인 쾰른시 시장에 당선되어 17년 동안 재직하였다. 그 이전 이미 11년간이나 시 의회 의원으로 근무하여 시정을 꿰뚫고 있었다. 특히 시장 재직 시는 제1차 세계대전의 종료된 혼란기였고 영국군 점령기였으므로 산적한 난제들을 헤쳐나가야 했다. 나치 정권에 의해 시장직에서 축출되었으나 제2차 세계대전 종전 무렵 점령군에 의해 시장으로 임명되기도 하였다. 기민당을 창당하여 1949년 초대 총리로 선출되었다.

루트비히 에르하르트 총리는 경제학 교수 출신으로 아데나워 정권에서 14년 동안 경제장관을 지냈다. 그는 나치 치하에서 이미 종전 후 독일이 나아가야 할 방향을 연구하였고 점령군에 발탁되어 화폐개혁 등 경제정책을 주관하였다. 1963년 총리로 선출되었다.

쿠르트 키징거 총리는 변호사 출신으로 1949년부터 1958년까지 하원의원으로 재직하였고 1958년부터 1966년까지 바덴뷔르템베르크주 총리를 역임하다 1966년 연방 총리로 선출되었다.

빌리 브란트 총리는 1949년 하원의원으로 선출된 것을 시작으로 베를린 시장, 사민당 총리 후보, 외교장관을 거쳐 1969년 총리로 선출되었다.

헬무트 슈미트 총리는 1953년 하원의원으로 선출된 것을 시작하여 함부르크시 부책임자, 당 원내대표, 당 부대표, 국방장관, 재정경제장관 등을 지냈고 1974년 총리로 선출되었다.

헬무트 콜 총리는 1969년 39세 나이에 라인란트팔츠주 총리로 선출되었고 1973년 기민당 대표로 선출되어 1982년 총리로 선출될 때까지 기민당을 이끌었다.

게르하르트 슈뢰더 총리는 1978년 '젊은 사회주의자 동맹' 의장, 1980년 하원의원, 1986년 니더작센주 총리를 지내다 1998년 총리로 선출되었다.

앙겔라 메르켈 총리는 1980년대 동독에서 민주화 운동을 하다가 통일 후 콜 총리에 발탁되어 여성청소년장관, 환경장관을 지냈으며 2000년부터 당 대표로 기민당을 이끌었다.

이처럼 역대 총리들은 예외 없이 주지사나 연방 장관 등으로 행정 경험을 쌓았음은 물론, 그전에도 연방 하원의원 및 당 대표 등 당 간부로서 풍부한 정치 경험을 쌓은 사람들이다. 이른바 준비된 총리들이었다.

소신과 철학의 총리들

그들은 국민의 여론을 살피고 존중하지만 결코 포퓰리즘에 빠지지 않고 필요하다고 생각할 때에는 자기의 소신과 철학으로 국민을 설득해나간다. 몇 가지 대표적 사례를 들어보겠다. 아데나워 총리 재임기인 1952년 소련의 스탈린은 이른바 '스탈린 노트'로 서방측에 분단된 독일을 통일시켜 중립국으로 만들자는 제안을 한다. 야당은 물론 심지어 자당에서도 일부 이 제안을 받아들이자고 했고 국민 다수 여론도 그러하였다. 그러나 아데나워 총리는 통일된 중립국 독일은 결국 소련의 영향권에 편입될 것이고 그러면 독일의 번영은 불가능하다고 보고 이를 반대하고 정치권과 국민을 설득하였다. 독일은 경제나 안보에 있어 서방과 함께할 때 밝은 미래가 있으며 통일도 이루어진다는 신념의 발로였다. 그의 판단이 옳았음은 역사가 증명하였다.

빌리 브란트의 동방 정책과 관련한 독일과 폴란드 사이의 국경 문제도 마찬가지였다. 제2차 세계대전 후 포츠담회담에서 설정된 독일과 폴란드 사이의 국경선인 오데르-나이세강은 그 동쪽의 독일 영토를 빼앗기는 결과를 가져왔다. 그 영토가 종전 독일 영토의 24%에 이르렀다. 이 땅에서 살다 쫓겨난 독일인들에게는 그 땅은 되찾아 돌아가야 할 고향 땅이었고 나머지 독일인에게도 내 나라 땅이었다. 그러나 동서 화해, 긴장 완화를 핵심으로 하는 동방 정책을 추진한다고 하면서 그 땅을 되찾고자 한다는 것은 모순되는 일이다. 오히려 전쟁을 초래하고 통일은 멀어지고 국제정치 질서가 용납하지 않아 독일을 고립시키는 결과가 될 것이 뻔했다. 동방 정책을 추진하기 위해서는 이 딜레마를 극복해야 했다. 브란트는 이 땅 되찾기를 포기하기로 하였다. 1970년 12월 7일 폴란드 바르샤바를 방문하여 조약을 체결하고 유대인 희생자 추모비 앞에서 무릎을 꿇었다. 당시 독일에서의 여론은 결코 우호적이지 않았다. 그럼에도 불구하고 국민을 설득하며 소신을 밀고 나갔다. 그는 동방 정책으로 노벨 평화상을 받았고 세계적 호응을 얻고 독일인의 지지까지 이끌어내었다. 그의 동방 정책은 우파인 헬무트 콜 총리에게 계승되었고 마침내 통일의 결실을 맺었다.

헬무트 슈미트 총리의 이중 결정도 마찬가지이다. 1970년대 소련이 서유럽을 겨냥한 중거리 미사일 SS-20을 동독에 배치하자 서독 사회의 의견은 둘로 갈라졌다. 좌파 평화주의자들은 무대응을, 우파 자유주의자들은 적극적 대응를 요구하였다. 슈미트 총리는 이로 인하여 소위 '공포의 균형'이 깨질 것을 우려하여 저지할 방안을 찾아 나선다. 그는 SS-20의 철수를 소련과 협상하는 방안과 협상 결렬 시에는 서독을 포함한 서유럽에 미국의 중거리 핵미사일을 배치한다는 이중적인 방안을 제안하였고, 1979년 12월 나토에서 이를 결의했다. 슈미트의 이 같은 조치는 사민당의 다수 의견과는 거리가 먼 것이었다. 당연히 자파 내의 반대가 심하였고 슈미트의 정치적 기반도 흔들릴 수밖에 없었다. 그러나 슈미트 총리는 독일의 국익을 위하여 이를 감내하고 밀고 나갔다.

이것은 나토의 '이중 결정(Doppelbeschluss)'으로 불리는데, 첫째, 소련의 SS-20 배치에 대항하여 퍼싱II와 토마호크를 서유럽에 배치하고 둘째, 미·소가 유럽에 배치된 사거리 1,000~5,500km

의 중거리 핵미사일 제한 협상(INF)을 개시할 것을 요구하였다. 강온 양면성을 띤 결의이기 때문에 '이중 결의'라고도 한다. 이에 소련은 모든 협상을 거부하고 이 결의 채택 후 2주 만에 아프가니스탄을 침공한다. 미·소 간의 냉전은 이렇게 재점화되었다. 서독에서 정권이 헬무트 콜 총리로 넘어갔지만, 1981년 레이건 대통령이 등장하면서 결국 유럽에 퍼싱II 중거리 미사일을 배치하였다. 그리고 5년간 260억 달러가 소요되는 '전략적 국방 이니셔티브(SDI)' 도입 등 첨예한 군비 경쟁으로 소련을 압박한 결과, 이를 견디지 못한 소련 경제가 와해되면서 급기야 소련의 붕괴로 냉전 체제가 종식되는 결과로까지 이어졌다.

앞에서 본 슈뢰더 총리의 하르츠 개혁도 마찬가지이다. 이것은 슈뢰더 총리 및 중도좌파인 사민당의 입장에서는 지지 기반을 잃는 정책이었지만 국가 경쟁력 제고를 위하여 이를 추진하였다. 슈뢰더 총리는 이 개혁 정책의 효과가 2~3년 내에 나타나 다음 선거에서 승리할 수 있으리라 믿었지만 그것이 늦어지는 바람에 2005년 총선에서 패배하였다. 슈뢰더 총리는 정권을 잃었지만 독일은 다시 일어섰다.

내가 총리로서 재직 중이던 2012년 슈뢰더 총리가 한국을 방문하였는데, 나는 그를 만나 하르츠 개혁 등에 관한 이야기를 나누었다. 마지막에 나는 슈뢰더 총리에게 정치인으로서 갖추어야 할 가장 중요한 덕목이 무엇인지 물었다. 그는 대답하기를 "하나의 정책이 당장은 인기가 없고 그 성과가 나타나기까지는 상당한 시간이 걸리고 그사이에 선거가 치러지면 패배할 가능성이 크지만 국가의 이익을 위하여 그 패배를 감내하는 것"이라고 하였다. 나는 크게 감동하였고 이 내용을 페이스북과 강연 등을 통하여 전파하는 노력을 하였다.

장기 재임

독일에서 국민이나 당원들은 일단 선출된 지도자들에 대하여 신뢰를 보내고 특별한 사정이 없는 한 장기 재직을 허용하고 있어 정책의 장기적·안정적 집행이 가능하다. 콘라트 아데나워 총리는 74세부터 88세까지 14년간 재직하며 같은 기간 동안 재직한 에르하르트 경제장관과 함께 라인강의 기적을 이루어내었다. 헬무트 콜 총리는 16년간 재직하며 같은 기간 동안 재직한 겐셔 외교장관과 함께 독일 통일을 이루었다. 메르켈 총리도 16년간 재직하였다. 헬무트 슈미트와 게르하르트 슈뢰더 총리도 각 8년간 재직하였다. 루트비히 에르하르트 총리와 쿠르트 키징거 총리만이 각 3년 남짓 재직하였다.

전후 독일 총리가 8명인데 일본은 30여 명 이상에 이른다. 연방 대통령의 경우도 테오도어 호이스(Theodor Heuss), 하인리히 뤼프케(Heinrich Lübke), 리하르트 폰 바이츠제커(Richard von Weizsäcker)는 모두 10년씩 재직하였다. 대통령을 너무 쉽게 선출

하고 또 너무 쉽게 실망하는 우리가 그 원인과 해결책을 고민해야
할 대목이다.

사죄의 언동, 감동의 정치

제2차 세계대전 종료 후의 독일의 과제는 나치 만행으로 인하여
생긴 국내외적 상처를 치유하는 일이었다. 대외적으로는 유럽 인
접 국가들의 신뢰를 회복하고 대내적으로는 국민을 계도하여 다시
는 그와 같은 만행을 저지를 수 없는 토양을 만드는 일이 필요하였
다. 독일의 정치가들은 기회가 있을 때마다 이를 위하여 감동적인
연설이나 행동을 반복하였다. 그 대표적인 사례를 살펴보겠다.

유대인에 대한 배상을 시작한 아데나워

1940년대 후반과 1950년대 초반 독일이 폐허에서 시작하였을 때
날마다 눈앞에 보이는 성과에 급급했다. 우선 다시 일어서는 것이
급하였지 과거를 회상하고 반성하는 것은 어려운 일이었다. 그런
가운데 우선적으로 기억해야 할 문제가 독일이 제2차 세계대전 중
자행했던 인종 말살 정책이었고 그 연장선에서 1948년 유대인 생
존자들에 의해 건설된 나라인 이스라엘이었다. 아데나워는 이를
잊지 않았다. 1952년 3월 이후 헤이그에서 독일과 이스라엘 간 배

상 협상(Wiedergutmachungsabkommen mit Israel)이 진행되어 9월 10일 룩셈부르크에서 협정이 체결되었다. 본 정부는 12년 내에 30억 마르크를 이스라엘에 지불하여 수십만 유대 난민의 정착을 지원하기로 하였다. 이 협정이 의회를 통과하기 위해서는 야당인 사민당의 협력이 필요하였다. 여당 내에 상당수의 반대자가 있었기 때문이다.

무릎 꿇은 빌리 브란트 총리

빌리 브란트 총리는 동방 정책의 하나로 폴란드와 관계 개선을 시도하였다. 제2차 세계대전의 발발도 1939년 9월 1일 폴란드 침공으로 시작되었고 폴란드는 참혹한 피해를 입었다. 종전 후 1945년 7~8월에 열린 포츠담회담에서 폴란드와 독일 간의 국경선은 오데르-나이세강으로 정해졌다. 독일로서는 전쟁 전 독일 영토의 4분의 1을 빼앗기는 결과였다. 독일 국민은 그 땅을 언젠가 회복해야 한다고 생각하고 있었다. 그러나 빌리 브란트는 독일이 영토 회복을 고집하는 한 독일의 통일, 유럽의 평화는 불가능하다고 보고 정해진 국경선을 인정해야 한다는 생각이었다. 그러나 브란트의 그와 같은 정책은 국내적으로 많은 반대에 직면해 있었고, 국제적으로는 독일의 역사적 과오의 반성에 대한 신뢰가 부족한 상태였다.

브란트 총리는 1970년 12월 7일 폴란드 바르샤바를 방문하여 유대인 희생자 기념비 앞에서 무릎 꿇고 참배하였다. 이것이 유명한 브란트 총리의 '무릎 꿇기(Kniefall)'이다. 이 장면을 담은 사진은 전 세계로 전송되었다. 그해 《타임》은 브란트 총리를 '올해의 인물'로 선정하고 다음 해 그에게 노벨 평화상이 주어졌다. 브란트 총리의 무릎 꿇기와 이를 담은 사진은 반성하는 독일의 모습을 세계인에게 각인시키고 동방 정책에 대한 국내의 반대를 감소시키는 결과를 가져왔다. 동방 정책은 계속 추진되어 마침내 1989년 11월 9일 베를린 장벽을 무너뜨리고(Mauerfall) 이듬해 10월에는 통일을 이루게 되었다.

바이츠제커 대통령의 연설

리하르트 폰 바이츠제커(Richard von Weizsäcker) 대통령이 1985년 5월 8일 종전(終戰) 40주년을 기념하여 하원에서 연설하였다. 많은 사람은 이 연설이 제2차 세계대전을 일으켰던 독일의 입장을 국내외에 확실하게 정리한 명연설이었다고 말한다. 나치의 불법 통치와 전쟁 수행으로 입은 자국민과 유럽인들의 고통과 피해를 상세하게 들춰내어 사죄하고 그 바탕 위에서 앞으로 독일인이 취해야 할 태도를 제시하며 다짐하고 있다.

그는 1945년 5월 8일은 독일에게도 단순한 종전일, 패전 기념일이 아니라 해방의 날(ein Tag der Befreiung)이라고 평가한다. 이날은 독일이 나치 국가사회주의의 폭력 지배, 인간 경멸의 시스템으로부터 해방된 날이요, 잘못된 길로 들어선 독일 역사를 종식시킨

날이며 더 나은 미래를 향한 희망의 싹을 틔우는 날이기 때문이라는 것이다. 그는 또 과거에 대하여 눈을 감는 자는 현재에 대하여도 눈을 감게 될 것이요, 자신의 잘못을 기억하지 않는 자는 또다시 같은 잘못의 길로 들어설 위험이 있다고 말했다. 이와 같은 통렬한 반성이 독일이 인접 국가들의 신뢰를 얻어 통일을 이루고 세계 1등 국가로 되는 데 귀중한 자산이 되었음이 분명하다.

가우크 대통령의 사죄 여행

1944년 6월 10일 나치의 SS 부대가 프랑스 중부 내륙의 한 작은 마을 오라두르쉬르글란(Oradour-Sur-Glane)에서 민간인 642명을 학살하였다. 그 가운데 여자와 아이들이 452명이다. 갑자기 들이닥친 SS 부대원들은 마을 주민들을 교회로 몰아넣고 학살하고 불을 지르는 끔찍한 만행을 저질렀다. 그로부터 69년이 지난 2013년 9월 4일 독일 가우크(Gauck) 대통령이 그곳을 방문하였다. 독일의 그 잘못을 사죄하기 위해서이다. 그 마을은 드골 전 프랑스 대통령의 지시로 참혹한 폐허의 현장 그대로 보존되어 있었다.

가우크 대통령의 방문에는 프랑스 프랑수아 올랑드(François Hollande) 대통령이 동행했다. 당시 어머니와 누이를 잃고 용케 살아남은 로베르 헤브라(Robert Hebra, 당시 88세) 씨가 가우크 대통령을 맞았다. 가우크 대통령은 진정으로 사죄하고 세 사람은 화해와 용서의 뜨거운 포옹을 하였다. 가우크 대통령은 왜 이곳에서 이런 일이 벌어졌는지 궁금해하며 안타까워했다. 그 이유는 아무도 모른다. 다만 힘을 과시하고 테러의 공포심을 심어주기 위해서일 것이라고 짐작될 뿐이다.

가우크 대통령은 2014년 9월 1일 폴란드 북부 항구 도시 그다인스크(옛 단치히)에서 열린 제2차 세계대전 희생자 추모식에 참석하여 전쟁의 비극을 참회하고 유럽 대륙의 안정과 평화를 기원하였다. 그다인스크는 1939년 9월 1일 나치가 이 도시를 침공하면서 제2차 세계대전이 발발했던 곳이다. 앙겔라 메르켈 총리도 2014년 6월 제2차 세계대전 종료의 계기가 된 노르망디 상륙 작전의 현장인 프랑스 노르망디 그리고 벨기에 이에페르(Ypres)를 방문하여 독일의 전쟁 방지의 의지를 보여주었다.

독일 통일의 교훈[2]

통일, 신중하게 접근해야 할 과제

통일만큼 우리 국민의 관심이 큰 문제는 없다. 적어도 원론적으로
는 그렇다. 그러나 너무 복잡하고 어려운 문제이기 때문에 짐짓 외
면하고 싶은 문제이기도 하다. 또한 민감한 문제이기 때문에 신중
하게 다루어야 할 문제이다. 과연 통일은 될 것인가, 된다면 언제 어
떤 방식으로 될 것인가, 아무도 알 수 없다. 독일의 경우 이를 예상
한 사람은 아무도 없었다. 그렇기에 갑자기 이루어진 통일 때문에
독일은 많은 혼란과 어려움을 겪었다. 우리의 경우도 다르지 않을
것이다. 그렇지만 독일의 사례를 잘 참고하여 치밀하게 준비한다면

---

2 이 절은 '독일 통일의 교훈'에 관한 필자의 강연을 옮긴 것이다.

후유증을 최소화할 수 있을 것이다.

한편 통일에 대하여 부담을 갖는 국민도 있다. 특히 일부 젊은 층이 그러하다. 통일에 드는 비용, 통일 후의 사회적 혼란 등 후유증에 대한 우려 때문일 것이다. 그러나 통일은 필수적인 일이지 선택할 수 있는 문제는 아니다. 통일에 드는 비용은 비용에 그치는 것이 아니라 분단 관리 비용을 줄이고 경제를 발전시켜 국력을 신장시키는 데 투자가 될 것이다. 열악한 경제와 인권 상태에 있는 동포들을 구한다는 점에서도 당위의 문제이다. 독일에서도 통일 비용 등 통일의 유용성에 관한 논의가 있었지만, 통일 후 동독 주민의 평균 수명이 5년 늘어났고 자살률이 크게 감소한 결과만으로도 통일의 가치는 입증되었다는 지적은 공감할 수 있는 대목이다. 지금부터 독일의 분단과 통일 과정을 살펴보겠다. 먼저 독일의 분단 과정을 보겠다.

1989년(베를린 장벽 붕괴) 이전의 몇 장면

1939년 9월 1일 히틀러가 폴란드를 침공하면서 시작된 제2차 세계대전은 1945년 5월 8일 연합군에 무조건 항복함으로써 5년 8개월 만에 종료되었다. 미국·영국·소련 전승 3국은 전후의 독일 문제를 처리하기 위하여 7월 17일부터 8월 2일까지 베를린 교외 포츠담의 세실리안 성(城)에서 회담을 열어 포츠담협정을 체결하였다. 주요 내용은 독일이 다시는 전쟁을 일으키지 못하도록 무장해제시키고 군수품 생산에 이용될 수 있는 모든 산업 시설을 철거·통제하며, 독일이 전쟁 중에 연합국에 끼친 손해를 배상하도록 하며, 독일의 영토를 변경·조정하며, 독일을 4개 지역으로 분할하여 점령하고 통치하는 것이다. 영토 문제 가운데 중요한 것의 하나는 오데르강과 나이세강을 연결한 강선(江線)을 일단 독일과 폴란드의 국경으로 한 점이다. 아무튼 포츠담협정으로 폴란드와 소련의 관할에 속하게 된 독일의 영토는 1938년의 독일 영토의 24%에 이르는 넓은 면적이고 이곳에 살던 독일인들은 이주하거나 추방되었다.

소련의 공산화 팽창 정책과 이를 막기 위한 서방 세력의 정책이 대립하여 냉전이 조성되었으며 그 중심에 독일이 자리 잡게 되었다. 통일을 포함한 독일 문제를 해결하기 위한 전승국 간의 수차에 걸친 협의는 실패로 돌아갔다. 미국을 중심으로 한 서방 세력은 강력하고 안정된 독일이 필요하다고 보아 서부 독일 지역에 장차 통일에 대비하여 연방 국가를 수립하기로 하고 마셜 플랜, 화폐개혁 등을 통해 독일의 경제 재건에 나섰다.

소련은 이에 대응하면서 베를린 전 지역을 자신의 영향력 아래 두고자 하여 1948년 6월 24일 서베를린과 서독 간의 육로·수로를 끊어 모든 물자 공급이 중단되도록 하였다. 미국은 어떤 경우에도 서베를린을 포기하지 않겠다는 단호한 의지를 갖고 항공기를 이용하여 모든 물자를 공급하였다. 이것이 베를린 봉쇄 사건으로 하늘에 다리를 놓았다 하여 '공중 가교(Luftbrücke)'라고 불리었다. 소련은 미국의 단호한 대응에 굴복하여 이듬해 5월 12일 그 봉쇄 조치를 해제하였다. 공중 공급을 총괄하여 추진한 사람은 미 군정의 클레이(Clay) 사령관이었다. 지금도 베를린 주요 도로의 하나를 클레이 대로(大路)로 명명하여 그를 기념하고 있다. 1963년 케네디 대통령이 베를린을 방문하였을 때 클레이 장군이 수행하였으며, 케네디 대통령은 그때 연설 중에 "클레이 장군은 베를린이 위기에 처하면 언제든지 달려올 것"이라며 소개하였다. 물자 공급 중 한 조종사는 공항 주변에 모여든 어린이들에게 사탕을 선물한 것이 계기가 되어 미국 전역에서 선물 모으기 운동이 전개되어 베를린과 미국을 잇는 미담이 생기고 자유 세계의 결속에 이바지하게 되었다. 조종사는 착륙할 때 비행기 날개를 위아래로 흔들어 어린이들에게 자신임을 알려 어린이들을 즐겁게 해주기도 하였다.

서방 세력은 우선 서부 독일 국가를 세우기로 하되 헌법이 아닌 기본법을 토대로 수립하기로 하였다. 이 기본법은 통일이 될 때까지만 효력이 있으며 나중에 통일이 되면 전 독일 국민의 자유로운 의사에 의해 제정된 헌법으로 대체하기로 하였다. 의회 위원회에 의해 마련된 기본법안은 1949년 5월 23일 공포되어 독일연방공화국(Die Bundesrepublik Deutschland)이 수립되었다. 한편 소련은 점령 지역의 사회 체제를 공산주의식으로 바꾸고 사회주의통일당을 앞세워 공산주의 국가를 수립하기로 하여 1949년 10월 7일 헌법을 발효시킴으로써 독일민주공화국(Die Deutsche Demokratische Republik)이 성립되었다. 이로써 독일은 공식적으로 분단국가가 되었다.

공산당이 권력을 장악한 동독에서 주민들의 정치적 자유는 박탈되었다. 경제 사정이 악화되어 주민들의 불만이 커지자, 공산당은 체제에 대항하는 사람은 물론 일반 주민들에게 강경한 정책을 실시하였다. 마침내 주민들은 노동 조건 및 생활 조건의 개선을 요구하는 파업과 시위를 시작하여 급기야는 반정부 시위로 발전되었다. 시위는 1953년 6월 17일 그 절정에 이르렀고 소련군은 탱크를 동원하여 진압하였으며 그 과정에서 많은 희생자가 발생하였다. 서독 하원은 6월 17일을 '독일 통일의 날'로 정하여 기념하다가 1990년 독일이 통일되자 10월 3일을 '독일 통일의 날'로 바꾸었다. 지금 베를린의 중앙대로 이름이 '6·17 대로'이다.

소련은 독일을 그들의 영향권하에 두고자 끊임없이 노력하였다. 앞서 본 서베를린 봉쇄도 그 일환이었다. 스탈린은 독일을 통일시켜 중립국으로 만들자는 제안을 하기도 하였다. 아데나워 총리는 이 매력적(?)으로 보이는 제안을 단호히 물리쳤다. 중립국으로는 독일의 장래는 없다고 생각한 때문이다. 그리고 흐루쇼프는 서베를린을 지배하여 궁극적으로는 동독에 편입시키고자 하는 의도로 1958년 서베를린을 '비무장 자유 도시'로 만들자고 제안하는 등 외교 협박 공세를 계속하였으며, 서방 세력은 이에 단호하게 맞섰다. 소련 측의 의도는 좌절되고 서독으로 탈출하는 동독 주민이 늘어나자 동독 정부는 1961년 8월 마침내 동·서베를린의 경계를 따라 장벽을 설치하였다.

미국과 서독은 동독의 기습적인 장벽 설치에 대처하지 못하여 서베를린 시민들이 불안해하는 상황에 빠졌다. 미국 케네디 대통령은 1963년 6월 26일 서베를린을 방문하여 자유대학과 시청 앞 광장에서의 연설을 통하여 독일인의 통일을 향한 노력을 지지하면서 서베를린의 방위를 다짐하였다. 특히 시청 앞에서의 「나는 베를린 시민입니다」라는 5분여 짧은 연설은 서베를린 시민들에게 용기와 희망을 주기에 충분하였다. 그 연설의 일부를 여기에 소개한다.

"2,000년 전 사람들이 가장 자랑스러워한 말은 '나는 로마 시민이다'입니다. 지금 자유 세계 사람들이 가장 자랑스러워하는 말은 '나는 베를린 시민이다'입니다. … 자유는 나눌 수 없습니다. 한 사람이 노예 상태에 있으면 우리 모두는 자유롭지 못합니다. 모든 사람이 자유로워지고, 여러분이 사는 이 도시가 그리고 이 나라가 하나가 되고, 또한 위대한 대륙 유럽이 평화와 희망의 세상이 되는 그러한 날은 올 것입니다. 그날이 오면 베를린 시민 여러분은 20여 년간 자유를 지키는 최전선에 있었던 사실에 큰 자부심을 느낄 것입니다. 그들이 어디에 살든 모든 자유인은 베를린 시민입니다. 그러므로 제 자신도 자유인으로서 자랑스럽게 이렇게 말합니다. 나는 베를린 시민입니다."

1969년 사민당 출신으로 최초로 총리에 선출된 빌리 브란트는 미국 및 서유럽과 결속을 강화하고 NATO를 기반으로 한 안보 정책을 지속하면서도 독일의 통일과 유럽의 평화를 위해서는 소련, 동독 및 동유럽 국가들과의 관계 개선이 필요하다고 보고 이를 위한 이른바 동방 정책을 펼치게 된다. 소련과의 관계 개선과 상호 무력 포기 선언에 관한 조약 체결, 동독과 폴란드 사이의 경계를 이루고 있는 오데르-나이세강 국경선의 승인, 동독의 사실상 승인, 기타 동유럽 국가들과의 관계 개선 협력이 주요 내용이다.

그리고 독일의 진정한 반성과 사죄의 모습이 인접 국가 및 그 국민에게 보일 때 그 정책은 신뢰를 얻을 수 있었다. 이를 위한 빌리 브란트 총리의 상징적 행위가 1970년 12월 7일 폴란드 바르샤바 유대인 희생자 기념비 앞에서 무릎을 꿇고 사죄하는 모습이었다. 이 사진은 온 세계에 전송되어 세계인을 감동시켰다. 곧 미국의《타임》은 빌리 브란트를 '올해의 인물'로 선정하고 다음 해에는 그에게 노벨 평화상이 주어졌다. 이는 동방 정책이 탄력을 받게 되는 계기가 되었다.

그런데 한 가지 흥미 있는 일은 폴란드에서는 이 사진이 거의 보도되지 않았다. 왜 폴란드 군인 희생 기념비가 아닌 유대인 희생 기념비 앞에서 무릎 꿇었다는 것에 대한 불만이 아닌가 짐작된다. 그리고 위 '무릎 꿇기(Kniefall)'가 연출된 것인지 궁금하지만, 빌리 브란트는 참배 순간 헌화 정도로는 부족하다는 생각과 함께 '무릎을 꿇어라' 하는 소리가 들리는 듯하여 그렇게 했을 뿐이라고 회고했다. 이것은 그의 보좌관인 에곤 바가 궁금하여 물어 확인한 내용이다. 동방 정책은 모스크바·바르샤바·프라하조약의 체결과 비준, 서베를린의 안전과 통행 보장을 위한 베를린협정과 동서독기본조약의 체결과 비준 등으로 그 성과를 드러내었다. 이로써 서독은 소련 및 동유럽 국가들과의 관계를 증진시키고 동독과의 교류를 활성화하여 새로운 양독 관계로 발전시켜나갈 수 있게 되었다.

동·서독 관계의 개선과 발전

양독 관계의 개선과 발전은 다방면에서 나타난다. 먼저 활발해진 인적 교류이다. 분단으로 인한 이산가족의 고통을 완화하고 민족의 동질성을 유지하며 나아가 통일의 기반을 만들기 위해 인적 교류를 확대해나갔다. 서독은 적극적이고 동독은 소극적이었지만 방문 요건이나 환전 제도를 조정하거나 개선함으로써 매년 수백만 명의 서독인이 동독 지역을 방문하였다. 특히 청소년 교류를 위해서 각별한 노력을 기울였다. 인적 교류 과정에서 교회도 큰 역할을 하였다.

다음은 문화 교류이다. 분단이 계속됨에 따라 문화가 달라져 통일이 어려워지는 것을 막기 위하여 문화 교류를 적극 추진하였다. 문화·예술·교육·학문 등의 분야에서 협력을 증진하기 위해 문화 협정을 체결하여 문화 교류의 폭을 넓혀나갔다. 심지어는 문화재를 원래 있었던 장소로 되돌려주는 사업도 진행하였다. 동·서독의 도시 간에 자매 결연 사업도 활발하게 진행되었다. 그리고 우편 통신 교류를 위하여 우편물 분실 및 반송 문제 해결, 전화선 증설 및 자동 전화 확대에 노력을 기울여 성과를 거두었다. 서독과 서베를린을 연결하는 도로의 이용료를 넉넉히 지불하거나 도로 건설 및 보수에도 각별히 노력하고, 동독의 반체제 인사 등 정치범을 석방시키는 대가도 지급하여 동독 경제에 보탬을 주었다. 동·서독 간의 무역도 확대되었다.

미하일 고르바초프의 등장과 자유화 물결

1985년 미하일 고르바초프(Mikhail Gorbachyev)가 소련 공산당 서기장에 취임한 것을 계기로 동유럽에 개혁의 바람이 불기 시작하였다. 소련이 개혁·개방 정책을 취하고 동유럽 국가에 대한 소련의 간섭이 없어짐에 따라 동유럽 국가들은 국내 문제에 관해 자유롭게 결정할 수 있게 되었다. 폴란드와 헝가리는 가장 앞서 개혁 정책을 펼쳤지만 동독의 집권층은 개혁에 냉담하였다.

1989년 여름 헝가리로 휴가 나온 동독 주민들이 오스트리아를 거쳐 서독으로 탈출하는 일이 벌어졌다. 헝가리는 5월에 오스트리아와의 국경선에 설치한 철조망을 제거하고 6월에는 유엔 난민협약에 서명하여 서독으로 탈출하기에 용이한 환경이 조성되었기 때문이다. 동독 주민들의 탈출을 막기 위한 동독 정부의 헝가리에 대한 협조 요청은 거절되었다. 그러자 동독 정부는 체코슬로바키아에 헝가리-체코 간의 국경을 폐쇄하여 동독 주민들이 헝가리에 들어갈 수 없도록 요청하고 체코가 이에 협조하자 동독 주민 4,000명 이상이 9월 28일 부득이 프라하의 서독 대사관에 대거 난입하는 사태가 발생하였다.

　물론 폴란드 바르샤바의 서독 대사관에도 동독 주민들이 들어갔지만 폴란드 정부의 협조하에 사태가 원만히 해결되고 있었다. 그러나 체코는 서독과 동독이 직접 해결할 문제라 하여 협조하지 않았다. 당시는 유엔 총회가 열리고 있었던 때라 겐셔 서독 외교장관은 뉴욕에서 관련국 외교장관들을 만나 문제 해결에 나섰다. 소련 세바르나제 외상을 만나서도 협조를 구했다. 겐셔 장관이 비좁은 대사관에 부녀자를 포함한 난민들이 열악한 상태에 있어 시급히 해결해야 할 문제임을 강조하자 세바르나제 외상은 난민 가운데 부녀자가 몇 명인지 물었고 이에 겐셔 장관은 750명 정도라고 대답하였다. 세바르나제는 적극 협조하겠다고 화답하였다.

　회담 후 겐셔 장관의 보좌관이 "장관님 750명은 어디서 나온 숫

자입니까?" 하고 묻자, 장관은 "훌륭한 외교관은 그 정도는 평소 알고 있어야 하지"라며 웃었다. 세바르나제 외상도 인도적 고려를 명분으로 삼아 문제 해결에 협조하고 싶은 생각에 짐짓 물었고 이를 눈치챈 겐셔 장관도 거침없이 맞장구친 것이다. 노련한 정치가들 사이의 훈훈한 에피소드이다. 겐셔 장관은 프라하로 날아가 난민들 앞에서 연설하였다. "나는 오늘 여러분을 서독으로 데려가기 위하여 여기에 왔습니다"라는 첫 마디가 떨어지자 난민들의 "와!" 하는 함성으로 연설은 중단되고 취재하던 기자들은 이 소식을 전하려 현장을 빠져나갔다. 그리고 언론은 "이 세상에서 가장 짧고 감동적인 연설"이라고 평가했다. 그러나 그 후 연설은 계속되었다.

　동독 정부는 탈주민들의 서독행은 인정하되 반드시 동독 지역을 거쳐 서독으로 가야 한다는 조건을 내걸었고 서독도 이를 받아들일 수밖에 없었다. 이를 들은 난민들은 반대를 외쳤지만 겐셔 장관은 그렇게 할 수밖에 없는 사정을 설명하며 난민들의 안전은 확실히 보장된다고 설득하였다. 그리고 연설 말미에 수행한 보좌관들을 한 사람씩 불러 세운 뒤 "이들이 여러분과 함께 기차를 타고 갈 것"이라고 하며 난민들을 안심시켰다.

　난민들을 실은 기차는 프라하에서 다시 동독으로 들어가 드레스덴을 거쳐 서독 바이에른의 호프시로 향했다. 기차가 동독 지역을 지나는 동안 동독 방송은 30분 간격으로 특별 방송을 하여 동독을 배반한 사람들이지만 인도적 견지에서 이들을 추방하는 것이라고 알렸다. 동독 정부의 주권 행사로 취하는 조치임을 강조함으로써 무능한 동독 정부의 헛된 자존심을 보여주는 행동이었다. 방송을 들은 동독 주민들은 기차역에 몰려 나와 하얀 손수건을 흔들며 작별 인사를 나누는 일까지 벌어졌다. 동독 주민은 이 일을 모두 알게 되었고 자유에의 갈망을 한층 부추겨놓는 결과가 나타났다. 폴란드나 프라하 대사관을 통한 탈출은 계속되었다.

흔들리는 동독 정치 체제, 마침내 베를린 장벽 붕괴

이런 상황 속에서도, 10월 7일 열린 동독 정부 수립 40주년 기념식에서 호네커 서기장은 지난 40년간 유지해온 사회주의는 성공적이었다고 평가하고 사회주의의 승리를 역설하였다. 이 행사에 참석한 고르바초프는 정치적 결정이 외부로부터 강요받는 시대는 지나갔으며 동독의 문제는 모스크바가 아닌 동베를린에서 결정되어야 한다며 개혁·개방을 촉구하였다. 그리고 "너무 늦게 오는 사람에게 인생이 벌을 내린다"라고까지 말하며 호네커를 압박하였다. 호네커는 그해 5월에 치러진 조작된 선거 결과와 6월의 중국 천안문 시위가 무력으로 진압된 것에 고무되어 귀를 닫고 있었던 것이다.

이 때문에 공산당과 지도층에 대한 불만이 고조되는 가운데 시민운동 단체와 정당이 결성되어 정치 개혁을 주장하기 시작하였다. 지방 도시인 라이프치히에서 시민들이 니콜라이교회에서 월요 기도 모임을 갖고 기도 후 여행 자유화, 자유 선거 등을 요구하며 시위를 시작하여 그 규모가 날로 커갔다. 다른 도시에서도 사정은 크게 다르지 않았다. 11월 4일의 동베를린 시위에는 70만 명이 참가하였다. 이와 같은 평화적 시위가 가능했던 것은 동독 주둔 소련군이 상부 지시로 시위에 개입하지 않았고 시대의 변화를 느낀 일부 공산당 지도부와 시민 단체의 노력 덕분이었다.

동독 지도부는 호네커 서기장과 슈토프 총리 내각을 퇴진시키고 개혁에 나섰다. 우선 획기적인 여행 자유화 조치를 마련하여 11월 9일 초저녁 당 대변인인 귄터 샤보프스키(Günter Schabowski)의 기자회견을 통해 이를 발표하였다. 여행 자유화 조치의 내용은 조건 없는 여행 허가 신청이 11월 10일부터 가능하다는 것이었을 뿐 여행 자유화 조치가 당장 시행되는 것이 아니었음에도 기자들의 추궁에 당황한 샤보프스키가 그만 "당장 시행된다"고 하는 바람에 이 소식을 들은 동베를린 시민들은 베를린 장벽으로 몰려가 개방을 요구하였다.

국경수비대는 상부의 방침을 구하였으나 개방을 하지 말되 강력히 항거하는 자에게는 개방해주라는 무능한 대응을 하는 등 허둥대다 장벽이 그냥 열리고 만 것이다. 동독 TV 방송은 19시 30분경 서독 등 외국으로의 여행을 위해 조건 없이 신청할 수 있다고 전하였지만, 서독 TV 방송은 20시에 동독이 국경을 개방하였다고 방송해버린 것이 장벽 붕괴를 촉진하는 역할을 한 것이다. 이로써 이른바 질서 있는 정책 시행이 불가능하게 되고 동독 정부의 권위는 무너지고 그 허약함을 드러내고 말아 동독의 민주화가 촉진되는 결과를 가져왔다. 그런 의미에서 샤보프스키의 실수는 이 세상에서 가장 아름다운 실수라는 흥미로운 평가를 받았고 기자회견에 들고 나온 서류는 인류 문화 유산으로 등재되기도 하였다.

그런데 샤보프스키의 실수를 이끌어낸 기자 이야기는 자못 흥미롭다. 그는 이탈리아의 ANSA 통신사의 동독 특파원인 리카르도 어만(Riccardo Ehrman)이었다. 기자회견장에는 늦게 도착하여 자리를 잡지 못하고 단 아래 쭈그려 앉아 조금은 짜증이 난 상태에서 적당히 회견을 마치려는 샤보프스키를 향해 "언제부터 시작하겠다는 겁니까(Ab Wann, Wann tritt das in Kraft)?"라고 퉁명스럽게 말하자, 샤보프스키는 당황하며 "내 생각으로는 지금 당장(Nach meinem Kenntnis ist das sofort, unverzüglich)"이라고 말해버린 것이다. 어만 기자의 부모는 유대계 폴란드인이었다. 그들은 결혼하여 이탈리아 피렌체로 신혼여행을 갔다가 그곳이 맘에 들어 그만 주저앉아버렸고 어만은 그곳에서 태어났다. 그는 동독 특파원으로 오래 근무해서 다른 곳으로 전출되었으나 후임 동독 특파원이 병가를 내자 임시로 다시 투입되었다. 이런 우연한 사정들이 연결되면서 그는 역사를 바꾸는 원인을 제공하였다. 그는 2008년 독일 정부로부터 독일 통일에 기여한 공로로 훈장도 받았다. 코미

디와 같은 우연한 역사의 전개이다.

헬무트 콜 총리의 통일 작업의 시작

아무튼 뜻밖의 베를린 장벽 붕괴(Mauerfall)에 따라 동·서베를린 시민들은 서로 얼싸안고 기쁨을 나누었고 연방 하원의원들은 감격하여 회의를 중단하고 국가를 제창하기도 하였다. 장벽 붕괴 전 어느 누구도 가까운 장래에 통일이 되리라고 예상하지 못했음은 물론 베를린 장벽이 붕괴된 상황에서도 통일이 금방 될 것이라고 예상한 사람은 없었다. 헬무트 콜 총리는 11월 28일 하원에서 '독일과 유럽 분단 극복을 위한 10개 방안'을 제시하였지만, 이는 먼저 동독의 정치·경제와 사회 개혁이 이루어지고 난 다음 동·서독 협력을 통해 국가 연합적 조직으로 발전시키고 마지막에 통일을 이룬다는 3단계 방안이었다.

콜 총리 자신은 통일까지는 최소한 5년에서 10년은 걸릴 것으로 생각하였다고 한다. 통일에 대한 국제사회의 반응도 부정적이었다. 고르바초프 소련 서기장은 12월 3일 몰타에서 부시 미국 대통령과의 회담에서 성급한 통일 움직임을 경계하면서 2개 독일은 유지되어야 한다는 입장을 견지하였다. 유럽경제공동체(EC) 회원국 정상들은 12월 8일 독일 통일이 헬싱키 최종 의정서와 유럽 통합의 테두리 안에서 이루어져야 한다고 선언하였다. 특히 영국의 대처 총리와 프랑스의 미테랑 대통령은 독일 통일에 대해 반대 입장을 명백히 하였다. 동독 한스 모드로(Hans Modrow) 정부도 신속한 개혁을 통해 동독을 안정시켜 독립 국가로 남았다가 양 독일이 군사 기구에서 각각 탈퇴한 후 총선을 실시하여 중립화된 연방국으로 통일하고자 하였다. 오로지 미국만이 통일 독일이 나토에 잔류하는 것을 조건으로 하여 독일 통일에 찬동하였다.

통일의 원동력, 동독 주민들

이런 어려운 상황 속에서 동독 주민들의 통일 열망은 점점 높아지고 동독 주민들의 서독 이주가 늘어남에 따른 사회적·경제적 혼란이 증대되자 서독 정부도 조속한 통일에 힘을 쏟기 시작하였다. 동·서독 내부 문제는 별도로 하더라도 전승 4개국의 협력을 얻어내는 것이 급선무였다.

그 과정에서 관련국을 설득하고 협상을 통해 장애물을 차근차근 돌파해낸 것은 10여 년 가까이 총리와 외교장관으로 호흡을 같이한 헬무트 콜 총리와 겐셔 장관의 경험과 경륜이었다. 영국과 프랑스의 반대 입장은 미국의 지원과 독일 정부의 설득 노력에 의하여 누그러뜨릴 수 있었지만 문제는 소련이었다. 소련 정부로서는 독일 통일을 찬동하기에는 큰 부담을 안고 있었다. 그것은 소련 국민의 반독일 정서 때문이었다. 소련 사람들에게는 독일은 2,500만 명을 희생시킨 악마였다. 이 점을 의식해서 에두아르트 세바르나제 소련 외상과 겐셔 서독 외교장관은 최초 회담을 소련 영토인 브레스트 성에서 열었다. 그곳은 전쟁 초기 독일 침공으로 큰 피해를 입었던 곳으로 세바르나제의 고향이었으며 그의 형이 희생된 곳이기도 했다. 이곳에서의 회담은 비극의 역사는 잊지 않되 새 시대를 열어가야 함을 암시하기 위함이었다. 그다음 회담은 일주일 후 서독의 뮌스터 시청에서 열렸는데 그곳은 1648년 30년전쟁이 끝나고 강화조약이 체결된 역사적 상징성을 지닌 장소였다.

또 나토 정상들은 7월 6일 런던회담에서 "나토는 어떠한 상황에서도 무력을 사용하지 않을 것임"을 선언하였는데, 이는 공산당 전당대회를 앞두고 통일 독일의 나토 잔류에 불안해하는 소련을 배려하기 위한 것이었다. 마침내 1990년 7월 15일 고르바초프의 고향인 코카서스에서 열린 소련과 서독 간의 회담에서 통일 독일이 나토에 잔류하되 소련의 입장을 배려하여 나토 사령부의 직접적인 지휘를 받는 군대는 동독 지역에 주둔시키지 않도록 하였다. 이와 같은 치밀한 계산과 배려는 관련 국가의 정치가 상호 간의 신뢰, 존중과 우정이 있었기에 가능하였다. 결국 국가 간의 외교도 인간관계 속의 일이다. 오랜 경험과 경륜을 가진 지도자들이 필요한 이유이다.

성공적인 2+4 회담과 통일의 완성

1990년 2월 캐나다 오타와에서 시작되어 수차 진행된 2+4(동·서독 및 4개 전승국) 회담은 9월 12일 모스크바에서 마지막 회담을 열어 '독일과 관련한 종료 규정에 관한 조약'을 체결하였다. 이로써 통일에 대한 대외 문제는 완전히 해결되었다. 조약의 주요 내용은 독일의 통일과 완전한 주권 회복, 독일의 외부 국경선은 현재의 동독과 서독의 국경선으로 함, 통일 독일의 나토 잔류, 전승 4개국의 책임 종료, 동독 주둔 소련군의 3~4년 내 철군 및 비용 부담, 독일의 핵·생화학무기의 제조 및 보유 포기, 독일군 병력을 37만 명으로 감축 등이었다.

한편 동·서독 간에는 베를린 장벽이 붕괴된 이후 통일을 향한 움직임이 빨라지기 시작하였다. 호네커에 이어 에곤 크렌츠(Egon Krenz)와 당 정치국원이 모두 퇴진하고 모드로가 총리가 되면서 여행 자유화를 포함한 개혁 조치가 진행되었다. 12월 19일에는 동독 지역인 드레스덴에서는 양독 정상회담이 열렸는데, 모드로 총리는 자유 선거 등 민주화 조치는 물론 경제정책도 바꾸어 시장경제 원리에 입각한 경제 개혁을 추진하기로 다짐하였다.

통일 방향을 결정지을 동독 인민의회 총선거가 1990년 3월 18일 실시되었다. 선거에서 가장 큰 쟁점은 통일 방안이었다. 기민당은 새로운 헌법을 제정할 필요 없이 기본법 제23조(다른 독일의 주가 독일연방공화국에 가입하면 가입한 주에도 기본법이 적용된다)에 의해 동독이 서독에 편입하는 방법으로 조속히 통일하자는 입장이었다. 만약 기본법 제146조(이 기본법은 독일 민족의 자유로운 결정으로 제정된 헌법이 발효하는 날에 그 효력을 잃는다)가 정한 새로운 헌법을 제정하는 방법으로 통일을 하다가는 시일이 오래 걸리고 동독이 정치·경제·사회적으로 불안정하여 결국 통일 자체가 어려울지 모른다는 우려를 반영한 것이었다.

반면에 동독 사민당은 기본법 제146조에 의해 동독 의회와 서독 의회가 동등한 자격으로 제헌의회를 구성하고 그 의회에서 헌법을 제정하여 점진적 통일을 하자는 입장이었다. 선거 결과는 기민당을 중심으로 한 독일 동맹의 승리였다. 그리고 기민당을 중심으로 대연정이 구성되고 로타어 데메지에르(Lothar de Maizière)를 총리로 하는 정통성을 갖춘 신정부가 출범하였다.

5월 18일 동·서독 간에 통일의 발판이 될 '화폐, 경제와 사회 동맹에 관한 국가조약'이 체결되었다. 화폐 동맹에 관해서는 서독 마르크(DM)를 단일 통화로 정하고 교환 비율을 지정하고, 경제 동맹에 관해서는 동독의 경제체제를 서독의 사회적 시장경제 제도로 전환시키고, 사회 동맹에 관해서는 연금·의료·사고 및 실업보험 등 서독의 사회복지 제도와 유사한 제도를 도입하는 것이었다. 그리고 통일되기까지 동독에의 지원과 통일 비용 마련을 위한 통일 기금 조성에 관하여도 합의하였다.

이어서 통일 후의 총선 방식, 의원 정수 및 '5% 조항'의 적용 문제에 관하여 협상하여 8월 3일 선거조약을 체결하고, 수도 문제·재산권 문제·낙태 관련 규정 등 통일에 따른 여러 문제를 해결하기 위해 8월 31일 통일조약을 체결하였다. 기본법 제23조 방식의 통일을 위하여 동독 시절 폐지되었던 5개 주를 38년 만에 부활시켜(7월 22일) 동독의 5개 주를 10월 3일자로 독일연방공화국에 편입하기로 의결(8월 23일)하였다.

동독 인민의회는 10월 2일 마지막 회의를 열어 동독 정부의 해산과 동독의 소멸을 선언하였다. 데 메지에르 총리는 "우리는 한 민족으로 이제 하나의 국가가 되었습니다. 지금은 큰 기쁨의 시간이자 눈물 없는 이별의 시간입니다"라고 말하였다. 한 국가의 소멸이 그 국민의 기쁨 속에서 이루어진 아이러니한 역사의 한 장면이 연출된 것이다.

통일 기념식은 1990년 10월 2일 밤 제국 의회 의사당 앞에서 독일 국가가 울려 퍼지고 독일 국기가 펄럭이며 100만 명의 시민이 참석한 가운데 열렸다. 독일은 분단 45년 만에 통일을 이룬 것이다. 콜 총리는 10월 4일 인민의회 의원 144명을 포함한 통일된 독일의 첫 연방 하원 회의가 열린 자리에서 통일에 협조해준 전승 4개국과 특히 고르바초프에 대한 고마움을 표시하고, 독일의 죄악과 어두운 역사로 고통을 받았던 여러 나라의 국민, 특히 유대인에 사죄하였다.

독일 통일에서 느끼는 것

이상 독일의 분단 과정과 통일 과정을 살펴보았지만 독일 통일은 아무도 예상하지 못한 방식으로 빠르게 진행되었다. 마치 인간이 제어할 수 없는 통일 자체의 역학에 의하여 전개된 것 같다. 1989년에 일어난 우연한 몇 개의 사건이 서로 연결되면서 통일이 이루어져버린 것이다. 점진적·단계적 통일을 원했던 동독이나 서독도 어찌할 수 없이 통일의 길로 나아갈 수밖에 없었다. 독일은 통일을 이룬 것이 아니라 통일이 되어버린 것이다. 그렇기에 통일은 인간의 계획과 노력에 의한 것이라기보다는 보이지 않는 힘이 작동한 결과로서 하늘의 작품이라는 생각이 든다.

그러므로 통일 후 작센주의 총리를 지낸 쿠르트 비덴코프(Kurt Biedenkopf)는 "통일은 별다른 노력 없이 우리에게 주어졌을 뿐 아니라 갑자기 오게 되어 여러 문제를 야기하였다"고 말했다. 내가 독일에서 만났던 엘베 대사는 통일 과정에서 동·서독의 국가 정보 기관들은 아무런 역할을 하지 못했고 특히 서독의 정보기관은 통일의 원동력이 된 동독 주민의 정서나 동독의 경제 상태 등 실체를 제대로 파악하지 못하였다고 지적하였다. 실제로 동독은 1987년 경제적 파산 상태에 있었으나 동독 정부의 "세계 10위권의 경제력을 가졌다"는 거짓에 속고 있었다. 서독 정부와 사회의 양독 간 상호 존중 지향 및 긴장 완화 정책이 학자들의 판단 능력을 흐리게 하고, 나아가 동독의 행정 구조나 학문 체계 등에 관해서도 지극히 피상적으로 파악한 결과라는 것이다.

그러나 다른 한편 서독 정부나 국민이 통일을 위해 기울인 노력들을 결코 가볍게 여길 수는 없다. '하늘은 스스로 돕는 자를 돕는다'라는 속담처럼 하늘의 도움은 결코 우연히 오는 것은 아니다. 서독 정부와 국민의 통일을 향한 노력이 있었기에 하늘의 도움도 있었을 것이다. 그렇지만 서독 정부는 결코 통일을 강조하지 않았고 민족의 동일성을 유지하고 교류 협력을 위한 잔잔한 노력을 하였을 뿐이다. 이런 정책이 동독 정부의 서독에 대한 경계심을 풀어 동독이 사실상 서독에 의존하게 만들었고 동독 주민들의 마음을 사는 결과가 되어 통일의 길이 열리게 된 것이다.

아직 통일을 이루지 못했고 남북 관계가 경색되어 있는 우리는 독일이 어떤 이유로 빠른 통일을 이루어냈는지, 우리는 어떠한 형편에 있는지 살펴볼 필요가 있다.

독일은 스스로 일으킨 전쟁에 대한 책임으로 분단되었을 뿐 동·서독 간에 이념 차이에 따른 전쟁이 없었다. 따라서 국민 간에도 정치 체제 차이에도 불구하고 적대감이 없었다. 그래서 앞에서 본 것처럼 교류 협력이 자연스럽게 진행될 수 있었고 그 과정에서 혜택을 입게 된 동독 정부는 상호주의 입장에서 서독 정부가 요구하는 조건에 비교적 순응하였다. 예를 들면 서독 정부가 헬무트 콜 총리 때 20억 마르크의 차관을 제공하면서 국경에 설치된 자동소총의 제거를 요구하자 이를 수용하였다. 제공된 지원금에 상응하여 반체제 인사 이주 허용, 수질 오염이나 산림 피해 방지 등 목적 사업을 잘 이행하였다.

이에 반해 우리의 경우는 상호 전쟁을 치렀고 신뢰를 바탕으로 한 교류 협력이 이루어지지 않아 적대감이 증대되고 북한은 핵 개발에 진력하고 있어 통일 기반이 취약한 상태이다. 그뿐만 아니라 대한민국 내부에서도 남남갈등이라고 불릴 정도로 대립이 심하고 이따금 이루어지는 교류 협력도 정치적으로 활용되어 국민의 지지를 받지 못하고 있는 형편이다.

독일은 시대 상황에 맞는 정치 지도자들의 리더십과 정책하에 통일 정책이 계승 발전되었다. 아데나워 총리는 빠른 시간 내에 통일은 불가능하다고 보고 국력을 키워 통일에 대비하고자 하였다. 국가 안보를 위해 군사적으로 재무장하여 나토에 가입하고, 서방 경제권에 편입하여 사회적 시장경제를 통하여 경제 부흥과 복지 사회를 이루며 서독만이 유일한 합법 정부임을 내세우는 정책(예: Halstein Doctrine)을 시행하였다. 이른바 힘 우위의 정책(die Politik der Stärke)이다. 이와 같은 친서방 정책의 성공으로 라인강의 기적이라고 부를 정도로 큰 성과를 거두었다.

1969년 사민당으로서 최초로 집권에 성공한 빌리 브란트는 신장된 국력을 바탕으로 하여 앞서 본 대로 동방 정책을 펴 양독 간에 교류 협력을 진전시켜 통일의 기반을 닦아나갔다. 1982년 정권을 탈환한 기민당의 헬무트 콜 총리는 동방 정책을 계승 발전시켜 우연히 찾아온 기회를 놓치지 않고 통일을 이루어냈다.

우리나라도 크게 보면 이승만·박정희 대통령 시대는 서독의 아데나워 총리 시절처럼 건국의 기반과 국가 안보를 튼튼히 하며 국력을 키워온 시기라 할 것이고, 김대중·노무현 대통령 시대는 빌리 브란트 총리 시절처럼 교류 협력에 노력한 시기라 할 것이다. 그러나 우리는 동독과 다른 북한의 강고한 태도, 통일 정책의 철학적 빈곤 및 합리적 논의 부족 등 때문에 통일의 기반을 닦지 못하며 지내온 셈이다. 그뿐만 아니라 정권 교체에 흔들리지 않고 일관되게 계승되는 통일 정책을 갖지 못하고 정권 교체 시마다 정책이 변하고 이것이 국민 통합을 저해하는 요소로 작용하기도 하였다.

독일은 주변 국가들과의 신뢰 형성을 통하여 통일을 위한 여건을 형성하는 한편 변화된 국제 환경을 잘 활용하였다. 견원지간이라 할 만한 프랑스와의 관계 개선에 진력하여 그 결과로 1963년 독불우호조약인 엘리제협정을 체결하고, 폴란드와의 국경 문제를 해결하고 또한 나치 정권 피해자에 대한 보상과 나치 협력자에 대한 처벌 등을 통하여 독일이 결코 유럽의 평화와 안정을 방해하는 세력이 아님을 보여주었다. 그리고 1975년 8월 1일 핀란드 헬싱키에서 동·서독을 포함한 유럽 국가들과 미국·캐나다 등 35개국이 참가한 가운데 열린 유럽의 안보와 협력 관계를 설정하기 위한 유럽안보회의(CSCE)에서 최종 의정서가 독일 통일의 기반을 제공해주었고, 1985년에 소련 공산당 서기장이 된 고르바초프의 개혁·개방 정책과 독일에 대한 미국의 확고한 지지가 통일 여건 조성에 결정적인 역할을 하였다.

그러나 우리는 동서 냉전 해소의 분위기 속에서도 주변 4강의 이해관계 때문에 통일 여건 조성의 모멘텀을 갖지 못했다. 또한 통일에 우호적인 국제 환경 조성의 노력도 부족하고 이를 극복할 수 있는 정치적 리더십을 갖지도 못했다.

독일 통일에는 깨어 있는 동독 주민의 평화적 혁명 의식이 결정적인 역할을 하였다. 북한 정권의 탄압 정치로 인하여 북한 주민이 그와 같은 의식을 표출하는 것이 어렵겠지만, 북한 주민의 삶의 질과 의식 수준의 향상을 위해 노력할 필요가 있다. 그리고 무엇보다 통일의 원동력이 된 것은 서독의 경제력이었다. 1980년대 후반 동독 경제는 사실상 서독 경제에 예속된 상태였다. 서독의 차관이나 지원이 없으면 붕괴될 상태에 이르렀다. 경제력 등 국력을 키우는 것이 통일에의 길임을 보여준다. 동독은 인구나 영토에서 서독의 4분의 1 수준이었음에 반해 북한은 영토는 더 넓고 인구도 남한의 60% 수준인 점은 통일 과정에서 우리의 부담이 만만치 않음을 보여준다. 국력을 키우는 노력과 함께 통일 비용의 확보, 사전적 국가 채무 관리 노력이 필요한 이유이다.

앞서 본 사정들에 비추어본다면 독일에 비해 우리의 통일 여건이 취약하고 그간의 노력이 미흡함을 인정하지 않을 수 없다. 그러나 통일은 결코 포기할 수 없는 우리의 과제이다. 정부는 발생 가능한 모든 경우를 상정한 치밀한 계획과 시나리오를 만들어 준비해야 할 것이다. 정부의 각 기관은 성격에 따라 다른 역할을 해야 할 것이다. 국방부·국정원과 외교부·통일부의 역할은 달라야 할 것이다. 국정원과 국방부는 북한을 우리의 안전을 위협하는 세력, 타도해야 할 세력임을 전제로 삼아 국가 안보를 최우선으로 하여 철저히 대비해야 하고, 외교부·통일부는 민족 동질성 회복과 교류 협력을 통해 통일을 함께 이루어가야 할 세력으로 보고 관리해야 할 것이다.

그러나 과거를 보면, 남북 관계가 개선되는 분위기이면 모든 국가 기관의 긴장이 이완되고, 경색되면 모든 국가 기관이 경색되는 모습을 보여왔다. 결코 바람직한 현상이 아니다. 그리고 단기간 내, 특히 정권 차원의 성과에 급급하여 서두르거나 북한을 불필요하게 자극하는 일은 삼가야 할 것이다. 흡수 통일이나 북한 체제 붕괴 등의 용어 사용은 최대한 자제해야 한다. 통일은 우리의 계획대로 되지 않는다는 겸손한 자세를 가져야 한다. 독일처럼 해야 할 도리를 잔잔하게 해나갈 때 통일은 이루어진다는 생각을 갖고 하늘의 도움을 구해야 할 것이다.

그리고 북한에 대한 정확한 실태 파악에 더욱 노력해야 할 것이다. 북한 정부 당국자와의 협상과는 별도로 북한 주민의 마음을 사는 정책과 노력을 게을리해서는 안 될 것이다. 통일에 이르렀을 때

투입될 비용에 대비하여 국가 채무가 늘어나지 않도록 관리해야 할 것이다. 이렇게 해나가면 통일은 어느 날 도둑같이 찾아올 것이다. 신의 목소리에 귀 기울이고 있다가 기회다 싶으면 그 외투 자락을 잡아채는 지혜와 용기가 정치인의 덕목임을 기억해야 할 것이다. 그리고 무엇보다도 우리가 바라는 통일은 자유민주주의, 시장경제를 바탕으로 한 평화 통일이어야 함을 잊어서는 안 될 것이다. 이것이 우리가 독일 통일에서 배우는 교훈일 것이다.

독일을 보며 한국 정치의 새길을 찾는다[3]

'통일'을 말하기 전에

역사는 우연한 사건에 의해 뜻밖의 방향으로 진행되곤 합니다. 독일 통일의 경우도 그 한 예입니다. 1989년 여름을 지나며 동독 주민들의 민주화에 대한 요구가 강해지자 동독 지도부는 부득이 호네커 서기장과 슈토프 총리 내각을 퇴진시키고 개혁에 나섰습니다.

우선 동독 주민들이 가장 갈망하는 서독으로의 여행 자유화 조치를 마련하여 11월 9일 초저녁 당 대변인 귄터 샤보프스키의 기자회견을 통해 발표하였습니다.

---

3 이 절은 《매일경제》 '필동통신'에 기고한 필자의 칼럼 중 독일 관련 내용을 모아서 구성하였다.

여행 자유화 조치의 내용은 조건 없는 여행 허가 신청이 11월 10일부터 가능하다는 것이었을 뿐 여행 자유화가 당장 시행되는 것이 아니었음에도 한 기자의 추궁에 당황한 샤보프스키는 그만 당장 시행된다고 하는 바람에 이 소식을 들은 동베를린 시민들은 베를린 장벽으로 몰려가 개방을 요구하였고, 국경수비대는 상부의 방침을 구하였으나 개방을 하지 말되 강력히 항거하는 자에게는 개방해주라는 무능한 대응을 하는 등 허둥대다 장벽이 그냥 열리고 만 것입니다.

동독 TV 방송은 19시 30분 서독 등 외국으로의 여행을 조건 없이 신청할 수 있다고 전했지만, 서독 TV 방송은 20시에 동독이 국경을 개방했다고 방송해버린 것이 장벽 붕괴를 촉진하는 역할을 하였습니다. 이로써 이른바 동독 정부의 질서 있는 정책 시행은 불가능하게 되고 정부의 권위는 무너지고 동독의 민주화는 더욱 촉진되는 결과를 가져왔습니다. 그런 의미에서 샤보프스키의 실수는 언론으로부터 '이 세상에서 가장 아름다운 실수'라는 재미있는 평가를 받았고 기자회견에 들고 나온 서류는 인류 문화 유산으로 등재되었습니다.

그런데 샤보프스키의 실수를 이끌어낸 기자 이야기는 자못 흥미롭습니다. 그는 이탈리아 ANSA 통신사의 동독 특파원인 리카르도 어만이었습니다.

기자회견장에 늦게 도착하여 자리를 잡지 못하고 단 아래에 쭈

그리고 앉아 짜증이 난 상태에서 적당히 회견을 마치려는 샤보프스키를 향해 "언제부터 시작하겠다는 겁니까(Ab Wann, Wann tritt das in Kraft)?"라고 퉁명스럽게 질문하자, 샤보프스키는 당황하며 "내 생각으로는 지금 당장(Nach meinem Kenntnis ist das sofort, unverzüglich)"이라고 말해버린 것입니다.

어만의 부모는 유대계 폴란드인이었습니다. 그들은 이탈리아 피렌체로 신혼여행을 갔다가 그곳이 맘에 들어 그만 주저앉아버렸고 어만은 그곳에서 태어났습니다. 그는 동독 특파원으로 오래 근무하다 다른 곳으로 전출되었으나 후임 동독 특파원이 병가를 내자 임시로 다시 투입되었습니다. 그 사람이 역사를 바꾸는 원인을 제공하였습니다. 그는 2008년 독일 정부로부터 독일 통일에 기여한 공로로 훈장도 받았습니다. 역사의 큰 전환에 관련한 일이지만 어쩐지 코미디 같기도 합니다.

독일 통일은 아무도 예상하지 못한 방식으로 빠르게 진행되었습니다. 애당초 독자적인 통일부서도 두지 않았고 특별한 통일 정책도 없었던 독일은 통일을 이룬 것이 아니라 통일이 되어버린 것입니다. 많은 독일인은 통일은 별다른 노력 없이 주어졌을 뿐 아니라 갑자기 오게 되어 여러 문제를 야기하였다고 합니다. 그렇기에 통일은 인간의 계획과 노력에 의한 것이라기보다는 보이지 않는 힘에 의한 신의 작품이라는 생각이 듭니다.

그러나 다른 한편 통일이 이루어지는 과정에서 서독 정부나 국민이 기울인 노력들을 결코 가볍게 여길 수는 없습니다.

'하늘은 스스로 돕는 자를 돕는다'는 속담처럼 하늘의 도움은 결코 우연히 찾아오는 것은 아닙니다. 서독 정부와 국민이 할 도리를 다하는 노력이 있었기에 하늘이 돕지 않았을까요? 서독 정부는 통일을 목적으로 삼지 않고 다만 같은 민족으로서의 동질성을 유지하고 동포를 돕기 위한 교류 협력의 잔잔한 노력을 하였을 뿐입니다. 이런 것들이 동독 정부의 서독에 대한 경계심을 풀어 동독이 사실상 서독에 의존하게 만들었고 동독 주민들의 마음을 사는 결과가 되어 통일의 길이 열리게 된 것입니다.

우리에게 필요한 진정한 통일 정책은 통일이라는 말은 잠시 접어 두더라도 북한 동포를 돕고 그들의 마음을 사는 친화적 노력입니다.

(2015년 7월 7일)

아베 일본 총리 담화

일본의 아베 신조 총리는 14일 발표한 전후 70년 담화에서 "우리나라는 지난 전쟁에서의 행동에 대해 반복적으로 통절한 반성과 마음으로부터의 사죄를 표명해왔으며, 이런 역대 내각의 입장은 앞으로도 흔들리지 않을 것"이라고 밝혔습니다. 그 내용만으로 보면 "식민지 지배와 침략으로 손해와 고통을 입은 아시아 국가 국민에게 통절한 반성과 사죄의 마음을 표한다"라고 한 무라야마와 고이즈미 전 총리의 전후 50년, 60년 담화를 계승한다는 것이니 우리로서도 수용할 만한 것입니다.

그럼에도 우리가 불만스럽게 생각할 수밖에 없는 것은 그의 과거로부터 현재로 이어지는 언행에 비추어 그 반성과 사죄가 진정한 것인지 의문을 갖게 할 뿐 아니라, 일본이 한국에 대한 관계에서는 중국 등 다른 나라에 비하여 차별된 입장을 보이고 있기 때문입니다. 그렇게도 진정성 있는 사죄와 반성이 어려운 것인지, 진정한 반성과 사죄를 바탕으로 세계로부터 존경받는 모범 국가로 나아갈 수 있는 길이 열리는 것을 모르는지 안타까울 뿐입니다.

전후 독일 정치인들이 지금까지 보여주고 있는 역사 인식과 반성하는 모습과 비교하면 더욱 그렇습니다. 그들의 모습은 때로는 감동적이기도 합니다. 그 가운데 하나가 독일 리하르트 폰 바이츠제커 대통령이 1985년 5월 8일 종전 40주년을 기념하여 하원에서 행한 연설입니다. 많은 사람은 이 연설이 제2차 세계대전을 일으켰던 독일의 입장을 국내외에 확실하게 정리한 명연설이었다고 말합니다. 나치의 불법 통치와 전쟁 수행으로 인하여 입은 자국민과 유럽인들의 고통과 피해를 상세하게 들춰내어 사죄하고 그 바탕 위에서 앞으로 독일인이 취해야 할 태도를 제시·다짐하고 있습니다. 내용은 물론 문장도 아름다워 마치 뛰어난 문학 작품을 읽는 것 같은 감동을 줍니다. 그의 연설은 빌리 브란트 총리의 바르샤바 유대인 추모비 앞에서 사죄의 무릎 꿇기와 함께 독일이 국제사회로부터 신뢰를 받게 되는 결정적 계기를 제공합니다.

그는 독일이 항복한 1945년 5월 8일은 단순한 종전일, 패전 기념일이 아니라 해방의 날(ein Tag der Befreiung)이라고 평가합니다. 이날은 독일이 나치 국가사회주의의 폭력적 지배, 인간 경멸의 시스템으로부터 해방된 날이요, 잘못된 길로 들어선 독일 역사를 종식시키고 더 나은 미래를 향한 희망의 싹을 틔우는 날이기 때문이라는 것입니다. 그리고 경고합니다. 과거에 대하여 눈을 감는 자는 현재에 대하여도 눈을 감게 될 것이요, 자신의 잘못을 기억하지 않는 자는 또다시 같은 잘못의 길로 들어설 위험이 있다고.

요하힘 가우크(Joachim Gauck) 대통령은 금년 2월 드레스덴을 방문하여, 1945년 2월 영국군이 제2차 세계대전을 종결시키기 위하여 드레스덴을 며칠 동안 폭격하여 온 시가지를 잿더미로 만들고 그 과정에서 수만의 시민이 사망한 사건과 관련하여 이를 규탄하려는 일부 움직임에 대하여 그 근본적인 원인을 직시할 일이요, 상대주의적 관점에서 책임 분배를 내세워 독일의 책임을 감경하려는 시도는 잘못이라고 명백히 지적하였습니다.

침략 전쟁을 일으켜 한국과 중국을 비롯한 아시아에서 엄청난 희생자를 낸 일본이 히로시마·나가사키 원폭 투하에 대하여 마치 일본과 일본인이 전쟁 피해자요, 희생자인 양 행세하는 일부 일본 정치인들이 갖는 피해 의식과는 사뭇 다른 모습입니다.

그렇지만 일본에도 아베 총리의 역사 인식과 행태에 대하여 반대하는 많은 양심적인 사람이 있습니다. 근자에 역대 총리 여섯 분이 아베 총리의 잘못을 지적하였고, 하토야마 유키오 전 총리는 옛 서대문형무소를 찾아 순국열사 추모비 앞에 무릎을 꿇었습니다. 어찌 보면 아베 총리는 지금의 일본이 처한 시대 상황과 맞물려 등장한 정치 지도자이고 그의 역사 인식이 일본 사회를 지배하지는 못할 것입니다.

그렇다면 우리도 아베 총리를 전체 일본으로 보아 양국 관계를 끌고 갈 수는 없습니다. 양국 간 선린 관계를 희망하는 수많은 일본인을 보듬어 안고 경직된 양국 관계가 가져올 국익의 손실을 생각해서라도 감정적으로 대응하지 않고 신중하고 품격 있게 대처해야 할 것입니다. 정부의 노력과 언론의 선한 역할이 필요한 때입니다.

(2015년 8월 18일)

앙겔라 메르켈의 리더십

총리 퇴임 후 어느 경제 단체로부터 리더십을 주제로 특강을 해달라는 부탁을 받았습니다. 평소 리더십에 관하여 깊은 생각과 연구가 없었던 터라 사양하였습니다.

그랬더니 공직 생활의 경험을 소박하게 회고하는 것만으로 충분하다고 꾀어(?) 강의를 수락하고 비로소 리더십에 대하여 생각해보았습니다. 그때 제가 경험을 바탕으로 하여 강의한 요지는 다음과 같았습니다.

제가 어느 기관의 장이 되었을 때, 후배 한 분이 마키아벨리의 『군주론』을 선물하였습니다. 목표 지향의 강력한 리더십을 발휘하라는 선의의 취지일 것입니다. 하지만 정독하지는 않았습니다. 그런 리더십의 시대는 지났다고 생각했습니다.

지금은 만인(萬人) 리더의 시대입니다. 어떤 조직이든 톱 리더 한 사람이 앞서 끌고 가는 것으로 조직의 목표를 달성할 수 없습니다. 구성원 모두가 나름대로 각자에게 맞는 리더의 역할을 할 때 더 큰 성과를 이끌어낼 수 있습니다. 이런 여건을 만들고 분위기를 조성하는 것은 톱 리더의 몫입니다. 이를 위해서는 자기가 갖고 있는 권한을 80%만 행사하겠다는 자세를 가져야 합니다.

물론 리더는 해당 분야에 대한 전문성 확보를 위해 노력해야 합니다. 이를 위해 끊임없이 공부하고 또 자기가 말하기보다는 다른 사람의 말을 더 경청해야 합니다. 또한 리더는 조직 내 인화를 위해 노력해야 합니다. 칭찬은 빨리, 질책은 더디게 하고 친소나 호불호를 표출하여 편 가르기를 하거나 일부 구성원이 소외감을 느끼지 말도록 해야 합니다. 그리고 때로는 시심(詩心)을 갖고 감성적 접근을 할 필요도 있습니다. 결국 충실한 자기 관리와 겸손, 타인에 대한 배려 등 원만한 인간관계의 실천이 리더십의 핵심입니다. 물론 조직의 성격이나 시대 상황에 따라 다소 다르겠지만.

그 강연을 계기로 정치인의 리더십에 대해서도 관심을 갖게 되었습니다. 그것이야말로 국가의 명운을 좌우하는 요소이기 때문입니다. 그리고 총리 퇴임 후 6개월의 독일 체류 시 가장 관심 있었던 분야가 당연히 독일 정치인들의 리더십이었습니다. 오늘 독일이 역사상 최고의 평화와 번영을 누리고 있는 것은 독일 정치인들의 리더십 때문이라고 생각했기 때문입니다.

콘라트 아데나워, 빌리 브란트, 헬무트 콜, 게르하르트 슈뢰더 등 독일 정치인들의 중요한 리더십의 한 대목은 미래에 대한 비전과 확고한 신념, 이를 실천하기 위해 때로는 여론이나 지지자들의 생각까지 거스르며 설득해나가는 용기입니다.

그런데 조금은 이상하고 재미있는 것이 앙겔라 메르켈 총리의 리더십입니다. 변하는 상황을 잘 활용하고, 대세에 순응하며, 큰 이슈에 쉽게 뛰어들거나 어느 편에 서지 않으며, 좀처럼 남을 공격하는 일이 없고 흥분하거나 거친 말을 사용하지 않아서 무료하거나 무감각하기까지 하며, 자유와 인권을 지키는 문제 외에는 이념에서 자유로우며 유연성과 실용성을 바탕으로 문제를 해결해나가는 느슨한 방식이 그것입니다. 시각에 따라서는 답답하게 보이는 이런 것들이 바람직한 리더십의 내용이 될 수 있는지 의문이 들기도 합니다. 지난 선거 때는 야당 후보로부터 메르켈은 로터리를 빙빙 돌기만 할 뿐 방향을 정해 빠져나가지 않는다는 비아냥을 듣기도 했습니다.

　그렇지만 메르켈의 리더십은 가장 약하면서도 강한 리더십이라고 평가받고 있습니다. 이런 것들을 통하여 사회가 불필요한 갈등에 휩싸이지 않게 하고, 나아가 반대 세력을 자극·흥분시키지 아니함으로써 상대방을 무장해제시키고 심지어 그들이 투표장에 나오지 않게 하는 결과를 만들어내기까지 한다는 것입니다.

　민주주의에서 정치 지도자는 항상 강할 수 없습니다. 모든 문제를 혼자 알고 처리할 수도 없습니다. 때때로 어려운 순간은 오게 마련입니다. 이런 사정을 너무 잘 알기에 나름대로 대비하는 메르켈 특유의 리더십이 역대 독일 총리 중 가장 막강하다는 평가를 만들어내고 있습니다.

　그 바탕은 동독 출신으로서 정치 경험이 조금은 부족한 여성 정치인이 갖는 한계를 인정하는 겸손함과 섬세함, 그리고 이번 시리아 난민 사태 처리 과정에서 보여주는 바와 같은 따뜻한 마음에 있는지도 모르겠습니다.

(2015년 9월 11일)

선거구 개편에 국가 발전 달렸다

내년 총선을 앞두고 선거구 개편 논의가 진행되고 있습니다. 헌법재판소가 표의 등가성(等價性)이 2 대 1의 범위 안에서 지켜져야 한다는 취지로 결정함에 따라 진행되는 논의이지만 정치권은 물론 우리 사회에 미치는 영향이 작지 않은 문제입니다.

선거구 조정과 함께 의원 정수를 어떻게 할 것인지, 권역별 비례대표제를 도입할 것인지, 관련하여 비례대표 의원의 정수를 조정할 것인지 등이 논의 대상입니다. 특히 지역구 통폐합이 예상되는 농어촌 지역을 배려하기 위해 비례대표 의석을 줄여서라도 지금의 농어촌 지역구를 유지할 것이냐는 문제도 떠올랐습니다.

아무래도 논의에 참고되는 것은 독일의 선거 제도인 것 같습니다. 독일 선거에서 유권자는 제1투표는 지역구 후보자에게, 제2투표는 정당에 각각 투표합니다. 전체 의석의 절반씩을 제1투표와 제2투표로 각각 선출합니다. 우선 각 정당은 제2투표에 의해 득표한 비율로 의석을 배분받습니다. 예컨대 제2투표에서 10%를 득표한 정당은 전체 의석의 10%를 차지하게 됩니다. 지역구에서 몇 석을 차지했으면 10%의 의석수에서 지역구 당선 의석수를 빼고 나머지 의석만을 비례대표로서 배분받고, 만약 한 석도 차지하지 못했으면 10%의 의석 전부를 비례대표로 배분받습니다. 지역구 선거에서 당선된 숫자가 배분된 의석수를 초과할 때에는 지역구 당선자는 그대로 인정됩니다.

그러므로 선거 때마다 초과 의석의 발생 여부나 그 규모가 결정되고, 그에 따라 전체 의원의 숫자가 달라집니다. 유권자의 정당에 대한 지지도가 의석수에 그대로 반영되게 하여 사표(死票) 발생을 철저하게 막기 위함입니다. 다만 소수 정당의 난립을 막기 위해 5% 이상을 득표한 정당에만 의석이 배분됩니다. 이상의 선거 절차는 16개 주(州) 단위의 권역별로 이루어집니다.

지역구 후보자는 비례대표 명부에도 등재될 수 있어 지역구에서 낙선하더라도 비례대표로서 의회에 진출할 수 있습니다. 이로써 지역구에 매달리지 않고 큰 정치를 할 수 있는 경륜 있는 정치가가 양성되기도 합니다. 국민의 존경을 받으며 국가 발전을 이끈 많은 거물 정치인들이 비례대표 출신인 것은 바로 이런 이유 때문입니다.

지금 진행되고 있는 논의 과정을 보면 의원 정수는 300명을 그대로 유지한다는 것입니다. 그 이유는 국회가 불신을 받는 상황에서 의원 정수를 늘리는 것은 국민 정서에 반하기 때문이라는 것입니다. 권역별 비례대표제 도입도 의석의 정당별 지역 편중을 완화해 지역감정을 해소하기 위한 것이라지만 각 정당은 나름대로 이해득실을 따질 것입니다. 지역구 의석을 늘리고 그만큼 비례대표 의석수를 줄이자는 논의도 기득권 유지 차원에서 현 정치권에는 매력이 있어 보입니다.

그러나 선거구 개편 논의는 장래 우리나라 발전에 가장 바람직한 제도가 무엇인가를 중심으로 이루어져야 합니다. 독일이 오늘의 평화와 번영을 이룬 데 독일 정치가 뒷받침했던 것처럼 우리에게도 고우나 미우나 정치가 국가 발전의 원동력임을 상기한다면,

좀 더 근본적 차원에서 논의돼야 합니다. 국민 정서에의 영합, 정당의 단기적 이해득실, 양대 정당이나 기존 정치권의 보호 등만을 생각한 논의가 진행되어서는 안 됩니다.

과연 우리나라에 합당한 의원 정수는 얼마인지를 합리적으로 따져볼 필요도 있습니다. 국회의원에 대한 처우가 과하지 않은지도 따져볼 일입니다. 선진 민주국가들의 사례를 참고해서 말입니다. 지금까지 비례대표제가 그 본래 취지대로 운영되었는지 반성해보아야 합니다. 관련하여 권역별 비례대표제를 도입할 것인지, 도입한다면 그 의석 비율을 얼마로 하고 명부 작성은 어떻게 공정하고 투명하게 할 것인지도 연구해야 합니다. 그런 고민이나 비례대표 정수의 증가 없이 권역별 비례대표제를 도입하는 것은 옹색해 보입니다.

현재의 정치·사회적 분위기나 시간의 촉박함 때문에 위에 거론한 모든 문제에 대한 근본적인 논의가 어려울 것입니다. 그렇지만 다음번의 선거 제도 개선을 위해서라도 지금부터 정치권이나 우리 사회가 좀 더 진지한 고민과 연구를 시작해야 할 것입니다.

(2015년 9월 22일)

독일의 정치가 우리에게 주는 교훈

헌법은 국가의 근본 조직과 작용을 규정하는 최고 규범으로서 그 근본 목적은 국민의 기본권을 보장하는 데 있습니다. 헌법에 규정된 권력 구조 내지 통치 기구에 관한 조항조차도 결국은 권력 분립, 견제와 균형을 통해 국민의 기본권을 보장하기 위한 것입니다. 따라서 권력 분립을 통해 권력 집중에 의한 독재의 위험을 막고 국민의 기본권을 보장하는 것, 그것이 민주 헌법의 기본 원리입니다. 우리 헌법도 기본적으로 그 내용이나 정신에 있어 다름이 없습니다.

그럼에도 그 정신이 현실 정치에서 구현되지 아니하고 국가 발전 동력으로 작용하지 못하고 있는 것은 우선 그 운영상 문제 때문이라고 할 것입니다. 제왕적 대통령이라는 비아냥이 등장하고 의회 권력이 비대해지는 경향에 대한 염려가 늘어나며 미성숙한 정당 정치 모습에 국민이 등을 돌리는 문제들이 그 예입니다.

물론 정치 지도자들이 노력하면 현재 제도의 틀 안에서도 얼마든지 헌법 정신을 구현할 수 있습니다. 그러나 지금까지 이에 실패하고 있는 것을 보면 이제 정치 지도자들의 선의와 능력에만 기대할 수 없는 지경에 이르렀다고 보아야 할 것입니다. 역사적 사명을 다했다고 평가받는 현행 5년 단임 대통령 중심제 권력 구조에 대한 개선이나 거대 양당 중심의 극한 대립 구조에 대한 개선 필요성이 상당한 공감을 얻고 있지만, 현재로선 이마저도 기득권을 고착시키는 현실 구조 속에서 논의를 위한 동력을 확보하지 못하고 있습니다.

그러나 국가 장래를 생각한다면 결코 방치해둘 문제는 아닙니다. 한시바삐 우리 사회가 함께 고민하고 논의에 나서야 합니다. 정치가 국가 발전의 원동력이기 때문입니다. 이를 논의함에 있어서 가장 중요한 것이 통치 권력이나 정당 권력의 독과점이 아닌 분산, 나눔의 정치입니다. 대화, 타협과 배려의 정치입니다.

이런 점에서 참고할 만한 것이 독일 정치입니다. 독일은 다른 어떤 민주국가보다 더 철저히 제도적으로나 실제 운영상 권력을 분립시키고 있습니다. 양원제인 입법부, 헌법재판소와 일반·특별법원이 구분된 사법부, 연방과 16개 주로 분산된 연방제 국가, 나아가 유럽연합(EU)으로 주권 일부 이양 등이 그것입니다. 그뿐만 아니라 행정부 내에서도 대통령, 총리, 장관 간에 권한이 엄격히 분장되어 있습니다.

독일은 기본적으로 내각책임제 국가이므로 연방 총리가 연방 정부 최고 책임자로서 연방 정부를 이끌고 연방 대통령은 국가 원수로서 대외적으로 국가를 대표하면서 제한적이고 상징적인 권한만 행사하지만, 연방 대통령은 연방 하원의원과 같은 수의 주 대표로 구성된 연방회의에서 선출되어 국민에게 존경을 받고 또한 연방 총리에게 국정 운영에 관한 보고를 받고 의견을 제시할 수 있으므로 사실상 국정 운영에 큰 영향력을 행사합니다.

연방 총리는 앞서 본 대로 연방 정부 최고 책임자이지만 내각 장관에 대한 지휘 감독에는 일정한 제한이 있습니다. 기본법 제65조는 "연방 총리는 연방 정부의 기본 정책 방향을 결정하고 그에 대한 책임을 진다. 이러한 정책 방향에서 연방 각료들은 자기 업무를 독자적으로 자기 책임 아래 수행한다. 연방 각료 사이에 의견 대립이 있을 때는 연방 정부가 결정한다"라고 규정하고 있습니다. 물론 연방 총리 요청에 따라 대통령에 의해 임명·해임되기 때문에 각료들에 대한 연방 총리의 권한은 작다고 할 수는 없지만, 폭넓은 지지 기반을 갖고 있는 장관(특히 연정하에서 각료)들은 독자적으로 자기 정책을 강하게 추진할 수 있습니다.

정부 구성에서도 단독 정부가 아니라 예외 없이 연립정부가 구성됩니다. 다당제인 독일에서 한 정당이 단독으로 연방 하원 과반수 의석을 차지하는 사례가 거의 없기 때문입니다. 총선 결과 단독 정부가 가능하였던 1956년에도 더 안정적인 정국 운영, 연방 상원·각 주 정부와 원활한 협력 확보 등을 위해 연립정부를 구성함으로써 정부 수립 이후 지금까지 예외 없이 복수 정당 간 연정(Coalition)을 시행하였습니다.

권력 집중이 아닌 분산, 그리고 그것을 다시 합치는 과정에서 국정 운영에 더 큰 동력이 생기고 이것이 국가 발전과 국민 통합으로 연결된다는 것, 이것이 독일 정치가 우리에게 주는 교훈이라 할 것입니다.

(2015년 10월 27일)

독일 정치에 신데렐라는 없다

오늘날 독일이 그 역사상 최고의 평화와 번영을 구가하고 있는 것은 정치가 이를 뒷받침하였기 때문입니다. 그 독일 정치 특색의 하나로 들 수 있는 것이 바로 충분한 경험과 경륜을 가진 검증된 정치가들에 의한 정치, 곧 중후(重厚)한 정치입니다. 역대 총리들의 경우를 보더라도 주 총리, 여러 부처의 연방 장관, 다선의 연방 하원 의원, 당 대표나 간부 등 풍부한 행정 경험과 정치 경험을 쌓고서 총리로 선출되었습니다. 따라서 그들은 각자 그 시대에 맞는 역할을 통해 업적을 남겼으며 누가 더 잘했느냐의 평가는 할 수 있을지 언정 실패한 총리는 없습니다.

대부분의 정치인들은 20대 초반 지역 단위에서 정당 활동을 시작하여 중앙으로 진출하고 다선 하원의원들이 연방 차관, 나아가 연방 장관이 되는 것입니다. 끝없는 학습과 훈련의 연속으로 경륜을 쌓아가는 것입니다. 어느 날 갑자기 허망한 인기의 구름을 타고 나타나거나 유력자가 만들어준 낙하산을 타고 나타나는 사람은 없습니다. 독일 정치에 신데렐라는 없습니다.

또한 국민들이나 당원들은 일단 선출된 지도자들에 대하여 신뢰를 보내고 흠이 없는 한 싫증을 내지 않고 장기 재직을 허용하고 있어 정책의 장기적·안정적 수행이 가능합니다. 초대 총리로 라인 강의 기적을 이끈 콘라트 아데나워 총리는 14년간, 독일 통일을 이끈 헬무트 콜 총리는 16년간, 지금 유럽연합을 이끌고 있는 앙겔라 메르켈 총리는 8년 재직 후 다시 세 번째 연임하여 재직하고 있으며, 헬무트 슈미트와 게르하르트 슈뢰더 총리도 각각 7년, 8년 동안 재직하였습니다. 그러므로 전후 독일의 총리는 8명에 불과합니다. 독일과 같은 의원내각제를 취하고 있는 일본의 총리는 같은 기간 30명 이상이었던 것에 비추어보더라도 독일 정치의 중후함을 느낄 수 있습니다.

연방 장관의 경우도 마찬가지입니다. 예를 들면 에르하르트 경제 장관은 아데나워 총리와 14년을, 겐셔 외교장관은 콜 총리와 16년을 함께하였습니다. 숨 막힐 정도의 끈질김입니다. 현재 람메르트 하원의장도 2005년 10월 이후 계속하여 세 번째 연임을 하고 있습니다.

의장을 12년간이나 맡는 것이 선뜻 이해되지 않는다는 저의 질문에 어떤 독일 교수는, 의장은 국민과 의원들의 존경을 받고 또한 의회 운영을 가장 잘할 수 있는 사람이 맡아야 할 것인데 지금 의장이 바로 그런 분이니 너무 당연하다는 대답입니다.

이에 비하면 우리의 경우는 너무나 대조적입니다. 5년 단임의 대통령제로는 장기적·안정적 정책 수행이 불가할 뿐 아니라 막강한 권한에서 시작하여 곧 레임덕으로 연결되는 안타까운 모습만 보여주고 있습니다. 부단한 노력으로 전문성을 키워가는 정치인을 만나는 것도 쉽지 않습니다. 경험과 경륜의 중요성이 경시되고 오히려 다선이 퇴출 이유로 거론되기도 합니다. 실력 있고 사명감을 가진 정치인들이 제대로 평가받기보다는 오히려 포퓰리즘, 지역감정이나 진영 논리에 의존하고 정파적·이념적 편 가르기에 능한 정치꾼들에게 기회가 주어지는 것이 현실입니다. 이를 바로잡을 수 있는 것은 국민이고 그 수단은 선거입니다.

4월 총선을 앞두고 있습니다. 자질·실력이 없거나 공부하지 않는 사람, 교활함과 위선으로 국민을 속이는 사람, 목전의 이익을 위해 명분 없이 당적이나 소신을 쉽게 바꾸는 사람, 거친 언행과 편 가르기로 사회를 분열시키는 사람이 있다면 여야를 가리지 않고 이를 솎아내는 일에 나서야 합니다. 그리고 경조사 참석이나 무리한 민원의 굴레에서 정치인들을 해방시켜주어야 합니다.

이번 선거에서는 일부 정치인들이 신봉하거나 활용하는 머레이비언의 법칙, 즉 상대방에 대한 평가나 판단을 함에 있어서 말하는 내용은 7%만 작용하고 나머지는 제스처 등 이미지에 영향을 받는다는 법칙이 깨어 있는 우리 국민에 의하여 깨어지길 소망합니다. 그것이 우리 정치가 경박(輕薄)한 정치로부터 중후(重厚)한 정치로 나아가는 첫걸음이 될 것입니다.

(2016년 1월 19일)

중앙과 지방의 갈등

어느 사회든 갈등이 없는 곳은 없습니다. 우리 사회도 마찬가지입니다. 아니 우리 사회는 다른 나라보다 더 많은 갈등을 안고 있습니다. 갈등으로 인한 사회적 비용이 GDP의 27%에 이른다는 어느 경제연구소의 보고도 있었습니다. 갈등을 최소화하고 합리적으로 해결·조정하는 것이 사회 통합과 경제 번영의 길입니다. 중앙정부, 지방 등 공적 기관 사이에도 갈등이 존재할 수 있지만, 이는 잘 짜인 제도의 틀에 의하여 예방되고 해결되어야 하는 문제입니다.

최근 중앙정부와 지방 교육청 사이의 누리과정 예산과 관련한 갈등이 바로 그러한 예입니다. 누리과정은 만 3세에서 5세 유아에 대한 유치원의 교육과정과 어린이집의 표준 교육과정을 통합한 교육 프로그램으로, 유치원과 어린이집을 가리지 아니하고 균등한 교육을 제공·지원하여 교육 복지를 확대하기 위한 것이었고 아울러 지방교육재정교부금의 효율적 사용을 위한 것이기도 하였습니다. 지방교육재정교부금은 지방교육재정법에 따라 중앙정부가 매년 내국세의 20.27%를 지방 교육을 위하여 지원하는 예산으로, 학생 수 감소 등에 따라 절약할 여지가 생기므로 이를 누리과정으로 돌려서 활용하자는 취지였습니다.

그리고 중앙정부는 지방교육재정교부금을 교부하면서 교육청으로 하여금 누리과정 예산을 편성하도록 하는 근거를 마련하였습니다. 예산을 교육의 질을 향상시키기 위한 다른 용도에 활용하고 싶은 교육청 입장에서는 불만스럽고, 특히 세수가 줄어듦에 따라 교부금이 감소하면 더욱 그럴 것입니다. 그러나 세수 감소에 따라 어려움을 겪는 것은 중앙정부나 지자체 및 교육청도 마찬가지입니다. 그리고 세수는 일시 감소하기도 하지만 증가하는 추세입니다. 한두 해를 보고서 판단할 일은 아닙니다.

결국 누리과정의 도입 과정, 어린이집이나 유치원을 구분하지 않고 유아들에게 균등한 교육을 제공하자는 취지, 영·유아보육법이나 유아교육법 모두 교육과 보육을 반영하고 그 경비가 의무 지출 경비에 해당하는 등의 법령에 비추어본다면, 일부 교육청이 대통령의 공약 문구 해석이나 어린이집은 보육기관이지 교육기관이 아니라는 형식 논리에 기대어 누리과정 예산의 전면적 또는 부분적 편성을 거부하여 학부모를 불안케 하고 사회적 갈등을 증폭시키는 일은 온당치 않습니다. 소요 예산 규모나 재원 확보에 관한 현재 상황이나 장기적 추이 등을 충분히 재검토하여 필요하다면 개선책을 마련함으로써 갈등을 해소해야 할 것입니다.

그러나 더 근본적으로 중앙정부와 지방자치단체 사이의 권한과 재정에 관련된 내용을 전면적으로 재검토할 필요가 있습니다. 예컨대 노인·아동·장애인에 대한 지원과 같이 전국 어디에서나 공통적으로 시행되는 사업은 국가 사무임을 명확히 하여 그 비용을 모두 중앙정부가 부담하도록 하고, 지방 고유의 사정에 따라 시행되는 사업은 지방정부가 부담하도록 하는 방식 등으로, 이른바 현재의 국가 사무와 지방 사무를 다시 점검하여 재분류하고, 그에 따른 재정 확보 방안으로서 현재의 국세·지방세 구분 및 중앙정부 지원 제도를 재검토할 필요가 있습니다.

지금 국세와 지방세 세수입 비율은 대략 80 대 20이지만 오히려 지방과 중앙이 60 대 40 비율로 사용하고 있습니다. 이는 중앙정부가 교부세, 교부금, 보조금 등의 형태로 지방을 지원하고 있는 셈인데, 그 과정에서 중앙정부의 재량이 부당하게 개입할 여지가 있고 이것이 갈등을 유발하여 지역 통합이나 사회 통합을 저해할 수 있습니다. 국세와 지방세의 비율, 중앙과 지방의 사용액 비율 편차를 조금이라도 줄인다면 불필요한 갈등을 줄일 수 있을 것입니다. 그리고 경제 규모·경제구조·인구수 등의 차이에 따른 세수 차이로 지방자치단체 사이에 존재하는 재정 불균형 해소를 위해서는 우리나라가 연방 국가는 아니지만 독일의 지방 재정 균형 제도(Länderfinanzausgleich), 즉 일정한 원칙과 기준을 정하여 부유한 주가 빈곤한 주를 지원하는 사례를 참고할 필요가 있습니다.

아무튼 갈등 해소를 위한 상호 이해, 소통의 노력과 함께 원칙과 기준을 바탕으로 한 정치(精緻)한 제도의 틀을 짜는 노력이 필요한 때입니다.

(2016년 2월 16일)

독일은 어떻게 빨리 통일을 이루었나?

베를린 장벽이 무너진 해인 1989년 빌리 브란트 전 독일 총리가 한국을 방문하였습니다. 그때 독일이 언제쯤 통일될 것인가 하는 질문을 받고, 참으로 많은 시간을 기다려야 할 것이며 아마도 한국 통일이 먼저일 것이라고 답변하였습니다. 그러나 그해 11월 9일 베를린 장벽은 무너졌고 다음 해 10월 3일 독일은 통일을 이루었습니다. 통일 문제에 천착해온 대정치가의 예견이 무참히 빗나간 것은 통일 문제가 그만큼 어렵다는 증거입니다. 그렇지만 독일의 빠른 통일 원인을 살펴보면 우리도 어떤 실마리를 찾을지 모릅니다.

독일은 자신이 일으킨 전쟁에 대한 책임으로 분단되었을 뿐 동·서독 간에 이념 차이에 따른 전쟁이 없었습니다. 따라서 국민 간에 정치 체제 차이에도 불구하고 적대감이 없었습니다. 그래서 제한적이나마 가족 방문·우편·통신·방송·무역 등 교류 협력이 자연스럽게 진행될 수 있었고 그 과정에서 혜택을 입게 된 동독 정부는 상호주의 입장에서 서독 정부가 요구하는 조건에 나름대로 순응하였습니다. 제공된 지원에 상응하여 반체제 인사 이주 허용, 문화재 복구, 수질 오염이나 산림 피해 방지 등 목적 사업을 잘 이행하였습니다. 그리고 공산 독재 체제였지만 최고 지도자는 교체되었습니다.

독일은 주변 국가들과의 신뢰 형성을 통해 통일을 위한 여건을 형성하는 한편 변화된 국제 환경을 잘 활용하였습니다. 견원지간이라 할 만한 프랑스와의 관계 개선에 진력하여 그 결과로 독불우호조약인 엘리제협정을 체결하고, 폴란드와의 국경 문제를 해결하고 또한 나치 정권 피해자에 대한 보상과 나치 협력자에 대한 처벌 등을 통하여 독일이 결코 유럽의 평화와 안정을 방해하는 세력이 아님을 보여주었습니다.

그리고 1975년 8월 1일 핀란드 헬싱키에서 동·서독을 포함한 유럽 국가들과 미국·캐나다 등 35개국이 참가한 가운데 열린 유럽의 안보와 협력 관계를 설정하기 위한 유럽안보회의(CSCE) 최종의정서가 독일 통일의 기반을 제공해주었고, 1985년에 소련의 서기장이 된 미하일 고르바초프의 개혁·개방 정책과 독일에 대한 미국의 확고한 지지가 통일 여건 조성에 결정적인 역할을 하였습니다. 그리고 당시 교황 요한 바오로 2세의 조국 폴란드의 자유노조 운동에 대한 정신적 지원이 동구권 변화에 영향을 주고 이것이 독일 통일에 보탬이 되었습니다.

독일은 시대 상황에 맞는 정치 지도자들의 리더십과 정책하에 통일 정책은 계승 발전하였습니다. 콘라트 아데나워 총리는 이른 시간 내에 통일은 불가능하다고 보고 국력을 키워 통일에 대비하고자 하였습니다. 국가 안보를 위해 군사적으로 재무장하여 나토에 가입하고, 서방 경제권에 편입하여 사회적 시장경제를 통하여 경제 부흥과 복지 사회를 이루며, 이른바 힘 우위의 정책(die

Politik der Stärke)을 펴면서도 당시 소련과의 관계 개선에 진력하였습니다. 1969년 좌파 사민당으로서 최초로 집권에 성공한 빌리 브란트는 신장된 국력을 바탕으로 하여 동방 정책을 펴 동·서독 간에 교류 협력을 진전시켜 통일의 기반을 닦아나갔습니다. 1982년 정권을 탈환한 우파 기민당의 헬무트 콜 총리는 동방 정책을 계승 발전시켜 우연히 찾아온 기회를 놓치지 않고 통일을 이루어냈습니다.

독일 통일에는 깨어 있는 동독 주민의 평화적 혁명 의식이 결정적인 역할을 하였습니다. 동독 주민에게 그와 같은 의식을 심어준 것은 위에서 본 교류 협력 외에도 교회 간 교류, 지방자치단체 간 교류가 역할을 하였습니다.

그리고 무엇보다 통일의 원동력이 된 것은 서독의 경제력이었습니다. 1980년대 후반 동독 경제는 사실상 서독 경제에 예속된 상태였습니다. 서독의 차관이나 지원이 없으면 붕괴될 상태에 이르렀습니다.

이러한 사정들에 비춰본다면 우리의 통일 여건이 너무 취약하고 힘들어 한숨이 절로 나옵니다. 그러나 낙담하고 있을 수는 없습니다. 독일의 사례를 참고하면서 우리가 해야 할 도리를 꾸준히 해나가야 합니다. 어떻게? 다음 기회에 살펴보겠습니다.

(2016년 3월 8일)

통일 과제

지난 3월 8일자 '필동통신'에서 독일의 빠른 통일 원인을 살펴보고 선 거기에서 우리가 배우고 참고해야 할 대목이 무엇인지에 관하여는 뒤로 미루어두었으므로 오늘은 그 얘기를 마저 하고자 합니다.

독일의 통일 진행 과정에 비추어 우리의 여건을 생각하자니 한숨부터 나옵니다. 우선 북한은 동독과는 다른 기이하고 강고한 세습 체제를 갖추고 아직도 적화 통일의 꿈을 버리지 않고 있으며 핵무기까지 개발하고 있습니다. 독일은 자신이 일으킨 전쟁 책임으로 분단되었을 뿐 동·서독 간에 전쟁도 적대적인 국민 감정도 없었고, 따라서 제한적이나마 꾸준히 교류 협력이 이루어지며 민족 동질성을 유지하기 위한 노력이 지속되었습니다.

우리는 전쟁을 치렀고 이념 대립도 심하며 심지어 남남갈등까지 존재합니다. 북한 측의 일관성 없는 태도에 기인하지만, 지속적인 교류 협력이나 일관·계승하는 통일 정책을 유지하지도 못했습니다. 대립·갈등하는 동북아시아의 국제 정세로 인해 EU 통합 움직임과 고르바초프의 개혁·개방과 같은 통일에 우호적인 국제 환경을 갖지 못했습니다. 지금도 통일의 길은 요원해 보입니다. 통일 논의가 부질없는 것이라고 체념하는 사람도 적지 아니합니다.

그러나 통일은 결코 포기할 수 없는 우리 민족의 과제입니다. 이해득실의 산술을 뛰어넘는 영역입니다. 독일 통일의 성과에 대하여, 통일 후 동독 주민의 평균 수명이 5년 연장되고 그 높던 자살률이 서독 수준으로 급격히 떨어진 것 이상 더 무엇을 말할 것인가 하고 반문하는 독일 교수의 코멘트가 가슴에 남습니다. 남한과 차이 나는 북한 주민의 평균 수명이나 평균 신장 등을 생각하면 더욱 그렇습니다. 통일은 우리가 계획한다고, 서두른다고 뜻대로 이루어지는 것은 아니지만 언젠가 통일은 이루어진다는 확신과 인내심을 갖고 차분히 준비하는 온 국민의 마음가짐이 절실합니다.

정부는 발생 가능한 모든 경우와 상황을 상정한 치밀한 계획과 시나리오를 만들어야 합니다. 그러기 위해 북한의 실태를 정확히 파악해야 합니다. 독일의 경우 이러한 대비 없이 갑자기 닥친 통일로 인하여 많은 시행착오와 후유증을 겪었습니다. 정부 기관은 그 성격에 따라 각자의 역할을 충실히 해야 합니다. 국방부 등 안보 관련 기관은 북한을 우리의 안전을 위협하는 세력, 타도해야 할 세력임을 전제로 삼아 국가 안보를 최우선으로 하여 철저히 대비해야 합니다. 한편 통일부 등은 북한을 민족 동질성 회복과 교류 협력을 통해 통일을 함께 이루어가야 할 세력으로 보고 견제와 협력의 틀 안에서 관리해나가야 할 것입니다.

이런 원칙으로 해나간다면 정권에 따라 통일 정책이 달라질 이유가 없습니다. 그리고 단기간 내, 특히 정권 차원의 성과에 급급하여 서두르거나 북한을 필요 이상 자극할 필요도 없습니다. 흡수 통일이나 북한 체제 붕괴 등의 용어도 굳이 사용할 필요가 없습니다.

국제 규범을 존중하고 명분과 품격을 갖춘 외교적 노력을 통하여 통일에 우호적인 국제 환경을 조성해야 합니다. 미우나 고우나 대화의 상대방일 수밖에 없는 북한 당국자와의 대화의 끈을 놓아서는 안 될 것입니다.

그러나 무엇보다 중요한 것은 북한 주민의 마음을 사는 정책과 노력입니다. 독일 통일 과정에서 가장 중요한 역할을 한 것이 동독 주민의 마음이 서독을 향했던 것을 생각하면 그러합니다. 북한 주민의 삶의 질 개선을 위한 노력, 특히 영양실조·질병 등의 어려움을 당하고 있는 어린이, 부녀자에 대한 인도적 지원은 어느 경우에도 포기해서는 안 됩니다. 그리고 통일을 대비하여 국가 채무가 늘어나지 않도록 관리해야 할 것입니다.

(2016년 4월 12일)

4·13 총선 승리자는 국민

4·13 총선 결과를 예상한 사람은 아무도 없었습니다. 갑작스레 닥쳐온 천재지변도 아니고 대한민국 땅 안에서 대한민국 국민이 만들어내는 결과인데도 말입니다. 저만 해도 야권이 분열된 정치 구도인 만큼 새누리당이 과반인 150석에서 160석을 차지하리라고 예상하였습니다. 한때는 180석을 넘기는 것이 아닌지 추측하면서,

그것은 오히려 균형 잡힌 국가 발전에 도움이 되지 않으리라는 생각까지 하였습니다.

국회선진화법의 폐해를 걱정하면서도 대화와 타협은 더욱 멀어지고 오만과 독선은 가까이 다가오는 걱정도 들었기 때문입니다. 그러면서 『구약성경』「잠언」 30장에 나오는 다음과 같은 아굴의 기도를 떠올렸습니다. "나를 가난하게도 마옵시고 부하게도 마옵시고 오직 필요한 양식으로 나를 먹이시옵소서. 혹 내가 배불러서 하나님을 모른다 여호와가 누구냐 할까 하오며 혹 내가 가난하여 도둑질하고 내 하나님의 이름을 욕되게 할까 두려워함이니이다."

그러나 다시 생각해보면 그 결과는 이미 예견된 것이기도 하였습니다. 여당이 공천 과정에서 보여준 원칙도 품격도 없는 행태에 국민은 낙담하였고, 잘못을 반성한다면서 벌인 무릎 꿇고 하는 큰 절이나 우스꽝스러운 「반다송」(반성과 다짐의 노래) 등은 전혀 진정성이 느껴지지 않는 이벤트들이었습니다. 또한 어려운 경제 상황 속에서 정부·여당은 청년들을 포함한 국민에게 가시적인 실적은 물론 장래에 대한 꿈과 희망도 보여주지 못했습니다.

그렇다고 하여 이번 총선을 야당의 승리라고 할 것도 아닙니다. 선거 과정에서 나타난 야권의 무원칙한 이합집산에도 불구하고 야당이 이룬 선거 결과는 집권 여당에 대한 질책의 반사이익입니다. 지역구 투표와 정당 투표를 교차시키는 국민의 안쓰러운 몸부림이 이를 잘 말해줍니다.

그래서 어떤 이는 정말 지지할 후보나 정당이 없다면서 투표 용지에 '지지할 후보가 없음' 칸을 만들어 여기에 기표된 수가 1위인 경우에는 당선자를 내지 않는 것이 국민의 의사를 진정으로 반영하는 것이 되고 정치인들도 국민 무서운 것을 알게 될 것이라고까지 말합니다.

아무튼 이번 선거는 국민이 정치권을 향하여 겸손한 자세와 함께 일방 독주나 무조건 반대가 아닌 대화와 타협의 정치를 명령하는 메시지를 강력하고 효과적으로 전한 선거로서 국민의 승리일 뿐 어느 정당의 승리라고 할 수는 없을 것입니다.

이제 여당이 과반 의석을 확보하여 정부의 국정 운영을 뒷받침하였던 지금까지와는 다른 상황이 되었으니 정부의 국정 운영에 많은 어려움이 예상됩니다. 야당의 힘은 커졌으니 정부·여당으로서는 야당의 협력이 절대로 필요하게 되었습니다.

따라서 정부·여당과 야당과의 관계가 합리적·협조적으로 조정되지 않으면 국정은 혼란스러워질 것이고, 그에 따른 손해는 고스란히 국민의 몫이 될 것이므로 이를 우려하지 않을 수 없습니다. 그러나 대화와 타협을 할 수밖에 없는 이번 기회에 정치권이 국정을 공동 운영하는 자세로 서로 대화하고 타협해나간다면 오히려 국가 발전의 새 계기를 만들 수도 있다는 기대를 하게 됩니다.

독일이 오늘의 평화와 번영을 누리는 것은 정치에 힘입은 것이고 그 바탕에는 협치(協治)가 있다는 것을 늘 생각하고 있었던 저이기에 더욱 그러합니다. 아시다시피 독일은 정부가 수립된 1949년 이래 지금까지 예외 없이 2개 정당이 연립하여 정부를 구성하고 있습니다.

1957년에는 단독 정부 구성이 가능했음에도 불구하고 연정을 했던 독일의 예에서 교훈을 얻어야 할 것입니다. 우리 정치 현실에서 당장 연정은 어렵더라도 독일 정당들이 벌이는 대화와 타협의 자세와 정신을 크게 참고해야 할 것입니다.

이제 여·야당은 시험관인 국민 앞에 섰습니다. 정치권에 협치의 시험 과제를 부여한 국민은 어느 정당이 진정으로 국가와 국민을 위하여 일하는 정당인지 냉정하게 지켜볼 것입니다. 그에 따른 판단은 다가오는 대통령 선거에 반영될 것입니다. 국민이 얼마만큼 현명한지 깨닫고 그 뜻을 받드는 정당이 이번 선거의 궁극적인 승자가 될 것입니다.

(2016년 5월 3일)

역사적 사명 다한 5년 단임제 헌법

1987년 10월 29일 여야 합의로 이루어진 제9차 개정 헌법은 제6차 개헌(1972년 12월 27일) 이후 지속된 독재 체제를 타파하고 민주 정부를 수립하고자 하는 국민의 투쟁의 결과로 얻어진 것입니다. 그 핵심 내용은 국민의 열망에 따라 직접 선거에 의하여 대통령을 선출하고 장기 집권을 막기 위하여 임기를 5년 단임으로 한 것입니다. 물론 기본권도 확대하고 헌법재판소 제도를 새로이 도입하였습니다.

그로 인해 독재 체제가 들어설 위험은 없어졌고 기본권도 나름대로 보장되는 나라가 되었습니다. 그로부터 30년 가까운 세월이 흘렀습니다. 5년 단임의 대통령 중심제의 폐해가 나타나고 있습니다. 임기 초반의 강력한 권한 행사에 비하여 임기 후반에 찾아오는 이른바 레임덕으로 인해 국정의 안정적·지속적 추진이 어려워지고 또한 장기적 비전을 갖고 국정을 수행하기보다는 단임의 임기 중 성과를 얻기 위하여 조급한 국정 운영에 매달리는 폐해도 나타납니다.

그리고 제왕적 대통령이라고 불릴 만큼 대통령에게 과도한 권력이 집중되어 그것이 오히려 대화와 타협을 기반으로 한 민주적 국가 운영을 가로막는 결과를 만들어내기도 합니다. 그래서 1987년 헌법은 역사적 수명을 다했으며 변화된 상황에 맞추어 헌법을 개정하자는 의견이 대두되고 있으며, 많은 국민이 이에 동조하고 있습니다.

일부 역대 대통령도 임기 초반에는 개헌을 반대하다가 후반에 개헌의 필요성을 인정하는 것도 이러한 사정의 반영으로 보입니다. 그런데도 헌법 개정이 어려운 것은 강력한 차기 대통령 후보가 존재하고 있기 때문입니다. 나름대로 대통령직에 근접했다고 생각하는 그들은 강력한 대통령의 권한 행사를 원하기 때문입니다. 그리고 많은 국민은 이러한 현실을 당연한 것으로 받아들이고 체념하고 맙니다. 그러나 이런 현실은 안타깝습니다. 개개 정치인의 성취보다는 대한민국의 이익과 장래가 훨씬 중요하기 때문입니다. 대한민국은 국민 모두의 '우리나라'이지 유력 정치인 몇 사람의 '내 나라'가 아닙니다.

권력 구조에 관한 헌법 개정 논의는 국정의 효율적 운영과 책임 정치의 구현, 민주적 대화와 타협, 국민 통합의 정신을 가장 잘 반영할 수 있는 권력 구조가 어떤 것인가를 중심으로 이루어져야 할 것입니다. 대통령 중심제를 유지하면서 4년 중임제를 도입하되 부통령이나 국무총리 제도를 활용하여 대통령과 역할 분담을 하는 방안, 내각책임제나 이원집정부제 방안 등 폭넓은 방안이 논의되어야 할 것입니다.

그러나 헌법 개정 논의는 여기에 한정될 수는 없습니다. 변화된 시대 상황에 맞게 기본권의 보호 영역을 확대하거나 새로운 기본권을 규정하는 것이 필요합니다. 인간 존엄의 바탕이자 모든 기본권의 전제가 되는 생명권, 정보화에 따른 새로운 환경에 더욱 적극적으로 대응하기 위하여 정보기본권, 인권의 보편성과 인권 보장의 국제화·세계화 추세를 고려한 정치적 망명권(비호청구권), 일반 재산권과 차별화된 지적 재산권 등을 규정할 것인가를 포함하여 다양한 문제에 대한 논의가 필요합니다.

　나아가 입법부 내에서 권력 분립 원리를 구현하여 다수의 횡포를 방지하고, 법안 심의의 졸속과 경솔을 방지하고 지역 이익의 균형적 반영을 위하여 상원을 도입하는 문제도 검토해보아야 할 것입니다. 또한 현행 헌법은 독일의 헌법재판소를 본받아 헌법재판소 제도를 도입하면서도 법원과 헌법재판소의 관계를 명백히 규정하지 아니하여 양 기관의 역할 및 권한과 관련하여 의견 대립과 혼란이 있으므로 이를 명확히 정리할 필요도 있습니다. 그 밖에도 지방자치제도의 실질적 구현을 위한 헌법적 보완, 감사원의 소속에 관한 논란 등을 정리할 필요가 있습니다.

　헌법은 국민의 기본권을 보장하고 국가를 효율적으로 운영하기 위한 기본법으로서 국가의 명운과 국민의 삶에 결정적인 영향을 주는 것입니다. 현행 헌법의 폐해와 미흡함이 드러남에도 불구하고 앞서 본 비합리적 이유로 그대로 방치하고 있는 것은 선진 일류 국가를 지향하는 대한민국이 취할 태도는 아닌 것입니다.

(2016년 5월 24일)

오바마 대통령의 히로시마 방문

며칠 전 프랑스에서 열린 제1차 세계대전 중 30만 명 이상의 사망

자를 낸 베르됭 전투 100주년 기념식에서 프랑수아 올랑드 프랑스 대통령과 앙겔라 메르켈 독일 총리는 두 손을 맞잡고 반성과 화해의 모습을 보여주었습니다. 금년 2월 요아힘 가우크 대통령은 드레스덴을 방문하여 1945년 2월 영국군이 제2차 세계대전을 종결시키기 위하여 드레스덴을 며칠 동안 폭격하여 온 시가지를 잿더미로 만들고 그 과정에서 수만 명의 시민이 사망한 사건과 관련하여 이를 규탄하려는 독일 일부 세력에 대하여 그 근본적인 원인인 전쟁 발발 책임을 직시할 일이요, 상대주의적 관점에서 책임 분배를 내세워 독일의 책임을 감경하려는 시도는 잘못이라고 지적하였습니다. 동북아 정치 환경에서는 낯선 감동과 존경의 모습입니다.

지난달 27일 미국 버락 오바마 대통령이 세계 최초로 원자폭탄이 떨어진 일본 히로시마를 방문하여 원폭 희생자 위령비 앞에서 헌화하고 묵념을 하였습니다. 이어진 연설에서 핵무기의 참상을 일깨우고 "이곳에서 죽은 수십만 명의 일본인과 수많은 한국인, 수십 명의 미국인을 추도하기 위해 왔다"며 "그날의 기억을 절대 잊어서는 안 된다. 역사를 직시해 책임을 공유하지 않으면 안 된다"고 강조하였습니다. 그러나 오바마는 원폭 투하에 대해 사죄하지는 않았습니다. 2009년 체코 프라하에서 '핵무기 없는 세상'을 주창해 노벨 평화상을 받았던 오바마의 반핵 평화주의와 관련한 미래 비전을 제시하였을 뿐입니다. 그리하여 히로시마 방문을 앞두고 논란이 되었던 원폭 투하에 대한 사죄 여부나 일본의 전쟁 책임에 대한 면죄부 부여에 대한 우려는 더 이상 증폭되지 아니하고 수그러드는 분위기입니다.

그러나 오바마 대통령의 히로시마 방문과 관련하여 일본 측은 은근히 원폭 투하에 대한 사죄의 뜻으로 받아들이고 싶어 하고 또 그런 성과를 일부 거두었다고 만족할지도 모릅니다. 중국 측은 미국이 미·일 협력을 강화하여 중국을 압박하기 위한 이벤트를 벌인 것이라는 불만을 이어갈 것입니다. 한일 과거사의 고통에서 벗어나지 못한 우리나라는 우리 동포의 희생을 안타까워하면서도 일본 측의 잘 짜인 각본의 결과로 불편스럽게 생각할 수도 있습니다. 이처럼 하나의 사건을 두고 관련 국가들의 입장과 생각은 다르지만, 역사의 진전을 이루어내기 위해서는 더욱 단순하고 객관적인 시각으로 판단하는 노력이 필요할 것입니다.

히로시마와 나가사키에 떨어진 원폭으로 인하여 20만 명 이상이 사망한 것은, 하루빨리 전쟁을 종결하여 더 큰 희생자 발생을 막고자 한 것일지라도 인류 역사에 크나큰 비극임은 틀림없고 희생자 대부분이 민간인임을 생각할 때 이를 반복하지 않도록 다짐하고 희생자를 추모하는 것은 너무 당연한 일입니다. 여기에 복잡한 정치적 계산과 해석을 끼워 넣는 것은 도리가 아닙니다. 핵무기가 불러올지도 모르는 인류의 대재앙과 북한의 핵무기 위협에 시달리는 우리의 입장에선 더욱 그러합니다. 그런 뜻에서 오바마의 히로시마 방문과 그 과정에서 보여준 절제된 행동과 메시지는 '아시아

회귀(Pivot to Asia)' 전략의 일환이라 할지라도 높이 평가되어야 할 것입니다.

한편 전쟁 책임 인정과 진정한 사죄를 명확히 보여주지 못하고 있는 일부 일본 정치인들이나 세력들이 오바마의 히로시마 방문을 계기로 삼아 원폭 투하로 인한 피해를 강조하며 전쟁 책임을 희석 시키고자 한다면 그 부당함을 지적하되, 그 지적이 감정적인 것이 거나 압박의 차원이 아닌 이성적인 것이거나 미래 지향의 차원의 것이어야 합니다. 그럼에도 일본이 바른길로 나아가지 못한다면 그 것은 일본의 책임입니다. 일본이 1등 국가로 나아가기 위해서는 일 본이 독일처럼 반성하고 사죄하여 인접 국가는 물론 세계로부터 신뢰를 얻어야 할 것이고 그리 못함으로 인한 손해는 일본의 몫입 니다. 우리가 필요 이상 분노하고 낙담하는 것은 실속도 챙기지 못 하면서 우리의 품격만을 떨어뜨리는 일입니다. 의연한 자세, 그것 이 우리가 취할 태도입니다.

(2016년 6월 14일)

역사 진전을 가로막은 브렉시트

2012년 10월 12일 노벨 평화상 위원회는 유럽연합(EU)을 그해 노 벨 평화상 수상자로 결정하였습니다. 그 소식을 들은 저는 참으로 반갑고 기뻤습니다. 당시 진행되고 있던 EU의 재정 위기 및 불안정성이 조속히 극복되고 EU를 통한 유럽 통합 노력은 계속되어야 하며, 그런 뜻에서 EU를 격려할 필요가 있다는 저의 생각과 맞아떨어졌기 때문입니다.

또한 그 이틀 전의 일이 떠올랐기에 더욱 그러하였습니다. 즉 이틀 전인 10일 저는 프랑크푸르트에서 독일 주요 일간지인《프랑크푸르터 알게마이네 차이퉁》의 권터 논넨마허 대기자와 유럽·동북아 정세 등에 관한 대화를 나누면서, EU 통합 작업은 다양한 나라, 민족, 언어, 종교, 문화 등의 차이에도 불구하고 유럽을 하나로 통합하여 평화와 공동 번영을 이루고자 하는 것으로 인류 역사에 있어서 가장 위대한 작품을 만드는 작업이라고 평가하였습니다. 이어서 과거의 대립·갈등과 참혹한 전쟁 역사에 대한 반성을 토대로 한 이 작업은 유럽을 위해서만 아니라 온 세계를 위해서도 반드시 성공해야 하며, 이런 거대한 작업이 순탄하게 이루어지기는 어려울 것이고 일부 시행착오도 불가피할 것이지만 잘 극복될 것이라고 격려하였습니다. 그러고는 EU의 성공은 평화와 공동 번영의 길로 나아가야 하는 한·중·일에도 많은 영감을 주게 될 것이라고 덧붙였습니다.

그런데 안타깝게도 영국은 지난달 23일 시행된 EU 탈퇴를 묻는 브렉시트(BREXIT) 국민투표에서 탈퇴를 선택하였습니다. 저는 그 소식에 가슴이 철렁 내려앉는 아픔을 느꼈습니다. 위에 본 바와 같은 숭고한 EU 통합 작업이 지장을 받거나 좌절을 겪지 않을까 하는 걱정 때문입니다.

유럽 대륙은 역사적으로 전쟁의 구렁텅이였습니다. 6,000만여 명을 희생시킨 제2차 세계대전을 겪은 유럽은 이제는 정말 다시 이를 반복해서는 아니 된다는 다짐을 합니다. 영국의 윈스턴 처칠 수상은 1946년 스위스 취리히에서 "유럽 대륙이 평화와 안전, 자유 속에서 살 수 있게 유럽합중국을 만들어야 한다"고 주장하였습니다. 1950년 5월 9일 프랑스 외무장관 로베르 쉬망은 경제계획청장인 장 모네의 구상을 바탕으로, 당시 무기 제조 자원인 철강과 석탄을 초국가적인 기구가 공동 관리하고 공동 시장 운영을 통해 전쟁을 막자는 이른바 쉬망선언을 발표합니다. 이에 독일, 이탈리아 및 베네룩스 3국이 호응하여 1952년 유럽석탄철강공동체(ECSC)를 발족합니다. 이것이 석탄·철강 산업을 넘어 모든 산업으로 확대하는 유럽경제공동체(EEC)와 원자력의 공동 개발 및 이용을 목적으로 하는 유럽원자력공동체(EURATOM)로 발전합니다.

위 3개의 공동체가 1967년 사실상 단일 공동체인 EC(European Communities)로 발전하고, 그 후 늘어난 12개 회원국은 경제 통합 가속화와 정치 통합을 위해 1991년 12월 유럽연합조약(마스트리흐트조약)을 체결하고 1993년 11월 EU를 출범시킵니다. EU는 회원국 확대 교섭을 진전시키는 한편 경제 통합을 넘어 정치·사회 분야에서의 통합을 위한 공동 외교 안보 정책 및 내무·사법 분야에서의 통합 노력을 적극적으로 추진하고 2002년에는 공동 화폐인 유로화까지 도입합니다.

영국은 뒤늦게 1973년에야 EC에 가입하였고 유로화도 사용하지 않고 가입 국가 간 자유로운 이동을 보장하는 셍겐조약에도 가입하지 않았습니다. 말하자면 EU 회원이면서도 예외적 조치를 많이 두고 있는 영국이 이번에 반이민자 및 반EU 정서를 바탕으로 반가치(反價値) 및 반미래(反未來)의 결정을 하여 EU를 흔들어놓은 것은 실로 유감입니다. 소탐대실(小貪大失)의 전형입니다. 더욱이 이런 결과가 정치적 포퓰리즘에 영향받은 것이라고 생각할 때 이를 주도한 정치인들, 정말 유감스럽습니다.

그러나 EU의 가치는 어떤 경우라도 손상될 수 없습니다. 탈퇴와 관련한 협상 과정에서 탈퇴 철회를 포함하여 역사의 진전을 가로막는 일이 최소화되도록 영국을 비롯한 EU 회원국들의 지혜와 노력이 절실하게 필요한 때입니다.

(2016년 7월 5일)

평화와 번영의 독일을 만든 정치 지도자들

1952년 봄 소련의 스탈린은 분단된 독일을 통일시켜 중립국으로 만들어 독일 땅에서 모든 외국 군대를 철수시키자고 제안을 합니다. 소련이 서독의 재무장과 서방 측 군사동맹에의 가입을 견제하고 중립화된 독일에 더 큰 영향력을 행사하기 위함이었습니다.

야당인 사민당은 물론 여당 안에서도 통일 독일을 열망한 나머지 상당한 호응을 보일 정도로 많은 독일 국민에게 매우 매력적인 제안이었습니다. 그러나 콘라트 아데나워 총리는 독일의 장래를 위하여 독일은 경제적으로나 군사적으로 서방 세계의 일원으로 남아야 한다는 신념으로 국민을 설득하는 한편, 소련에 대하여는 독일의 중립화 요구는 받아들일 수 없음을 명백히 했습니다. 또 필요하다면 유엔의 관리하에 자유로운 총선거를 실시하여 의회를 구성하고 헌법을 제정하자고 역제안하여 소련을 궁지로 몰아넣었습니다. 그는 비전과 신념으로 국민을 설득하고 조국을 번영의 길로 이끌었습니다.

1969년 중도좌파 사민당 대표로서 처음 집권한 빌리 브란트 총리는 동서 간 냉전을 완화하고 교류 협력을 증진하기 위한 동방 정책을 시행합니다. 그 가운데 하나가 폴란드와의 관계 개선 및 국경선 획정 문제입니다. 제2차 세계대전의 발발도 1939년 9월 1일 폴란드 침공으로 시작되었고 폴란드는 참혹한 피해를 입었습니다. 종전 후 폴란드와 독일 간의 국경선은 오데르-나이세강으로 정해졌습니다. 그 결과로 독일은 전쟁 전 독일 영토의 4분의 1을 빼앗겼습니다. 독일 국민에게 그 땅은 언젠가 회복해야 할 땅, 특히 그곳에서 추방된 독일인에게는 돌아갈 고향 땅이었습니다. 그러나 브란트는 독일이 영토 회복을 고집하는 한 독일의 통일, 유럽의 평화는 불가능하다고 보고 현재의 국경선을 그대로 인정해야 한다고 생각했습니다.

브란트의 생각은 대다수 국민이 용납할 수 없는 것이었습니다. 하지만 그는 신념을 갖고 국민을 상대로 설득하는 노력을 계속합니다. 1970년 12월 7일 폴란드 바르샤바를 방문하여 현재의 국경선을 존중할 것임을 밝히고 유대인 희생자 기념비 앞에서 무릎 꿇고 참배하였습니다.

이것이 유명한 브란트 총리의 무릎 꿇기(Kniefall)입니다. 이 장면을 담은 사진은 온 세계로 전송되었습니다. 그해 《타임》은 브란트 총리를 올해의 인물로 선정했고 다음 해 그는 노벨 평화상을 받았습니다.

브란트 총리의 무릎 꿇기와 이를 담은 사진은 반성하는 독일의 모습을 세계인에게 각인시키고 동방 정책에 대한 국내의 반대를 감소시키는 결과를 가져왔습니다. 동방 정책은 다음 우파 정부에서도 계승 추진되어 마침내 1989년 11월 베를린 장벽을 무너뜨리고 이듬해 10월에는 통일을 이루게 되었습니다.

1998년 집권한 사민당의 게르하르트 슈뢰더 총리가 2002년 다시 집권하자 2003~2005년 '어젠다 2010'과 '하르츠 4'라는 포괄적 노동·사회 개혁을 통해 독일 경쟁력 회복을 도모하였습니다. 당시 독일은 통일의 후유증을 겪으며 높은 실업률과 저성장 등 경제적 어려움에 처해 '유럽의 병자'라는 조롱을 받고 있었습니다. 이런 현실을 타개하기 위해 슈뢰더 총리는 개혁에 나섰는데, 그 골자는 노동 시장 유연화(종업원 해고 요건 완화), 실업급여 개편(지급 기간 단축 및 금액 축소), 연금 수령 연령 상향 조정(65세→67세), 세제 개혁(부가세 인상, 소득세 및 법인세 인하 등) 등이었습니다.

슈뢰더 총리는 이 개혁 정책으로 사민당 지지자들이 대거 이탈할 것을 알면서도 국가의 장래를 위해 선거 패배의 불이익 위험을 감내합니다. 그는 선거에 패배하였지만, 그 정책은 다음 정부에도 계승되어 독일은 오늘날 '유럽의 성장 엔진'으로 변모하였습니다.

독일 정치 지도자들이 보여준 위와 같은 사례는 국민의 여론에 편승하는 것이 아니라 비전을 제시하여 국민을 설득하고 당당하게 이끌고 가는 모습입니다. 국익보다는 자신의 정치적 이익을 중심으로 판단하고 포퓰리즘에 매달리는 우리 정치인과는 확연히 다른 모습입니다. 내년 대선에서 우리도 그런 비전, 신념과 용기를 가진 정치인을 만날 수 있다면 얼마나 좋겠습니까만.

(2016년 7월 26일)

'청탁금지법' 시행을 앞두고

크리스티안 불프 독일 연방 대통령은 2012년 2월 특혜 의혹으로 사임합니다. 대통령이 되기 전인 니더작센주 총리 시절 주택 구입을 위해 기업인 친구의 부인에게서 50만 유로를 시중 금리 연 5%보다 낮은 연 4%로 빌렸다가 2년 후 변제하였고, 함께 휴가를 보낸 친구가 불프 모르게 호텔 업그레이드 비용 등으로 720유로를 지급한 사실 때문입니다. 언론 등이 추가로 사소한 의혹들을 제기하고 여론이 악화되자, 불프는 책임질 만한 잘못은 없지만 국민의 신뢰가 훼손돼 직무를 수행할 수 없다며 사임합니다. 그리고 기소된 향응 수수 및 직권남용죄에 대해 2014년 무죄 판결을 받습니다. 그 사이에 배우자와 이혼하는 어려움을 겪습니다. 너무 가혹하다는 생각도 들지만, 고위 공직자의 청렴성에 대한 국민의 기대가 어떠하며 그 처신이 어떠해야 하는지를 보여주는 선진국 독일의 모습입니다.

이달 28일부터 '부정청탁 및 금품 등 수수의 금지에 관한 법률'이 시행됩니다. 이 법률은 적용 대상으로 공직자뿐만 아니라 언론인과 사립학교 교원, 그리고 그 배우자까지 포함하고 있고, 부정 청탁을 하거나 금품 등을 제공한 일반 국민도 이 법에 따라 처벌을 받기 때문에 사실상 전 국민이 이 법의 적용 대상이라 할 수 있습니다. 따라서 법 시행에 따라 공직 사회뿐 아니라 우리 사회 전체에 미치는 영향이 작지 않을 것입니다. 그간 적용 대상의 범위 등과 관련해 위헌 등 논란이 있었지만 헌법재판소가 합헌으로 결정한 이상 법 취지를 잘 살려 우리 사회가 청렴하고 투명한 사회로 나아가는 계기로 삼아야 할 것입니다.

그러나 법 시행과 관련해 불명확한 점이 일부 존재하고 그것들이 법원 판결 등에 의해 명확히 정리되기까지 생기는 혼란은 차치하더라도 민관의 소통과 협력과 관련해 공직 사회와 시민 사회가 어떻게 반응하고 변화할지, 그리고 국민 경제에 미치는 영향이 어떠할지 걱정이 앞서는 것도 사실입니다. 어떤 제도나 정책이든 그 순기능과 역기능이 있게 마련이지만 이 법률처럼 역기능을 최소화하는 노력이 절실하게 필요한 법도 없는 것 같습니다. 이른바 제도의 연착륙에 힘을 쏟는 한편 불합리한 문제점이 드러나면 이를 적극적으로 시정하는 노력이 진행돼야 할 것입니다.

어느 조사에 의하면 국민의 57%가 공직 사회가 부패했다고 평가하는 반면 공직자의 7.7%가 공직 사회가 부패했다고 평가합니다. 양자의 간극이 너무 큰 것이 사실이고 그 원인이 어디에 있건 이는 공직 사회가 법 시행을 너무 과하다고 불만을 가질 소지가 있음을 보여줍니다. 그리하여 공직 사회가 불만을 갖거나 위축된 나머지 이 법 시행을 빌미로 국민과의 소통과 협력에 소극적으로 되어 현장감 있는 정책 개발을 등한히 하거나 민원 처리를 원활하게 행하지 않는다면 이 또한 큰 문제입니다. 그러므로 정부는 이른바 소극적 행정, 해야 할 일을 피하거나 미루는 행태에 대해 감시·감독을 강화하고 사안에 따라서 엄격하게 책임을 물어야 할 것입니다.

또한 과감한 규제 개혁 및 행정 쇄신을 통해 민원인들이 공직자를 접촉할 필요가 있는 경우를 최소화해야 할 것입니다. 그리고 국가 발전에 기여해온 대부분 공무원의 역할과 헌신이 과소평가되지 않도록 공직자들의 사기를 진작하여 전문성과 사명감을 갖고 일할 수 있는 분위기를 만들어야 할 것입니다. 공직자들도 이 법률을 선진국으로 나아가기 위한 디딤돌로 생각하고 위축됨이 없이 당당하게 국민과 소통하면서 국민의 어려움을 해결하고자 노력해야 할 것입니다.

한편 이 법이 시행되면 부당한 목적으로 관련 증거 수집에 나서는 사람도 적지 않으리라 예상됩니다. 이로 인해 사회 분위기는 어수선해지고 경제는 어려움을 겪을 수 있습니다. 이런 문제들을 어떻게 대처해 나아갈지, 관련 기관들은 합리적이고 통일적인 처리 방식 마련에 지혜를 모아야 할 것입니다.

(2016년 9월 6일)

슈톨퍼슈타인과 위안부 소녀상

저는 독일에서 길을 걸을 때면 가끔 고개를 숙여 길바닥 이곳저곳을 둘러보곤 하였습니다. 마치 잃어버린 귀중한 물건을 찾으려는 것처럼. 그것은 보도 바닥에 박혀 있는 슈톨퍼슈타인(Stolperstein)입니다. 나치 전쟁 범죄자에 의해 자행된 유대인 학살에 대한 반성

작업의 하나로 설치된 어른 손바닥 크기의 동판(銅版)입니다. '슈톨퍼슈타인'이라는 낱말은 사전상으로는 그저 '장애물', '문제점' 정도의 의미이지만 '걸림돌'이라 번역하면 무방할 낱말입니다. 그러나 슈톨퍼슈타인 설치 작업은 그 원래의 뜻과는 다르게, 그 동판에 희생된 유대인의 출생, 추방, 사망 시기 등을 새겨 그가 마지막 살았던 집이나 직장 앞 보도에 설치하는 일입니다.

이 일은 귄터 뎀니히(Günter Demnig, 1947년 베를린 출생)이라는 예술가가 1996년부터 시작하여 지금까지 수만 개를 독일의 각 도시는 물론 폴란드, 오스트리아 등 유럽 여러 나라에도 설치하였습니다. 그는 대부분의 유대인 희생자가 무덤도 없고 그들을 추모하는 행사가 형식에 그치는 것을 안타깝게 여겨 그들과 유족을 추모·위로하고 또 젊은 세대들이 나치 만행을 잊지 않도록 하기 위하여 이 일을 시작하였습니다. 설치 작업을 하면서 근처에 사는 어린 학생들을 참가시켜 이 일의 증인으로 삼아 교육을 하기도 합니다. 그는 이웃에 살다가 어느 날 갑자기 사라져 다시는 돌아오지 않은 사람들에 대한 사연을 잊어서는 안 되며, 자신의 작업이 현재와 미래를 연결하는 다리 역할을 하기를 소망한다고 하였습니다.

저는 이와 같은 일이 진행되고 있다는 것을 알고 난 다음부터 길을 걸을 때면 보도 이곳저곳을 둘러보게 되었습니다. 그리고 곳곳에서 동판을 발견하였습니다. 동판을 발견하게 되면 반가운 마음으로 주저앉아 그 사연을 읽어보았습니다. 서너 살에 끌려가 한두

해 뒤 어린 나이에 사망한 사례도 있었습니다. 안타까운 마음에 숙연해지곤 했습니다. 그러면서 슈톨퍼슈타인은 결코 장애물이나 걸림돌이 아니라 오히려 인류 역사의 진보를 향한 디딤돌이라는 생각을 하였습니다.

이와 달리 한일 관계 발전에 걸림돌이 되어 있는 위안부 소녀상을 생각하면 참으로 착잡합니다. 가해자 측이 스스로 잘못된 옛일을 들춰내어 사죄·반성하고 교훈으로 삼고자 하는 독일과는 달리 일본, 특히 일본 정부는 적당히 마무리하고자 합니다. 우리는 일본의 반성과 사죄를 촉구하며 서울 일본 대사관 앞을 비롯해 국내외에 30여 개의 소녀상을 설치하였습니다. 가해자는 잘못을 인정·사죄하고, 피해자는 이를 용서하여 서로 손잡고 미래로 나아갈 수 있다면 얼마나 좋겠습니까만, 한일 관계는 그런 모습을 보여주지 못했습니다.

작년 12월 한일 간에 일본군 위안부 관련 협상이 타결되었지만 진정한 사죄와 용서로 이어지지는 못하고 있습니다. 특히 협상 합의문에서는 "한국 정부는 일본 정부가 주한 일본 대사관 앞의 소녀상에 대해 공관의 안녕과 위엄의 유지라는 관점에서 우려하고 있는 점을 인지하고, 한국 정부로서도 가능한 대응 방향에 대해 관련 단체와의 협의 등을 통해 적절히 해결되도록 노력한다"라고 규정하여, 일본 정부는 위 합의 내용 등을 근거로 소녀상 철거를 요구하고 있으나 우리 정부도 쉽게 응할 수 없는 상황입니다. 합의문 규정은 소녀상 철거에 대한 한국 정부의 법적 구속력 있는 의무를 규정한 것으로 보이지 않고 소녀상 설치가 민간 단체에 의한 것인 만큼 정부의 노력에도 한계가 있을 것입니다. 아무튼 양국 간의 형식적인 협상 타결에도 불구하고 이와 관련된 양국 간의 갈등은 계속될 것 같습니다.

애당초 전쟁 위안부와 같은 인권·윤리적 문제는 정부 간의 정치적·법적 협상에 의하여 타결되는 데 한계가 있는 문제였습니다. 다만 현실적으로 실천 가능한 부분적인 해결에 그칠 뿐입니다. 안타깝지만 완전한 해결까지는 시간과 노력이 필요한 역사의 문제입니다. 그런 생각과 함께 떠오르는 것이 독일의 어느 강제 수용소 자료관에 걸려 있는 "용서하자. 그러나 잊지는 말자"라는 문구입니다.

(2016년 9월 26일)

세계지식포럼에서 만난 슈뢰더 총리

게르하르트 슈뢰더, 그는 1998년부터 2005년까지 독일 총리를 지낸 분입니다. 저는 2012년 5월 저의 사무실로 찾아온 그를 처음 만나 그가 행한 개혁 정책 및 정치인의 덕목에 관한 얘기를 나누고 같은 달 29일 국무총리실 페이스북에 「참된 정치 지도자」라는 제목으로 그를 소개하였습니다. 이런 일 등을 계기로 그는 외국 정치

지도자로서 드물게 근래 한국에서 유명할 뿐 아니라 존경받는 분이 되었습니다.

그는 이달 11일 열린 《매일경제》 세계지식포럼에서 「브렉시트와 유럽의 미래」라는 제목으로 기조 강연을 하고 이어서 저와 공개 토론을 하였습니다. 짧은 시간 동안이었지만 경륜과 통찰력을 가진 그의 견해를 들을 수 있어서 좋았습니다. 특히 그의 상징적 정치 업적이라고 할 만한 '하르츠 4'와 '어젠다 2010' 개혁 정책에 관한 그의 설명은 많은 참석자에게 감동을 주었습니다.

그는 총리 재직 시 통일 후유증과 방만한 복지 등으로 경제적 어려움을 겪고 있는 독일의 경쟁력 회복을 위해 '하르츠 4'와 '어젠다 2010'이라는 포괄적 노동·사회 개혁을 통해 독일을 '유럽의 병자'에서 '유럽의 성장 엔진'으로 바꾸는 기틀을 마련하였습니다. 그러나 그 개혁 정책이 당장은 인기가 없고 그 성과가 나타나기까지는 상당한 시간이 걸리는 탓에 당장의 선거에 패배할 것을 알면서도 국가 장래의 이익을 위하여 이를 감내하는 용기를 보여주었습니다. 그 덕택에 승리하여 총리가 된 메르켈이 경제 회복을 이룰 수 있었고, 이런 결단과 결과가 그가 한국에서 존경받는 이유입니다. 메르켈 총리는 경쟁자였던 슈뢰더에 대한 고마움을 표현하기를 주저하지 않았습니다. 이것이 성숙한 독일 정치의 모습입니다. 어떤 교수님은 플로어 질문에서 내년 대선을 앞두고 한국에는 그런 정치가가 보이지 않음을 아쉬워하기도 하였습니다.

그는 데이비드 캐머런 영국 총리가 당내에서 해결해야 할 문제를 국민투표에 부치는 최악의 선택을 함으로써 브렉시트라는 결과를 낳았음을 아쉬워하며 정치인의 결단이 얼마나 중요한 것인지를 강조하였습니다.

저는 어리석은 질문임을 전제하면서 영국의 EU 탈퇴 협상 과정에서 탈퇴를 철회할 가능성이 없는지를 질문하였으나, 의회에서 표결된 것이라면 모르되 일단 국민투표에서 결정된 이상 이를 뒤집을 수 없을 것이라고 하였습니다. 제가 그런 질문을 한 것은 평화와 공동 번영이라는 숭고한 목표를 가진 유럽 통합 작업이 꼭 성공하여야 한다는 염원을 갖고 있고 브렉시트가 너무 아쉬웠기 때문이었습니다.

브렉시트는 파운드화의 가치 하락으로 단기간에는 영국의 수출 증대 효과가 있을 수 있지만 외국 투자 감소 등으로 영국 경제의 장래에 부정적인 영향을 미칠 것이라고 하였습니다. 그러면서 EU의 다른 회원국들이 탈퇴의 유혹에 빠지지 않도록 탈퇴 협상 과정에서 EU는 엄정한 태도를 취할 것이지, 관용적인 태도를 취해서는 안 된다는 견해와 함께 EU는 다소의 어려움을 겪을 것이지만 잘 극복할 수 있다는 전망을 내놓았습니다.

한편 EU의 약화와 대러시아 제재 중단을 바랄 법한 러시아와 EU와의 관계에 대하여는 러시아는 석유와 가스를 EU에 공급하고 유럽의 노하우가 필요한 관계인 만큼 브렉시트가 별다른 영향을 주지는 않을 것이라고 하였습니다. 블라디미르 푸틴 러시아 대통령과 친밀한 관계를 유지하고 있는 그의 희망이 담긴 답변임을 고려하더라도 현재 진행 중인 국제사회의 분쟁을 다자간의 대화와 협조를 통해 해결해야 한다는 그의 소신에 비추어 납득할 만한 것이었습니다. 러시아와의 대화 협력은 물론 특히 터키와의 대화 협력의 중요성을 강조하기도 하였습니다.

브렉시트가 한국에 미치는 영향은 미미할 것이지만 한국 기업이 유럽에 진출할 때는 영국에 투자하는 것보다는 독일 등에 투자하는 것이 훨씬 유리하지 않겠느냐며 웃음을 유도하기도 하였습니다. 그에게서 회고록을 선물로 받았습니다. 제목도 『정치적 결단』이었습니다. 녹색당과의 연정 경험 등 흥미로운 내용이 많이 담겨 있을 것 같습니다. 틈을 내어 읽어볼 작정입니다.

(2016년 10월 18일)

드레스덴을 다녀와서

지난주 독일 드레스덴을 다녀왔습니다. 외국으로 여행을 떠나는 것은 약간의 긴장과 함께 마음을 설레게 하는 일이지만 이번만큼은 그렇지 못했습니다. 이른바 최순실 게이트라는 괴물이 온 나라를 휘저어놓고 있어 외국 지인들의 걱정과 질문에 참으로 민망할

것 같았기 때문입니다. 그리고 제가 관여하고 있는 한국독일동문
네트워크(Adeko)가 주관하는 한국독일공동학술대회가 독일 드레
스덴에서 열리는데 과연 성공적으로 치러낼 수 있을까 하는 걱정
때문이기도 했습니다.

　아데코는 그동안 7차례 한독공동학술대회를 서울에서 열어왔
는데 금년에는 독일 드레스덴시와 드레스덴공과대학이 공동 개최
를 제의하여 최초로 독일에서 열기로 하였습니다. 대회 주제는 '미
래를 위한 기술(Engineering for our Future)'로 정하고 마이크로-
나노, 자율주행 자동차, 5G, 촉감인터넷, 사물인터넷(IoT), E헬스,
에너지 전환, 그리고 로보틱스 등을 소주제로 정하여 양국의 과학
자·기술자·관련 기업인들이 함께하는 대회였습니다. 또한 양국의
이른바 제4차 산업혁명의 현황과 전망을 논의하는 소중한 기회였
습니다. 저명한 발표자 및 토론자와 많은 참관자를 모시는 일은 여
간 신경 쓰이고 힘든 일이 아니었지만 그래도 500여 명이 참석하
여 내실 있는 행사가 되었기에 크게 안도하였습니다. 특히 양국의
젊은 창업자 8명이 자기계발 분야를 들고 나와 배틀(Battle)을 벌
인 것도 의미 있는 행사였습니다. 내년에는 학술대회를 다시 한국
에서 열고 그다음 해에는 독일 아헨에서 열기로 결정하였습니다.
독일 지인들은 국내 문제에 대한 질문을 자제하여주는 듯하였습
니다.

　독일 측 인사들은 제가 양국의 과학 분야 발전과 협력을 위한 일

에 적극적으로 나서는 것에 대해 고맙게 생각하였습니다. 독일 작센주(州) 스타니슬라브 틸리히 총리는 개회 전날의 리셉션이나 개회식에 오랫동안 참석하셔서 제가 오히려 바쁘실 테니 그만 돌아가시라고 권고할 정도였고, 디르크 힐베르트 드레스덴 시장은 한국인인 아내가 몸이 불편하여 나오지 못한 것을 안타깝게 생각하였습니다. 그들은 한국을 수차 방문하고 한국에 대하여 관심이 많은 친한 인사들이었습니다.

또한 드레스덴에서 공증인 일을 하면서 한국 명예 영사를 맡고 있는 홀렌더스라는 분의 도움도 컸습니다. 그는 제가 예전부터 알고 지내는 지독(?)한 친한 인사입니다. 귀국차 프라하공항으로 떠나기 전 우리 일행을 18세기 초에 건축된 바로크식 건물로 초대하여 오찬을 대접하였습니다. 엘베강이 흐르는 강 언덕, 포도 농장과 숲에 싸인 그의 저택과 그 마당에 나란히 나부끼는 태극기와 독일기, 그런 정취 속에서 우리 일행은 한독 친선과 우의를 다졌습니다. 그는 놀랍게도 《매일경제》에 9월 27일 실린 저의 '필동통신' 「슈톨퍼슈타인과 위안부 소녀상」을 독일어로 번역하여 그의 명예 영사 홈페이지에 올려놓았습니다. 인간과 역사의 문제를 철학적으로 생각하게 하는 글이기에 그리하였다는 것입니다.

마지막으로 이번 여행 중에 겪은 에피소드 한 대목을 소개합니다. 드레스덴시는 프라하에서 자동차로 2시간 거리에 있습니다. 우리 일행이 프라하공항에 도착하여 대절해놓은 버스를 탔는데 운전기사는 법정 휴식 시간을 지켜야 한다는 이유로 출발을 30여 분 늦추며 우리를 기다리게 하였습니다. 덕분(?)에 예정된 리셉션 시간에 조금 늦었습니다. 우리에겐 낯선 일이지만 국내에서 자주 무리한 운행으로 대형 사고가 일어나는 것을 경험하는 우리로서는 엄격한 규정과 이를 잘 지키는 그들을 결코 융통성 없는 사람들이라고 불평할 수는 없었습니다. 우리도 그렇게 해야 하기 때문에요.

(2016년 11월 29일)

지겨운 보수·진보, 좌우 이념 논쟁

우리나라에서 끊임없이 전개되는 것이 보수·진보, 좌우 이념 논쟁입니다. 국가의 정책은 물론 개인의 성향까지도 어느 한쪽으로 구분하여 밀어 넣어야 직성이 풀리는 사회 분위기입니다. 그러나 당사자 본인도 그 평가에 언제나 수긍하지는 않는 것 같습니다. 또한 같은 당사자라도 사안과 상황에 따라 입장이 엇갈리기도 합니다. 이는 보수와 진보를 가르는 기준들이 애매하기도 하고 기준들 사이에 일관성이 유지되는 것도 아니기 때문입니다.

예컨대 외교·국방 정책, 경제·복지 정책, 정부의 규모와 역할, 심지어 동성애나 낙태에 대한 입장까지도 구분하여 보수와 진보로 나누지만, 이들을 관통하는 공통적 기준을 세울 수도 없을 테니까요. 흔히 기존 질서나 가치를 존중하되 변화가 필요하면 점진적으로 고쳐나가는 것이 보수이고 기존의 잘못을 더욱 적극적으로 개혁해나가는 것이 진보라고도 하지만, 이것도 부분적인 설명에 지나지 않습니다.

본질적으로 보면 인류가 추구하는 보편적 가치인 자유와 평등에 대한 입장의 차이입니다. 보수 또는 우익은 자유와 성장을 중요시하는 반면 진보 또는 좌익은 평등과 분배에 더 역점을 두는 쪽입니다. 그 실천 방법으로 자유주의·자본주의와 사회주의·공산주의로 나뉘어 경쟁하였으나 양자는 모두 모순에 직면하여 스스로를 수정하며 진화·발전하였고 궁극적으로는 자유주의·자본주의가 승리하였습니다. 1990년대의 소련과 동구권의 붕괴가 이를 말해줍니다. 그것은 자유주의와 자본주의 쪽이 드러나는 모순을 더욱 적극적으로 해결하려는 노력을 기울였기 때문입니다. 그런 의미에서 승리한 자유민주주의와 자본주의는 더욱 겸손하게 그러한 노력을 계속해야 합니다. 부단히 변화·개혁하되 극단에 치우쳐서는 안 될 일입니다.

기존의 이득에만 얽매여 이를 놓지 않으려는 우파는 추(醜)하고, 현실을 무시하고 이상에 치우쳐 꿈만 꾸는 좌파는 철이 없다 할 것입니다. 성장과 분배가 조화를 이루며, 자본가와 노동자가 서로 존중·배려·협력하며, 기존 가치의 존중과 새로운 가치에의 모색이 자연스레 교차하는 사회가 우리가 지향해야 할 사회입니다. 그러므로 보수와 진보 양자는 서로 선의의 경쟁을 하고 때로는 협력해야 하는 관계입니다. 이를 위해 자유 평등 외에 필요한 것이 박애(사랑)입니다. 프랑스의 인권선언이 자유 평등과 함께 박애를 따로 내세우는 것은 바로 이 때문입니다.

안정적인 국가 운영으로 평화와 번영을 구가하는 독일의 경우 지금도 우파인 기민당과 좌파인 사민당이 세 번째 대연정을 성공적으로 운영하고 있습니다. 대연정 성공의 기반은 단순한 장관 자리의 분배가 아니라 양당의 정책 공약을 단일화하는 타협의 결과입니다. 더하여 과거 2차례(1966년과 2005년)의 대연정도 성공적이었다는 평가를 받는 것이 보수·진보 양자 관계가 어떠해야 하는지를 모범적으로 보여주고 있습니다.

예컨대 좌파 사민당 출신의 게르하르트 슈뢰더 총리는 선거 패배를 예상하면서도 국가의 장래를 위하여 우파 색깔의 하르츠 개혁 정책을 수립하고, 이 때문에 그는 선거에서 패배하여 우파 기민당 출신의 앙겔라 메르켈에게 총리직을 내주고 대연정을 실시하면서 개혁 정책을 그대로 추진하여 독일을 유럽의 성장 엔진으로 변모시킨 것도 좌우 틀에 갇히지 아니하고 시대 상황에 따라 탄력적으로 대처한 결과입니다.

대선을 앞두고 있습니다. 후보들이 보수·진보라는 부질없는 이념 구분에 얽매이거나 편승하며 선거의 유불리를 따져 편 가르기를 할 것이 아닙니다. 국민 대통합이야말로 지금의 시대정신입니다. 이를 실천하기 위해 사안별 디테일로 경쟁해야 할 것입니다. 정치적 이해득실을 노리고 편을 가르고 상대편을 증오하고 굴복시키고자 하는 정치를 지향한다면 이것은 재앙입니다. 박애 정신의 가치와 중요성을 깊이 생각하는 후보가 있으면 좋겠습니다.

(2017년 2월 7일)

막말과 욕설

행정부 고위 공직자가 국회의원의 대정부 질문에 대하여 답변을 할 때 내용도 충실해야 하지만 의원에 대한 예의를 갖추는 것은 당연합니다. 그러나 상대방이 예의 없이 거칠게 질문을 하면 답변도 덩달아 흐트러질 수 있습니다. 이 경우 잘 참고 흔들리지 않는 것은 공직자의 몫입니다. 그리고 국회의원이 탄탄한 실력에 바탕을 둔 내용으로 예의까지 갖추어 질문하면 존경심도 생기고 답변은 더욱 충실해지고, 이런 장면은 국민 보기에도 좋을 것입니다. '오는 말이 고와야 가는 말도 곱다.' 이것은 생활의 지혜입니다.

사소한 것이긴 하지만 호칭을 어떻게 하는가도 문제입니다. 저는 "아무개 의원께서" 정도로 표현하였는데, 어떤 의원이 "총리님", "장관님" 하는 존칭을 쓰면 저도 모르게 "의원님께서"라고 한 단계 격상(?)된 답변이 나왔습니다. 그러다 보니 이것이 알게 모르게 저만의 호칭에 관련한 기준이 되었습니다. 한번은 큰 소리로 총리! 운운하며 질문하는 의원에게 예의 기준에 따라 "아무개 의원께서"라고 답변해나가자 "'님' 자 붙이세요" 하고 호통을 치는 것이었습니다. 그래서 저는 이분이 제 마음속의 기준을 알아챘나 하는 생각을 하며 웃었습니다. 그 의원도 따라 웃었습니다.

　말은 소통의 수단이지만 인격의 표현입니다. 말 한마디로 천 냥 빚을 갚기도 하고 거친 혀로 큰 손해를 입고 망신을 당하기도 합니다. 요즘 우리 사회에서는 말이 갈수록 거칠어지고 있습니다. 이로 인하여 나라의 품격은 떨어지고 사회 갈등은 더욱 심해집니다. 특히 정치권에서의 막말은 더욱 그러합니다. 단식하는 동료 정치인을 향하여 쓰레기라고 하고, 거짓말하는 입을 봉할 공업용 미싱이 필요하다고 하고, 대통령을 향하여 태어나서는 안 될 귀태라고 하는 등 수많은 막말이 있었습니다. 근자에도 막말은 더욱 잦아지고 심해지고 있어서 걱정입니다. 급기야 상대방의 신체적 특징까지 거론하여 비아냥하는 것은 안타까운 일입니다. 심지어 대중의 관심을 끌고 표를 모으기 위하여 일부러 자극적인 표현을 쓰는 정치인들도 보입니다.

　2013년 독일 총선을 현장에서 지켜보면서 느낀 것 중의 하나가 그들은 막말이나 욕설을 자제한다는 것이었습니다. 앙겔라 메르켈 총리가 어떤 현안에 대하여 결단을 내리지 않고 지켜보다가 여론이 형성되면 슬그머니 그에 따라가는 문제점을 비난하는 말이 "메르켤은 로터리를 빙빙 돌기만 할 뿐 로터리를 빠져나가지 않는다"는 것이고, 상대 당의 공약이 현실성이 없는 점을 지적하는 것이 "○○당의 공약집을 읽는 것은 마치 동화책을 읽는 것 같다"였습니다.

우리 사회가 안고 있는 문제는 정치권 등의 막말만이 아닙니다. 이 사회에 만연한 욕설입니다. 우리나라처럼 욕설이 풍부한 나라도 드물다고 합니다. '욕 대회'가 열릴 정도입니다. 일본만 해도 욕설이 겨우 '짐승(ちくしょう)'이나 '바보(ばかもの)' 정도에 그치고 있다는데요. 외국인에게 으레 '놈' 자를 붙이고 지인에 대한 애정 표현조차도 욕설을 담아 하는 것이 우리의 일상입니다. 욕설로 가득 찬 댓글들은 사람을 죽음으로 몰아갈 정도로 사회를 멍들게 하고 있습니다.

저명한 수학자이자 문명 비평가인 김용운 교수님은 욕은 현실의 욕구 불만이 오기로 분출될 때 나오는 자학 행위인데 한국의 역사엔 외침과 권력의 부패 등 스스로의 힘으로 배제할 수 없는 상황이 많았기 때문에 욕설이 많다고 지적합니다. 그러면서 민족의 이성도 평소의 언어 생활을 통해 만들어지고 집단 무의식을 형성하므로 언어 정화(淨化)는 민족의 기백을 세우는 일이라고 주장합니다.

막말 욕설은 물론 사회 통합을 해치는 자극적 표현까지도 자제하는 운동을 벌여야 할 때입니다. 우선 이번 선거 과정에서 어떤 정치인이 이런 짓을 하는지 유심히 지켜볼 일입니다.

(2017년 4월 4일)

독일 통일의 아버지, 헬무트 콜 총리

지난 토요일 아침 잠자리에서 빈둥거리고 있던 저에게 아내가 "독일 콜 총리가 돌아가셨다고 TV 자막에 나오네"라고 전해주었습니다. 순간 정신이 번쩍 들었지만 이내 허전한 생각이 밀려왔습니다. '위대한 정치가 한 분이 떠나고 이렇게 한 시대가 지나가는구나' 하는 생각이었습니다. 독일 통일 당시 대통령 리하르트 폰 바이츠제커, 외교장관 한스 디트리히 겐셔에 이어 독일 통일의 아버지인 헬무트 콜 총리까지 떠나갔습니다.

한편 콜 총리를 생각하면 마음 한구석에 애잔한 생각이 남습니다. 독일 통일을 이룩한 위대한 정치가였지만 그의 말년은 결코 행복하지 않았습니다. 가정 생활이 평탄하지 못했습니다. 아내는 난치병 때문에 불행하게 세상을 떠났고 자신은 병마에 시달렸습니다. 정치 자금 스캔들에 휩쓸렸을 때는 자신이 발탁하여 정치적 양녀로 삼았던 앙겔라 메르켈 총리로부터 배신에 가까운 비판을 받는 수모를 겪어야 했습니다. 그의 업적을 생각하면 더 행복한 만년을 보냈어야 함이 마땅한데도 그렇지 못하여 안타깝습니다.

콜 총리는 1982년부터 1998년까지 16년간 총리를 지냈습니다. 종전 후 독일 최장수 총리입니다. 재임 중 통일을 이루었고 통일 독일 초대 총리의 영광을 누렸습니다. 1969년부터 1976년까지는 라인란트팔츠주 총리를, 1973년부터 25년간 기민당 총재를 지내기도 하였습니다. 총리 재임 16년 동안 연정 파트너인 자민당의 겐셔 외교장관과 팀을 이루어 일하였습니다. 그들은 사민당 빌리 브란트 총리의 동방 정책을 그대로 계승하였습니다. 이들의 엄청난 경험·경륜과 넓은 도량이 있었기에 독일 통일은 가능했습니다. "정치인은 신의 목소리에 귀를 기울이고 있다가 기회가 오면 그의 외투 자락을 잡아채어 뜻을 이루어야 한다"는 비스마르크의 말을 그들은 그대로 실천한 셈입니다.

1989년 11월 9일 동독 정부의 정치국 대변인 귄터 샤보프스키의 기자회견 중 아름다운(?) 실수로 인하여 베를린 장벽이 무너졌습니다. 그날 폴란드를 방문하고 있던 콜 총리는 일정을 중단하고 독일로 돌아옵니다. 그때부터 우연히 찾아온 기회를 활용하는 그의 노력은 시작됩니다. 그는 당장 독일 통일을 생각하지 않았습니다. 11월 28일 하원에서 '독일과 유럽 분단 극복을 위한 10개 방안'을 제시하였지만 이는 먼저 동독의 정치·경제와 사회 개혁이 이루어지고 난 다음 동·서독 협력을 통해 국가 연합적 조직으로 발전시키고 마지막에 통일을 이룬다는 3단계 방안이었습니다. 그러나 동독 주민들의 통일 열망이 점점 높아지자 그는 정치적 직관과 역사적 통찰력을 발휘하여 조속한 통일 쪽으로 방향을 틀게 됩니다. 문제는 동서독 내부는 별도로 하더라도 전승 4개국의 협력을 얻어내는 것이었습니다.

미국만이 통일된 독일이 나토에 잔류하는 것을 조건으로 통일에 찬성하였을 뿐 영국·프랑스·소련은 모두 반대하였습니다. 영국의 마거릿 대처 총리는 "우리는 독일을 너무 사랑하기 때문에 독일이 2개 있으면 더 좋다"고 우스개까지 하면서 말입니다. 이때부터 펼쳐지는 콜 총리와 겐셔 외교장관의 노력은 실로 피눈물 나는 그것이었습니다. 콜 총리의 자서전을 읽으면 그의 치열한 노력에 가슴이 먹먹해집니다. '아! 정치인이 이렇게 정치를 하며 애국을 하는구나'가 한마디로 말하는 저의 독후감입니다.

마침내 1990년 7월 15일 미하일 고르바초프의 고향인 코카서스에서 열린 소련과 서독 간의 회담에서 독일 통일에 대한 합의가 이루어지고, 독일은 10월 3일 완전한 통일을 이룹니다. 소련과 동구권의 개혁·개방을 주창하여 결국 독일 통일에 도움을 주었던 고르바초프는 그다음 해에 실각하였으니 아슬아슬한 역사의 틈새에 이루어진 통일이었습니다. 그는 또한 자국의 강한 마르크화를 포기하고 유럽 단일 통화(유로화)를 도입하도록 하여 유럽 통합에 크게 기여하기도 하였습니다.

그러기에 독일은 물론 온 유럽의 지도자들도 지금 그를 '위대한 유럽인'이라고 칭송하며 87세를 일기로 타계한 그를 애도하고 있습니다. 통일을 이루고 평화로운 동북아시아를 만들어내야 할 우리도 그를 애도하고 그의 업적을 잘 살펴 교훈으로 삼았으면 좋겠습니다.

(2017년 6월 19일)

전쟁과 평화에 대한 생각

한독포럼 참석차 7월 초 독일 중부의 작은 도시 풀다를 방문하였습니다. 풀다시(市)는 독일 통일 전 나토군(軍)과 바르샤바군(軍)이 군사적으로 대치하는 접경 도시였습니다. 양측 간에 전쟁이 발발하면 그 시작은 이곳일 것이고 이는 제3차 세계대전으로 이어질 것이라는 공포가 존재했던 곳입니다. 그러나 통일이 되어 그런 공포가 사라진 지금, 하이코 빙엔펠트 풀다 시장은 가장 위험하고 변방이었던 도시 풀다는 지리적으로 통일 독일의 중심이 되었고 사람과 기업이 모여들어 헤센주에서 가장 빠르게 성장하는 도시가 되었다고 자랑하였습니다.

포럼을 마친 후 대치 현장이었던 포인트 알파를 시찰하고 그곳에서 '분단과 통일에 대한 한국과 독일에 있어서 기억의 문화'라는 제목으로 토론회를 가졌습니다. 우리나라 접경 지역 시·군의 단체장들도 참가하여 독일 측의 경험을 듣고 접경 지역 행정의 애로와 미래의 소망을 함께 얘기하였습니다. 동독의 국방장관을 지낸 라이너 에펠만 씨는 자신은 93세까지 사는 것이 소망이라고 했습니다. 그렇게 되면 민주주의 체제에서의 삶이 공산주의 체제에서의 삶보다 더 길어지기 때문이라며. 지극히 평화로운 풍경 가운데 남아 있는 철조망, 탱크들과 군 막사들 사이에서는 화약 냄새가 느껴지는 것 같았습니다. 총 한 방 쏘지 않고 통일을 이루고 평화체제를 만들어낸 그들의 역량이 부럽기만 하였습니다.

　주말여행을 함께하고 귀국하라는 독일 친지의 권유에 따라 프랑스 알자스 지방과 독일 라인란트팔츠주 슈파이어시를 여행지로 삼았습니다. 전쟁과 평화를 좀 더 생각해보기 위해서였습니다. 알자스 지방은 역사적으로 독일과 프랑스가 수차례 전쟁을 하고 그때마다 주인이 바뀐 곳이었습니다. 알퐁스 도데의 단편소설 「마지막 수업」도 1871년 독일·프랑스 전쟁이 끝난 후 알자스 지방이 독일로 편입되고 더 이상 프랑스어를 배울 수 없게 된 사정을 배경으로 한 것입니다. 이 지방은 제1차 세계대전 이후 다시 프랑스 땅이 되었고 그 중심 도시인 스트라스부르는 유럽연합 의회와 인권재판소 등이 있는 곳으로 이제는 유럽의 통합과 평화의 상징이 되었습니다. 당연히 양국의 문화가 공존하고 유럽 통합에 따라 국경이 없이 서로 오가며 생활하게 되었으니 기적 같은 일입니다. 드넓은 포도밭과 나지막한 산들이 펼쳐진 그곳은 대립과 갈등을 인간의 지혜와 노력으로 극복한 평화의 땅이었습니다.

　이어서 독일 슈파이어시를 방문하였습니다. 지난 6월 작고한 헬무트 콜 전 독일 총리의 묘소를 들르고 싶어서였습니다. 며칠 전 안장을 끝낸 그의 묘소는 아데나워 공원 한구석, 작은 교회 옆에 참으로 소박한 모습으로 조성되어 있었습니다. 참배 순간 독일 통일을 이루었고 유럽연합조약 체결, 단일 화폐인 유로화의 도입, 동구권 국가들의 과감한 회원 영입 등을 통해 유럽연합의 틀을 굳게 다진 위대한 정치가에 대한 대접으로 소홀한 것이 아닌가 하는 생각이 들었습니다. 그러나 그 공원이 그가 존경했던 선배 정치인의 이름을 딴 공원이고 인접한 교회는 1954년 갈등하던 독일인과 프랑스인이 함께 세운 '성 베른하르트 평화교회'이니 그가 안식하기에 적합한 곳이 아닌가 하고 좋게 생각하였습니다.

　오늘의 유럽 평화는 참혹한 전쟁의 역사에서 교훈을 얻은 정치 지도자들의 확고한 신념에 터 잡은 것입니다. 전후 독일과 프랑스는 끈질기고 다양한 노력을 통해 과거의 앙금을 털어내고 미래 지향의 역사를 만들어나갔습니다. 소련 등 동구권과는 교류 협력으로 긴장 완화를 시도하면서도 강한 군사력으로 철저히 대비하였습니다. 예컨대 1980년대 초 헬무트 슈미트나 헬무트 콜 총리는 소련의 SS-20 중거리 핵미사일 배치에 맞서 퍼싱Ⅱ 미사일을 배치하여 강하게 대응하면서도 군비 통제 협상을 제안하는 이른바 이중 결정으로 결국은 유럽 평화를 이끌어내었습니다. 순결한 이상과 지혜로운 전략의 산물입니다. 한반도에서의 평화 정착을 방해하는 얽힌 실타래를 풀어내야 하는 우리 입장에서는 부러운 역사입니다. 막연한 이상이나 편협한 강고함에서 벗어나 평화를 이루어낸 정치인들의 위대함을 생각하는 여행이었습니다.

(2017년 8월 1일)

독일 총선 관전기

독일 총선이 끝났습니다. 기민·기사연합(이하 기민당)이 33%의 득표로 제1당이 되어 앙겔라 메르켈 총리의 4차 연임이 확실해졌습니다. 그러나 기민당의 득표율은 2013년 선거 때보다 8% 떨어진 역대 최저 수준입니다. 반EU, 반난민을 표방하는 극우 정당인 독일대안당(AfD)이 12.6% 득표로 최초로, 그것도 제3당으로 의회에 입성하였고 또한 지난 선거에서 의회에 진출하지 못했던 우파 자민당(FDP)이 재진출하면서 기민당 지지표를 잠식한 결과입니다.

그간 메르켈 정부의 난민 문제 대처에 대한 불만이나 12년 장기 집권에 대한 피로증이 있었지만 낮은 실업률에 경제가 워낙 좋았기 때문에 '이대로 가자'는 분위기가 형성되어 있어 낙승이 예상되었으나 결과는 달랐습니다. 경제가 전부는 아니었습니다.

이제 기민당이 어느 당과 연정을 할 것인가 하는 문제만 남았습니다. 기민당이 연정 협상을 주도할 것이고 그 과정에서 여론이 연정 파트너 결정에 영향을 줄 것이지만 현재로선 지금까지의 사민당과의 대연정이 아닌 자민당·녹색당과의 3개당 소연정이 예상됩니다. 이른바 세 당의 상징색인 검정·노랑·녹색으로 구성된 자메이카 국기를 본뜬 자메이카 연정입니다. 지금처럼 사민당과의 대연정을 바라는 여론도 있지만 사민당도 이제는 강력한 야당으로 돌아가 훗날의 집권을 도모할 것입니다.

연정 협상은 1~2개월여에 걸쳐 진행됩니다. 선거 때 달랐던 공약을 단일화하는 작업을 진행하고 그 바탕 위에 각료를 배분할 것입니다. 이러한 연정협약서가 수백 페이지에 이르고 4년간의 국정은 이를 토대로 운영될 것입니다.

그러나 그 과정은 3개당의 연정에다 자민당과 녹색당은 경제·환경 정책 등에서 큰 차이를 보이고 있어 많은 어려움이 예상됩니다. 그 때문에 사민당과의 대연정의 가능성도 남아 있습니다. 이제야말로 독일 정치가 어떠한 협치의 모습을 보여주게 될지 자못 궁금해집니다. 만약 자메이카 연정이 이루어지면 3개당이 정부를 구성하고 또 대통령은 사민당 출신이니 결국 4개 정당이 국정에 참여하는 셈이니 더욱 그러합니다.

아무튼 이번 선거로 메르켈의 리더십은 조금 손상되었습니다. 그간 메르켈 총리는 동독 출신의 여성 정치인으로서 정치 경험이나 정치 기반이 부족했던 것을 특유의 겸손함과 성실함으로 극복하였습니다. 사민당이 만든 하르츠 개혁을 그대로 승계하여 실행하고 녹색당의 징병제 폐지와 탈원전 정책을 받아들이는 등 이념의 도그마에 얽매이지 않고 실용적으로 유연하게 대처하였습니다. 보수·진보를 넘나드는 행보입니다.

그러나 그것이 지나쳐 동성혼 결혼을 인정하는 등 전통적인 기독교 윤리에 반하는 입장을 취해 가정의 신성함을 중시하는 보수의 가치와 기민당의 정통성을 훼손하고 있다는 지적도 있었습니다. 그리고 큰 이슈에 쉽게 뛰어들지 않고 기다리며 상황을 지켜보다 슬그머니 대세에 가담한다는 비난을 받기도 하였습니다. 이번 선거도 이런 사정이 반영된 결과일 것입니다. 유연한 사고와 더불어 사안에 따라서 양보할 수 없는 원칙을 지키고 이슈를 리드하며 결단하는 모습을 보일 필요가 있었는데 이런 점이 조금 부족했습니다.

이번 선거 결과를 보고 개인적으로 조금은 아쉬웠던 것은 그동안 독일 발전에 나름의 역할을 했던 사민당이 추락한 것입니다. 지난달 한국을 방문한 게르하르트 슈뢰더 전 총리는, 하르츠 개혁으로 선거에 패배했고 그 개혁의 과실은 메르켈 총리가 거두었고 그로 인해 사민당은 아직까지 힘을 못 쓰고 있는데 억울하지 않은지, 사민당이 어떻게 해야 다시 제1당이 될 수 있는가 하는 저의 질문에, 국익에 도움이 되었으니 억울하게 생각할 일은 아니지만 아직도 사민당 일부에서 하르츠 개혁에 대해 부정적 인식을 갖고 있는데 이런 태도를 고치고 단합해야 기회가 올 것이라고 답하였습니다.

분열하고 갈등하는 정당은 국민의 지지를 받을 수 없다는 사민당 원로의 아쉬움이 묻어나는 답변이었습니다.

(2017년 10월 3일)

다시 읽는 트럼프 대통령 연설

1961년 동서 베를린 사이에 장벽이 설치되고 칠흑 같은 냉전의 어둠이 계속될 때, 서베를린 시민들이 섬처럼 고립된 속에서 고단한 삶을 이어가고 있을 때, 존 F. 케네디 당시 미국 대통령은 1963년 6월 26일 서베를린을 찾아갑니다. 그곳 시청 앞 광장에서 행한 5분여의 짧은 연설 「나는 베를린 시민입니다」는 역사적 명연설로 남아 있습니다. 서베를린 시민에게 희망과 용기를 주는 한편 공산주의에 대항하는 서방 세계에 민주주의 승리 확신의 메시지를 감동적으로 전달하였기 때문입니다.

  그는 연설에서 민주주의도 완벽하지는 않다고 인정하면서도 자기 국민을 가두어두려고 쌓은 베를린 장벽이야말로 공산주의의 좌절을 전 세계에 보여주는 가장 명백하고 확실한 증거라고 힐난합니다. 또 공산주의에 대하여 조금이라도 미련을 갖고 있는 사람이라면 베를린으로 와서 그 실상을 보라고 합니다. 그리고 2,000년 전 사람들이 가장 자랑스러워한 말은 "나는 로마 시민이다"였던 것처럼 지금 자유 세계 사람들이 가장 자랑스러워하는 말은 "나는 베를린 시민이다"이며, 그 이유는 베를린 시민은 20여 년간 최전선에서 자유를 지킨 자랑스러운 사람들이기 때문이며 자신도 베를린 시민과 함께하므로 베를린 시민이라는 것입니다. 자유 진영과 공산 진영을 극명하게 대조하고 베를린 시민들의 자긍심을 한껏 드높이며 자유 세계를 반드시 지켜내겠다고 다짐하는 연설이었습니다.

도널드 트럼프 미국 대통령이 한국을 방문하여 국회에서 행한 연설은 그 대상, 장소나 분량 등에서 케네디 전 대통령 연설과 차이가 있지만 그 요지는 많이 닮았습니다. 한국이 짧은 기간 이루어낸 업적을 칭송하고 또 이를 이루어낸 한국인의 자긍심을 드높이는 반면 북한의 폭정과 지옥 같은 현실을 눈앞에 펼쳐 보이듯 소개하였습니다.

먼저 한국 국민이 잊고 있는 것을 상기시켜주고 싶다는 듯, 그동안 신장된 경제력, 늘어난 평균 수명은 물론 정치 민주화, 올림픽 개최, 금 모으기 운동, 과학기술 발전, 연간 4만 권의 책 발간, 국제적 문제 해결에 나서는 노력, 심지어 미국여자프로골프(LPGA)에서 활약하는 골프 선수들까지 미주알고주알 소개하고 다만 이런 기적적 성과가 한국전쟁 때 진격한 서울 북쪽 25마일(약 40킬로미터) 지점에서 끝남을 아쉬워했습니다.

북한의 참상에 대해서도 한국 국민에게 제대로 알려주겠다는 듯 상세히 설명하였습니다. 휴일 없이 70일씩이나 이어지는 노동, 1990년대 100만 명 이상의 아사자가 발생하였고, 5세 이하 영유아의 30%가 질병과 영양실조에 시달리고, 2012~2013년 2억 달러를 들여 독재 찬양 기념탑과 동상을 건설하였는데 이는 생활 개선 자금의 절반에 해당하며, 독재자에 대한 충성도에 따라 주민의 등급을 분류하고 그에 따라 거주지 및 배급 수준을 정하며, 신문에 실린 지도자의 사진을 얼룩지게 한 주민이 처벌을 받으며, 10만 명이 수용소에서 강제 노역·고문·기아·강간에 시달리며, 할아버지 반역죄 때문에 아홉 살짜리 손자가 10년 동안 구금당하며, 외국인을 납치하여 스파이 훈련을 위한 어학 강사로 활용하며, 종교 자유를 철저히 탄압하며, 열등아 출산 우려로 강제 낙태시키고 출산한 경우 살해하며, "나는 사람이 아니라 짐승이었다"라는 한 탈북자의 술회 등이 그것입니다.

그리고 북한이 이와 같이 대비되는 현실에서 오는 체제 위협을 타개하기 위하여 자행하는 핵무기 개발, 국제 규범 및 정전협정 위반과 한국·미국 등에 대한 협박을 지적하며 이를 결코 용납하지 않을 것을 다짐하고, 미국을 과소평가하거나 시험하지 말 것과 북한이 평화의 길로 나올 것을 촉구하였습니다. 무엇보다도 한국의 오늘은 한국전쟁 중 3만 6,000명의 미군과 수십만 한국군의 희생 위에 이루어진 것임을 강조하며 한미 혈맹 관계를 확인하였습니다.

트럼프 대통령의 연설에는 미사여구도 없고 두고두고 인용할 만한 구절은 없습니다.

그러나 한반도 현실을 잔잔히 풀어나간 연설 내용이 공감과 감동을 불러일으키기에 부족함이 없습니다. 지극히 사실과 상식에 부합하기 때문입니다. 거기에다 전쟁이 아닌 평화적인 방법으로 한반도 문제를 해결하겠다는 의지도 담았습니다. 케네디 전 대통령

의 염원이 그대로 이루어진 것처럼 트럼프 대통령의 염원이 한반도
에서도 이루어지기를 소망합니다.

(2017년 12월 5일)

네가 있기에 내가 있다

무술년(戊戌年) 새해가 밝았습니다. 대한민국이 평화로운 가운데
더욱 발전하고 온 국민이 행복한 한 해가 되었으면 좋겠습니다. 그
러나 기대와 함께 많은 어려움이 예견되는 한 해인 것은 분명합니
다. 위험 수위가 극에 달한 한반도 문제의 해결과 이와 관련한 주변
강대국들과의 관계 설정, 회복돼가는 세계 경제의 흐름 속에 한국
경제가 과연 어떤 성과를 나타낼 것인지, 정파적 이해를 넘어 국가
백년대계를 기약하는 헌법 개정이 이뤄질 것인지, 그리고 우리 사
회를 지배하는 각종 갈등을 잘 해결하고 사회 통합을 이뤄 선진국
으로 나아가는 토대를 만들 수 있을 것인지 등 관심 과제들이 산적
해 있습니다.

　이런 걱정을 하노라면 사회가 안정된 가운데 온 국민이 더불어
평화와 번영을 이루고 있는 중·북부 유럽 나라들이 떠오릅니다. 그
들은 왜 그럴까, 우리는 그들로부터 무엇을 배워야 할까 하는 생각
과 함께.

"기독교에서의 구원은 인간의 의지나 노력과 상관없이 오직 하나님의 주권에 따라 이뤄지는 것이며 구원받을 사람들은 창세전부터 이미 예정돼 있다." 이것이 장 칼뱅의 이른바 '예정설(豫定說)'입니다. 이러한 예정설하에서 신자들에게는 자신이 선택된 자들 가운데 들어 있는가, 즉 구원을 받았는가에 대한 불안과 확신이 절실한 문제로 등장할 수밖에 없었습니다. 그래서 신자들은 하나님이 바라는바 소명(召命) 의식을 갖고 자기에게 주어진 직업이나 역할에 충실하고, 금욕하며 근면·성실·검소하게 살아가는 것이 선택된 자로서의 징표가 아니겠는가 생각하고서, 그에 합당한 윤리적 생활을 함으로써 구원의 확신에 이르고자 하였습니다.

따라서 그들에게는 직업에 귀천이 있을 수 없으며 육체노동이나 정신노동을 가리지 아니하고 노동을 신성시하며 오로지 자기에게 주어진 일에 최선을 다하는 것이 하나님의 뜻을 따르는 것으로 보았습니다. 또한 각 개인이 정당하고 성실한 방법을 통해 부(淸富)를 축적하고 이를 선하게 관리하는 것을 윤리적이고 진실한 신앙의 결과로 보았습니다. 이것이 그들의 직업의식과 자본주의 정신의 기본이 되었습니다. 이런 토양 위에 그들은 건강한 노사 관계와 적절한 복지 제도의 틀을 만들고 함께 잘 살아가는 사회 통합을 이뤄낼 수 있었습니다.

그들과 사정은 다르지만 우리에게도 사회 통합의 길은 얼마든지 있습니다. 그러나 지금 우리는 이에 실패하고 있습니다. 물론 어느 나라든 크고 작은 갈등이 없는 곳은 없습니다. 그러나 우리나라처럼 갈등이 심한 나라도 흔치 않을 것입니다.

남북 분단에 보태어 짧은 기간에 민주화와 압축적 산업화를 이루는 과정에서 겪은 시행착오, 과당 경쟁, 성과 지상주의, 물질 만능 등의 풍조가 갈등을 심화시켰습니다. 보수와 진보의 이념, 동서 또는 중앙·지방의 지역·경제적 양극화에 따른 빈부, 청장년과 노년 세대의 가치관과 복지 정책, 양성(兩性), 대·중소기업, 노사, 정규직·비정규직 간 갈등은 물론 심지어 장애인·이민자 등 사회적 약자와 관련한 갈등 등이 그 예입니다.

이러한 갈등을 원만히 해결하지 않고는 우리나라가 선진국으로 진입할 수 없을 것입니다. 어느 경제연구소는 우리 사회의 갈등으로 인한 사회적 비용이 국내총생산(GDP)의 27%에 달한다고 합니다. 또한 국론 분열에 따른 무형적 손실이 심대합니다. 그러므로 갈등 해결을 통한 사회 통합이야말로 국가 발전을 위한 시대적 과제이자 선진국에 진입하는 조건입니다.

이를 위해 온 국민이 함께 나서야 하지만 그래도 가장 중요한 역할을 해야 하는 것은 정치권과 정부입니다. 그 기반은 타협 없는 자기 확신, 정파 이익 우선, 편 가르기, 증오와 복수를 멀리하고 양보·타협을 통한 통합·연대와 포용, 국익 우선과 미래 지향으로 나아가는 것입니다. 마음먹기에 따라 얼마든지 할 수 있는 일을 역대 어느 정부도 제대로 해내지 못했습니다. 넬슨 만델라 전 남아프리카공화국 대통령이 추앙받는 대통령이자 인류의 희망이 된 것은 사랑과 용서의 마음으로 통합을 이루었기 때문입니다. 우분투(ubuntu, 네가 있기에 내가 있다)는 그가 늘 가슴에 품고 있었던 생각이었습니다.

(2018년 1월 2일)

인생은 너무 늦게 오는 사람에게 벌을 내린다

대한민국과 관련해 북한은 2개의 지위를 갖고 있습니다. 하나는 반국가단체로서 우리의 적(敵)입니다. 남한을 적화 통일시키겠다는 것을 그들의 목표로 삼고 있기 때문입니다. 다른 하나는 교류 협력하고 대화해야 할 상대방입니다.

한 민족으로서 언젠가 함께 통일을 이뤄야 하기 때문입니다. 전자의 입장에서 우리는 안보를 튼튼히 해 북한이 도발하면 언제든지 궤멸시킬 수 있는 태세를 갖춰야 합니다. 나아가 국제사회와 협조해 북한을 최대한 압박함으로써 개혁·개방과 비핵화를 유도해 한반도에 평화가 정착되도록 해야 합니다. 후자의 입장에서는 교류협력을 통해 민족의 동질성이 훼손되는 것을 막고 인도적 지원을 통해 열악한 북한 주민의 삶의 질을 개선하는 노력을 해야 합니다. 이를 위해 제재 압박과는 별도로 대화의 문을 열어놓고 북한 당국자와 대화하는 것을 주저할 것은 아닙니다.

제재 압박과 대화를 병행하는 것이 어려운 일임이 틀림없으나 서로 모순되는 것은 아닙니다. 우리가 양보할 수 없는 한계를 원칙으로 확고히 정해놓고 이를 지키는 한 우리의 대화 노력이 양보나 굴종은 아닙니다. 더욱이 영유아나 부녀자 등 북한 주민들을 인도적으로 지원하는 일만은 어느 상황에서도 포기해서는 안 됩니다. 국방부나 국가정보원은 전자에, 통일부는 후자에 중점을 두고 일한다면 대북 강경 정책이나 포용 정책이 병행하게 되고, 관련해 불필요한 남남갈등도 줄어들 것입니다. 정권 교체에도 불구하고 대북 정책은 일관성을 유지하게 될 것입니다.

그렇기에 저는 총리 재직 시 당시 야당 의원들의 국회 대정부 질문에 대한 답변에서 비핵화와 금강산 관광객 피살 사건에 대한 사죄와 재발 방지 대책을 유도하기 위해서라도 대화는 필요하다고 답변했습니다. 당시 정부 방침은 비핵화와 금강산 사태에 대한 사죄가 선행되어야 대화가 가능하다는 강경한 입장이었으므로 그 원칙을 지키는 모양새 속에서 대화 필요성을 강조하기 위함이었습니다.

우리가 통일을 한다면 그것은 반드시 자유민주주의 체제하의 통일이어야 합니다. 또 어떤 경우라도 한반도에서 전쟁이 일어나서는 안 됩니다. 그렇다면 현재로서는 통일은 불가능한 셈입니다. 지금은 통일 논의는 접어두고 북한의 실체를 그대로 인정하면서 그들을 개혁·개방과 비핵화로 유도하는 노력을 다해야 할 때입니다. 굳건한 한미 동맹의 바탕 위에 유엔 안전보장이사회 제재 결의 철저 이행 등 국제 협력이 북한의 변화를 이끄는 유일하고 유효한 수단일 것입니다.

김정은의 평창 동계 올림픽 참여, 남북 대화 의지를 담은 신년사와 연이은 조치들은 평화 제전인 올림픽에 참여함으로써 국제사회에서 이미지를 개선하고 대북 제재로 인한 경제 등 어려움을 타개하기 위한 수단을 강구하는 한편 한미 관계를 이간하고 핵 개발 완성을 위한 시간 벌기에 다름 아닙니다. 그들은 지금으로서는 결코 핵 개발 완성을 포기하지 않을 것입니다. 그러므로 지금 진행 중인 제재 압박의 끈을 조이면서 비핵화를 위한 대화에 나서도록 하고 그 과정에서 개혁·개방과 남북 상생, 평화 공존의 길로 유도해야 합니다. 지극히 힘들어 보이지만 그런 노력을 포기할 수는 없으며 언젠가 성과로 나타날 것입니다. 진인사대천명(盡人事待天命)이라고 했던가요?

1989년 10월 7일, 동베를린에서 열린 동독 정부 수립 40주년 기념식에서 개혁·개방에 반대하며 낡은 체제에 안주하고 있던 에리히 호네커 서기장은 지금까지 40년간의 동독 역사는 성공적이었으며 사회주의는 승리할 것이라고 호언했습니다. 그 자리에 참석한 미하일 고르바초프 소련 서기장은 동독의 개혁 개방을 촉구하며 "너무 늦게 오는 사람에게 인생은 벌을 내린다"라는 유명한 연설로 압박했습니다. 그로부터 채 한 달이 못 돼 베를린 장벽은 무너졌고 다시 일 년이 못 돼 동독은 서독에 흡수되고 역사 속으로 사라졌습니다.

　온 인류가 함께하는 이번 평화의 축제 속에서 북한 당국자들은
북한이 생존 번영하는 길이 무엇인지 숙고하는 기회를 갖길 소망
합니다.

(2018년 2월 6일)